August Gödecke

Tödliche Rache

Originalausgabe – Erstdruck

August Gödecke

Tödliche Rache

Kai Sommer ermittelt

Hildesheim-Krimi

Schardt Verlag Oldenburg

Bibliographische Information der Deutschen Bibliothek:

Die Deutsche Bibliothek verzeichnet diese Publikation in *Der Deutschen Nationalbibliografie*; detaillierte bibliographische Daten sind im Internet über *www.d-nb.de* abrufbar.

Coverphoto Rainer Griese, Troisdorf

1. Auflage 2008
2. Auflage 2010

Copyright © by
Schardt Verlag
Uhlhornsweg 99a
26129 Oldenburg
Tel.: 0441-21779287
Fax: 0441-21779286
Email: schardtverlag@t-online.de
www.schardtverlag.de
Herstellung: Fuldaer Verlagsanstalt

ISBN 978-3-89841-379-4

Rache trägt keine Frucht.
Sich selbst ist sie die fürchterlichste Nahrung;
ihr Genuß ist Mord und ihre Sättigung das Grausen
(Schiller, Wilhelm Tell)

Prolog

Es war stockdunkel, und er versuchte mit seinen wunden Fingerspitzen tastend zu erkunden, wo er sich befand: Holz, nichts als Holz! Rauhe Bretter oder Bohlen, die sich seitwärts und von unten gegen seinen Körper zu pressen schienen – nur die Holzplatte über ihm war eine handbreit über seinem Gesicht. Er konnte sich kaum bewegen, und das Atmen fiel ihm zunehmend schwerer. Die Luft war feucht und modrig und roch nach seinen eigenen Exkrementen. Seine Lage war so eindeutig wie hoffnungslos, und ein lähmendes Gefühl der Furcht kroch auf ihn zu: Er befand sich in einer Kiste. Lebendig begraben!

Jedes Zeitgefühl war ihm verloren gegangen. Bruchstückhaft erinnerte er sich daran, daß ein Mann ihm in die Kniescheiben geschossen, er geschrien und eine gnädige Ohnmacht ihn dann von den schrecklichen Qualen befreit hatte.

Auch jetzt spürte er wieder diese pochenden Schmerzen, die stoßweise von den verletzten Beinen kamen, seinen ganzen Körper durchzogen, ihn aber offensichtlich wieder ins Leben zurückgeholt hatten. Neben den körperlichen Qualen bemerkte er, wie plötzlich Todesangst in ihm aufstieg – eine Angst, die sein Gehirn zu überschwemmen schien. Ohne es zu wollen, fing er an zu wimmern und schlug voller Panik minutenlang gegen den Deckel der Kiste, doch da er mit den Armen nicht ausholen konnte, reichte es nur für ein schwaches Klopfen. Auch seine Schreie, die sich seltsam dumpf und unterdrückt anhörten und immer krächzender und leiser wurden, schienen nicht durch die Wände seines Gefängnisses zu dringen.

Erneut zwang er sich zur Ruhe, und erneut versuchte er, über seine Lage nachzudenken, so, wie das in irgendwelchen Lehrbüchern stand – aber das war nur Theorie und sicherlich von Leuten geschrieben worden, die sich noch nie in einer ausweglosen Lage befunden hatten.

Nein, er wollte nicht so erbärmlich sterben, nicht schon mit dreißig Jahren, und auf keinen Fall in dieser Umgebung im eigenen Dreck.

Von Schmerzen, Hoffnungslosigkeit und Verzweiflung geschüttelt, nahm er noch einmal seine ganze Kraft zusammen, schrie, pochte und hielt plötzlich inne. War da oben nicht ein Geräusch, leise und schwach, gedämpft, wie durch einen Wattebausch, vielleicht das Kläffen eines Hundes?

Voller Hoffnung fing er erneut an zu schreien und zu klopfen ...

1

Das Schrillen der Alarmanlage war nervtötend und raubte den Nachbarn, sofern sie nicht zu den extremen Frühaufstehern gehörten, die letzten Stunden ihres Schlafes.

Die Beamten der Almstorwache ließen sich Zeit, sie glaubten an einen Fehlalarm, wie schon einige Male in letzter Zeit. Sicherlich wieder ein technischer Fehler, der sie auch jetzt zu einem Tatort rief, der keiner war. Als sie dann aber ohne große Eile am Ort des Geschehens eintrafen, stellten sie mit einem Blick fest, daß sie sich geirrt hatten: Die breite Frontscheibe des Schmuckgeschäftes Köhler & Sohn war völlig zerstört, so, als wäre dort ein Auto hineingefahren oder eine Bombe eingeschlagen – offensichtlich das Werk eines Vorschlaghammers oder einer Ramme. Alles in allem ein Ort der Verwüstung. Die gezackten Glassplitter lagen zerstreut auf dem blaugemusterten Teppichboden des Verkaufsraumes und zwischen den Ringen, Uhren, Ketten und den sonstigen Schmuckgegenständen. Auch die Dekorationen waren nicht verschont geblieben, die gestern noch ein Schaufenstergestalter liebevoll für das kommende Ostergeschäft arrangiert hatte.

Nur von den Tätern war nichts mehr zu sehen. Sie hatten wieder einmal im wahrsten Sinne des Wortes blitzschnell zugeschlagen und sich dann in Luft aufgelöst.

Kriminalhauptkommissar Jürgen Fuchs, Leiter des Fachkommissariats 2 und zuständig für Raub, Einbruch und Diebstahl, traf mit einem Kollegen vor dem Schmuckgeschäft ein, als die Spurensicherung gerade dabei war, den Tatort mit einem Trassierband abzusperren. Da Fuchs erst vor einigen Wochen die Leitung des Fachkommissariats übernommen hatte, war er immer noch erschüttert, wenn er diese Orte der Verwüstung sah. Er hoffte, daß sich das mit der Zeit geben würde, denn immerhin ging es hier lediglich um einen Sachschaden. Was sollten da erst Kai Sommer und die Kollegen vom Fachkommissariat 1 sagen, die ständig mit Mord und sonstigen Gewalt- und Sexualdelikten zu tun hatten? Nein, er mußte sich zusammenreißen und sich von dem Gedanken lösen, daß hier etwas Weltbewegendes oder Außergewöhnliches geschehen war. Schließlich passierte statistisch so etwas alle paar Minuten. Und in einigen Tagen würde alles wieder im alten Glanz erstrahlen, so, als hätte dieser Einbruch nie stattgefunden.

Fuchs blieb eine Weile vor der Absperrung stehen, ließ seine Blicke umherschweifen und versuchte, sich zunächst aus der Perspektive eines neugierigen Zuschauers ein Bild zu machen. Verdammt, von wo waren die gekommen? Vielleicht über die Almsstraße? Nein, das wäre zu riskant gewesen, denn dann hätten sie an der Polizeiwache vorbeilaufen müssen. Dann schon eher aus der Rathausstraße oder, gegenüber, aus der kleinen Gasse zwischen Woolworth und dem Ledergeschäft.

Seine Gedanken wurden durch seinen jungen Kollegen unterbrochen.

„Chef, was meinst du, waren sie es wieder?"

„Ich glaube schon. Nein, ich bin sicher, daß es wieder diese Hammerbande war, es ist eindeutig ihre Handschrift. Hören wir mal, was unsere Spurensicherung dazu sagt."

Die Stühle im Sitzungssaal des Landgerichts an der Kaiserstraße waren alle besetzt. In der ersten Reihe hockten die Vertreter der schreibenden Zunft, die sich mit gedämpften Stimmen unterhielten, an ihren Handys und winzigen Aufnahmegeräten herumfummelten oder etwas in die Stenoblöcke kritzelten. Seit Wochen hatten sie über den Prozeß gegen den zwielichtigen Geschäftsmann Mustafa Menderes berichtet, den die Staatsanwaltschaft wegen Mordes an dem Callgirl Swetlana Koslow angeklagt hatte. Aber heute war der letzte Tag in diesem aufsehenerregenden Prozeß. Der Staatsanwalt würde die Höchststrafe beantragen und die Strafverteidiger die Freilassung ihres Mandanten wegen erwiesener Unschuld fordern. Denkbar schien aber auch, daß die Schwurgerichtskammer ihn lediglich wegen Totschlags verurteilen würde. Alles in allem war es ein Prozeß, der vom Strafmaß her noch einige Überraschungen bieten konnte, zumal bekannt war, daß der Vorsitzende Richter der Schwurgerichtskammer, Dr. Wolfgang Conradi, sich nur in den wenigsten Fällen den Argumenten und Anträgen der Staatsanwaltschaft anschloß.

Obwohl die Verhandlung erst in einer Viertelstunde beginnen würde, saß der Vertreter der Anklagebehörde, Oberstaatsanwalt Dr. Egon von Waltershofen, schon auf seinem Platz, unterhielt sich mit seiner jungen Assistentin und vertiefte sich danach in eine Akte, die sie ihm gerade zugeschoben hatte. Doch dann veranlaßte ihn eine Bewegung im Türrahmen aufzublicken. Die drei Anwälte des Angeklagten betraten den Sitzungssaal, nickten dem Oberstaatsanwalt zu und setzten sich leise diskutierend auf die Verteidigerbank. Minuten später wurde Mustafa Menderes von einem Justizbeamten in den Saal geführt. Kaum hatte er Platz genommen, öffnete sich hinter dem Richtertisch die Tür, und Conradi betrat in Begleitung zweier Kollegen, den beiden Schöffen und einer Protokollführerin, den Saal. Schlagartig verstummten die Gespräche. Der letzte Prozeßtag in der Strafsache Menderes konnte beginnen.

Nach den routinemäßigen Formalitäten nickte der Vorsitzende dem Anklagevertreter zu. „Herr von Waltershofen, Ihr Plädoyer bitte."

Der Vortrag des Oberstaatsanwaltes dauerte über zwei Stunden. Zum Schluß hob er theatralisch seine Hände und sagte: „Hohes Gericht, meine Damen und Herren, das hier zu fällende Urteil beruht nicht nur auf Indizien, sondern auf klaren und eindeutigen Beweisen. Kriminaloberkommissar Mike Severin von der örtlichen Polizeiinspektion, den wir als verdeckten Ermittler in das Milieu eingeschleust hatten, konnte uns durch seine überaus glaubwürdige Aussage den eindeutigen Beweis liefern ..."

„Was eine Lüge ist!" unterbrach ihn lautstark und wütend der Anwalt Dr. Roxfeld – und mit Blick auf die Zeugenbank – „dieser Kriminalbeamte will doch nur seine eigene ..."

Doch bevor er sich weiter einlassen konnte, wurde er vom Vorsitzenden scharf zurechtgewiesen. „Herr Dr. Roxfeld, mäßigen Sie sich! Sie haben anschließend noch ausreichend Gelegenheit, sich zur Sache zu äußern. Bitte, Herr von Waltershofen, fahren Sie fort."

„Wie gesagt, die Beweislage ist eindeutig. Der Angeklagte konnte noch während des Tatgeschehens von dem schon erwähnten Kriminalbeamten festgenommen werden, wobei die Stichwaffe, ein stilettartiges Messer, mit den Fingerspuren des Angeklagten und dem Blut der ermordeten Swetlana Koslow im Auto des Beschuldigten sichergestellt werden konnte und ..."

Erneut wurde er von Roxfeld keifend unterbrochen. „Das sind Beweise, die manipuliert und ihm untergeschoben wurden. Mein Mandant hat die ihm zur Last gelegte Tat nicht begangen. Er ist unschuldig." Zustimmendes Gemurmel aus dem Zuschauerraum unterstützte seine Einlassung.

Richter Dr. Conradi schüttelte genervt den Kopf, ersparte sich aber eine weitere Zurechtweisung. Von Waltershofen warf dem Verteidiger einen ärgerlichen Blick zu und fuhr mit fester Stimme fort, wobei er aber Schwierigkeiten hatte, den Faden wieder aufzunehmen. „Wie uns dieses verabscheuungswürdige Delikt auf erschreckende Weise vor Augen ge-

9

führt hat, ist Herr Menderes ein Mensch, der nur wenig Respekt vor dem Leben eines anderen hat. Es war eine Tat, die heimtückisch, grausam und aus niederen Beweggründen begangen wurde. Alles in allem sind es die Kriterien, die zu den klassischen Mordmerkmalen gehören, und worauf es nur eine einzige Antwort geben kann und muß!" Der Oberstaatsanwalt machte eine wirkungsvolle Pause, ließ seine Blicke über die Zuschauer, Pressevertreter, Anwälte und den Richtertisch gleiten, und forderte dann betont ruhig und langsam: „Nach alledem beantrage ich, den Angeklagten Mustafa Menderes zu einer lebenslangen Freiheitsstrafe zu verurteilen."

Als Buhrufe von einigen Zuschauern kamen, schlug Conradi ärgerlich mit der Faust auf den Richtertisch. „Ich bitte mir absolute Ruhe aus. Bei der nächsten Äußerung, ob nun positiver oder negativer Art, werde ich Ihre Personalien feststellen lassen und Sie des Saales verweisen. Ich hoffe, wir haben uns verstanden!"

Das Plädoyer des Strafverteidigers Dr. Roxfeld war erstaunlich kurz. Er sprach im Namen seiner beiden Kollegen und bewertete die Aussage des Kriminalbeamten als dreiste Lüge und erbärmlichen Versuch, das von ihm selbst begangene Tötungsdelikt zu vertuschen und einem anderen, nämlich seinem unbescholtenen Mandanten, anzuhängen. Zum Schluß rief er mit sich überschlagender Stimme: „Mein Mandant hatte überhaupt kein Motiv, wohl aber der Zeuge Mike Severin, der eine leidenschaftliche Liebesbeziehung zu der Getöteten unterhielt, die diese aber offensichtlich beenden wollte. Es liegt doch auf der Hand, daß er meinem Mandanten das belastende Material untergeschoben hat, denn Zeit und Gelegenheit hatte er dazu." Abschließend wies Roxfeld noch einmal darauf hin, daß es sich bei Herrn Menderes um einen unbescholtenen Bürger und ehrenvollen Geschäftsmann handle, der noch nie strafrechtlich in Erscheinung getreten sei, ständig für soziale Einrichtungen spende und sogar schon einmal einen größeren Geldbetrag an eine polizeiliche Sozialeinrichtung überwiesen habe. Deshalb müsse er nach dem Grundsatz in dubio pro reo freigesprochen werden.

Kriminalhauptkommissarin Kai Sommer, Leiterin des Fachkommissariats 1 und zuständig für Straftaten gegen das Leben und andere Gewaltdelikte, konnte sich heute morgen nicht auf ihre Arbeit konzentrieren. Ständig war sie mit ihren Gedanken im Sitzungssaal des Landgerichtes an der Kaiserstraße. Der Vorsitzende Richter Dr. Conradi würde heute nachmittag das

10

Urteil verkünden. Aufgrund der erdrückenden Beweislage konnte er nur dem Antrag der Staatsanwaltschaft folgen und Menderes zu einer lebenslangen Freiheitsstrafe verurteilen – zumindest nach Kais Auffassung. Von ihrem Vorgesetzten Kriminaldirektor Friedrich Hundertmark wußte sie, daß der zwielichtige Strafverteidiger Roxfeld doch der Staatsanwaltschaft allen Ernstes vorgeschlagen hatte, wenn schon kein Freispruch erzielt werden konnte, dann doch zumindest auf Totschlag in einem minder schweren Fall zu plädieren, was eine bodenlose Frechheit war. Kai war froh, daß von Waltershofen sich auf diesen Deal nicht eingelassen hatte, denn schließlich wurden dem Nachtclub- und Bordellbesitzer noch andere Kapitalverbrechen zur Last gelegt, die ihm aber Polizei und Staatsanwaltschaft bis heute nicht nachweisen konnten. Nach Kais Recherchen trug er die Verantwortung für ein gutes Dutzend Morde, die er selbst verübt oder in Auftrag gegeben hatte, ganz abgesehen von Straftaten, wie Förderung der Prostitution und Menschenhandel, Verstoß gegen das Betäubungsmittelgesetz, Erpressung und Steuerhinterziehung.

Auch während ihrer Tätigkeit bei der Polizeidirektion Hannover waren sie wochenlang hinter ihm hergewesen. Sie hatten ihm aber nie etwas beweisen können. Ja, und danach war er ihr hier in Hildesheim wieder über den Weg gelaufen, als in einem Bordell an der Hannoverschen Straße eine Prostituierte getötet und andere schwer mißhandelt worden waren. Taten, für die sein Leibwächter Erdal Gezen seinen Kopf hingehalten hatte. Kai war sicher, daß auch in der Justizbehörde Leute auf Mustafa Menderes' Lohnliste standen, denn bevor sein Leibwächter wegen Mordes angeklagt worden war, hatte Menderes sich nach Antalya abgesetzt, um dann erst Monate später nach der rechtskräftigen Verurteilung Erdal Gezens wieder hier in Hildesheim aufzutauchen. Ja, und dann dieser unverschämte Vorschlag, ihn in einem minder schweren Fall des Totschlags zu verurteilen, was im Ergebnis ja bedeuten würde, daß er mit einer Bewährungsstrafe davonkommen könnte. Daher war Kai heilfroh, daß er nun aufgrund der eindeutigen Zeugenaussage ihres Kollegen Severin überführt werden konnte.

Aber was war, wenn dieser Roxfeld, mit dem sie schon einige unerfreuliche Auseinandersetzungen hatte, im letzten Augenblick noch einen Joker aus dem Ärmel zog? Vielleicht Zeugen, die er unter Druck gesetzt oder gekauft hatte? Sie traute ihm alles zu. Kai nahm sich vor, gleich nach dem Mittagessen zum Landgericht zu fahren, um zumindest noch die Urteilsverkündung mitzubekommen.

Sie verließ ihr Dienstzimmer und holte sich aus der Teeküche einen Becher Kaffee. Als sie zurückkam, war sie erstaunt darüber, Kriminaldirektor Hundertmark in ihrem Zimmer vorzufinden. Wie sie ihn kannte, hatte er etwas auf dem Herzen, was keinen Aufschub duldete. Ohne Umschweife kam er auch gleich zur Sache. „Frau Sommer, ich nehme an, daß Sie von dem Einbruch heute morgen um vier Uhr in dem Schmuckgeschäft Köhler & Sohn in der Fußgängerzone gehört haben. Wieder diese verfluchte Hammerbande."

„Sind Sie sicher, daß sie es war?"

„Was heißt schon sicher? Aber das ganze Vorgehen deutet darauf hin. Das sind absolute Profis. Sie lassen keine Spuren zurück und nehmen nur die wertvollsten Stücke mit. Auch die Alarmanlage schreckt sie nicht ab, obwohl sie genau wissen, daß die Anlage bereits nach dem ersten Schlag gegen die Scheibe einen Alarm auslöst. Aber da sie für ihre Aktion etwa drei Minuten brauchen, haben sie diese Tatsache einkalkuliert, wohlwissend, daß die Polizeibeamten bis zum Eintreffen am Tatort einige Minuten länger brauchen ..." Hundertmark stockte und hob die Hände. „Aber eigentlich wollte ich Ihnen das gar nicht erzählen. Der Grund meines Hierseins ist ein anderer. Wie Sie wissen, ist der Kollege Fuchs ziemlich neu im Geschäft und kennt sich in der Region noch nicht so richtig aus. Ich möchte Sie daher bitten, ihn ein wenig zu unterstützen, zumal Sie in Hannover mit derartigen Delikten ja schon zu tun hatten. Es wäre ja gelacht, wenn wir dieser Bande nicht bald das Handwerk legen könnten."

„Wenn ich mich recht entsinne, ist es der dritte oder vierte Einbruch innerhalb weniger Wochen. Oder?"

„Ja, der dritte innerhalb von sechs Wochen, zumindest in unserem Zuständigkeitsbereich."

„Glauben Sie immer noch, daß Mustafa Menderes der eigentliche Drahtzieher und Kopf der Bande ist?"

„Die Staatsanwaltschaft ist davon überzeugt, aber ich bin mir nicht so sicher."

Kai Sommer schüttelte ungläubig den Kopf. „Wie soll das denn laufen? Schließlich sitzt Menderes in Untersuchungshaft und wird voraussichtlich für einige Jahre oder gar bis an sein Lebensende hinter Gittern verschwinden."

„Frau Sommer, es geht da um sehr viel Geld. Ich bin sicher, daß er genug davon hat und nach wie vor Leute für sich arbeiten läßt, die alles, aber auch alles, für ihn tun. Ich erinnere nur an diesen Erdal Gezen, seinen Leibwächter und Mädchen für alles, der für ihn sogar in den Knast gegangen ist. Selbst wenn Dr. Conradi ihn heute hinter Gitter bringt, endet damit noch lange nicht sein Einfluß.

Kai seufzte. „Hoffentlich wird er auch tatsächlich verurteilt. Ich meine, nicht wegen Totschlags, sondern wegen Mordes."

„Malen Sie den Teufel nicht an die Wand. Aber zurück zu dieser Bande. Wie brutal die Kerle vorgehen und wie schwer es ist, an sie heranzukommen, wurde uns ja vor einigen Wochen schon eindrucksvoll vor Augen geführt."

„Sie meinen, mit diesem Typen, der aussteigen wollte?"

„Ja, genau. Mir fällt der Name nicht ein, ich glaube, er hieß Protzke oder so ähnlich. Aber er war es, der uns darauf gebracht hat, daß Menderes der eigentliche Kopf der Bande ist. Auf jeden Fall wollte er sie auffliegen lassen, weil Menderes seine kleine Schwester mit Drogen gefügig gemacht und sie dann auf den Strich geschickt hat – natürlich nicht er selber. Aber wem sage ich das. Sie kennen ihn ja besser als ich. Außerdem hatte dieser Protzke erdrückendes Beweismaterial gegen Menderes gesammelt. Allerdings konnten wir seine Aussage nicht mehr protokollieren, weil er auf offener Straße erschossen wurde." Er schnippte mit den Fingern. „Einfach so!"

„Wissen Sie, ich verstehe nicht, warum er Swetlana Koslow persönlich umgebracht hat, eigentlich ist das nicht seine Art."

Hundertmark zuckte mit den Schultern. „Keine Ahnung! Aber Sie haben recht, irgendwie paßt das nicht zu ihm. Und wenn es da die Aussage Ihres Kollegen Severin nicht geben würde, hätte ich da schon meine Zweifel. Aber so? Denkbar ist natürlich auch, daß es zwischen Menderes und dieser Swetlana Unstimmigkeiten gegeben hat. Sie hat schließlich in seinem Nachtclub gearbeitet. Vielleicht war es auch eine Beziehungstat, er ist ausgerastet und hat es in einem Anfall von Wut getan. Er soll ja sehr jähzornig sein, wer weiß? Auf jeden Fall war das der größte und sicherlich auch letzte Fehler, den er gemacht hat." Kriminaldirektor Hundertmark warf einen Blick auf seine Armbanduhr und stand auf. „Frau Sommer, wenn wir pünktlich zur Urteilsverkündung im Gerichtssaal sein wollen, müssen wir uns beeilen."

13

Als Kai mit Friedrich Hundertmark auf dem Beifahrersitz vor dem Justiz-zentrum parkte, prasselte ein heftiger Regen gegen die Windschutzscheibe, und die Windböen erreichten Sturmstärke. Typisches Aprilwetter, obwohl es noch März war. Entschlossen stiegen sie aus, kämpften sich mühsam vorwärts und erreichten zusammen mit ihrem Kollegen Heinz Ossenkopp, der aus der entgegengesetzten Richtung regelrecht auf sie zutrieb, den Eingang des Justizgebäudes. Als sie dann mit dem Fahrstuhl nach oben fuhren, meinte Ossenkopp: „Vorhin hat die Mutter unseres Kollegen Seve-rin angerufen. Sie wollte ihren Sohn sprechen, aber da er im Gerichtsge-bäude war, wurde das Gespräch zu mir durchgestellt. Frau Severin erzählte etwas von seltsamen Drohanrufen, die heute morgen bei ihr eingegangen seien. Jedesmal habe sie im Hintergrund Glockentöne gehört, die sie stark an Totenglocken erinnert hätten. Sie meinte, das wären sicherlich irgend-welche Spinner, die ihren Sohn bedrohen würden. Die Sorge in ihrer Stimme war allerdings nicht zu überhören. Komisch, nicht?"

Kai Sommer sah ihn nachdenklich an, verzichtete aber auf eine Ant-wort, da sich summend die Fahrstuhltür öffnete.

Als sie den Sitzungssaal betraten, hatten sie Mühe, noch einen Sitz-platz zu bekommen. Kai quetschte sich neben einen älteren Herrn, der be-reitwillig nach rechts rückte, während Hundertmark und Ossenkopp sich zwei Reihen vor ihr in die Bank drückten. Ihren Kollegen Mike Severin konnte sie vorn auf der Zeugenbank erkennen.

Verstohlen ließ Kai ihre Blicke über die Zuschauer gleiten, die voller Spannung auf das Erscheinen der Richter warteten. Sicherlich ein Spiegel-bild der Gesellschaft, stellte sie kritisch fest, als sie die Anwesenden be-trachtete. Angestellte, Rentner, Hausfrauen, Beamte, Polizisten, Journalis-ten und vor allem Leute aus dem Milieu wie Prostituierte, Zuhälter, Tür-steher und einige besonders finstere Gestalten. Wahrscheinlich Typen, die für Geld alles taten und zu Menderes' engsten Freunden gehörten, wobei sie sich fragte, ob auch Mitglieder der Hammerbande unter ihnen waren.

Eine Weile beobachtete sie den Oberstaatsanwalt, der eifrig in irgend-welchen Unterlagen und Akten blätterte. Warum eigentlich? – er hatte sein Plädoyer doch schon vor einigen Stunden gehalten.

Dann schaute sie zu ihrem Kollegen Mike Severin, der etwas verloren auf der Zeugenbank saß und einen bedrückten Eindruck machte. Vergeb-lich versuchte sie Blickkontakt mit ihm aufzunehmen.

Ein Raunen ging durch die Zuschauerreihen, als zwei uniformierte Polizisten den Angeklagten in den Saal führten. Kai hatte ihn schon lange nicht mehr gesehen, mußte sich aber eingestehen, daß er immer noch verdammt gut aussah und auch heute den Eindruck eines seriösen Geschäftsmannes machte: gepflegt, leicht gebräunt, schneeweiße Zähne, schwarze Haare, in denen graue Strähnen schimmerten. Aber trotz dieses positiven Erscheinungsbildes: Er war ein Teufel!

Der Angeklagte schien instinktiv die Augen Kai Sommers zu spüren, denn als er zur Seite schaute und ihrem Blick begegnete, sah man an seiner Reaktion, daß er sie erkannt hatte. Er schlug lässig die Beine übereinander, lehnte sich entspannt zurück und starrte sie mit einem diabolischen Grinsen an. Kai zwang sich, seinem Blick standzuhalten, zumindest für einige Sekunden, aber dann wurde es ihr zu blöd, und sie schaute in eine andere Richtung. Mein Gott, was hatte ihr dieser Kerl schon für Ärger gemacht! Erst in Hannover, als sie Mordermittlerin in der dortigen Polizeidirektion war und den Frauenmörder Sven Steinberg überführen konnte, der auf seiner Lohnliste stand. Dann auch hier in Hildesheim, wo er zumindest einen Mordauftrag erteilt hatte, sie ihm aber nichts beweisen konnte.

Daher schien es für die Justiz ein Glücksfall, daß ihr Kollege Severin ihn auf frischer Tat ertappen konnte. Obwohl sie ihrem jungen Kollegen vertraute und ihn für einen guten Kriminalbeamten hielt, waren ihr Zweifel gekommen, als sie seinen Bericht gelesen hatte. Es war für sie nur schwer vorstellbar gewesen, daß der abgebrühte Menderes so ausgerastet sein sollte. Was war da in ihm vorgegangen? Sicherlich hatte er sich da unten am Hafen unbeobachtet gefühlt und hatte dann, außer sich vor Wut und Enttäuschung, die Kontrolle über sich verloren. Vielleicht das erste Mal in seinem Leben. Aber dennoch.

Ihr Gedankengang wurde unterbrochen, als der Vorsitzende Richter mit seinen Begleitern den Gerichtssaal betrat und es schlagartig still wurde. Conradi ließ seine Blicke über die Zuschauer gleiten. „Im Namen des Volkes ergeht folgendes Urteil: Der Angeklagte Mustafa Menderes wird wegen Totschlages zu einer zehnjährigen Freiheitsstrafe verurteilt, der Haftbefehl bleibt bestehen, die Kosten des Verfahrens ..."

Kai mußte schluckte und sah die Enttäuschung im Gesicht des Oberstaatsanwalts, der fest mit einer Verurteilung wegen Mordes und der Verhängung einer lebenslangen Freiheitsstrafe gerechnet hatte.

Plötzlich wurde es unruhig im Gerichtssaal. Der Richter kam nicht dazu, seinen Urteilsspruch zu Ende zu führen, geschweige denn ihn zu begründen, weil einige Zuschauer, die offenbar mit einem Freispruch oder zumindest mit einer Bewährungsstrafe gerechnet hatten, aufsprangen und ihm lauthals Unmutsäußerungen entgegenschleuderten. Gleichzeitig sprang der Angeklagte von seiner Bank auf, streckte drohend und theatralisch seine gefesselten Arme nach oben und schrie: „Das Urteil ist rassistisch und ein Justizirrtum. Sie alle werden es bereuen!" Und mit Blick auf Kriminaloberkommissar Mike Severin: „Und besonders der kleine Wichser dort, der mich, Mustafa Menderes, fälschlich beschuldigt hat."

Dr. Peter Weisenau war Jurist aus Leidenschaft, was nicht verwunderte, da es in seiner Familie einen leitenden Staatsanwalt und zwei Richter gab. Er hatte Rechtswissenschaften an den Universitäten Heidelberg und Hamburg studiert und seine Doktorprüfung mit summa cum laude abgeschlossen. Es war daher nicht außergewöhnlich, daß er von verschiedenen renommierten Kanzleien regelrecht umworben worden war. Aber Weisenau blieb standhaft. Er sammelte zunächst in einer kleinen Anwaltskanzlei einige Erfahrungen, folgte dann aber der Familientradition und ging in den Staatsdienst. Kurz nach seiner Anstellung heiratete er Beatrice, die einzige Tochter einer Hamburger Kaufmannsfamilie. Die Probleme begannen, als er sich erfolgreich um eine ausgeschriebene Stelle der Hildesheimer Staatsanwaltschaft bewarb und nur noch an den Wochenenden nach Hause zu seiner Frau fahren konnte. Von Montag bis Freitag führte er hier in der Domstadt das Leben eines Junggesellen, was ihm nicht unangenehm war, zumal ihm das Getue seiner schwerreichen Schwiegereltern häufig auf die Nerven ging. Abends ging er oft in den Hildesheimer Grünanlagen spazieren, joggte, und hin und wieder besuchte er auch das Wasserparadies und den Tennisclub Gelb-Rot der Eintracht Hildesheim. Es blieb daher nicht aus, daß er auch Damenbekanntschaften machte. Natürlich äußerst diskret. Einen Skandal konnte er sich nicht erlauben, denn schließlich war er ein Staatsanwalt, der eine verheißungsvolle Karriere vor sich hatte. Insgeheim hoffte er, daß er in absehbarer Zeit die Stelle des hiesigen Oberstaatsanwaltes Dr. von Waltershofen übernehmen konnte, der sich in Hildesheim nicht so richtig wohl zu fühlen schien, zumindest hatte er kürzlich eine derartige Andeutung gemacht.

Bei seinem letzten Tennismatch stieß er auf dem Weg zur Duschkabine mit einer äußerst reizvollen jungen Dame zusammen. Als Kavalier der alten Schule, für den er sich trotz seiner erst 35 Jahre hielt, suchte er die Schuld bei sich, denn er hatte sich mit dem Handtuch gerade den Schweiß von der Stirn getupft und war blind durch die Gegend gelaufen. Weisenau entschuldigte sich für seine Ungeschicklichkeit und stellte mit Erleichterung fest, daß der jungen Dame nichts passiert war. Nach der Dusche setzte er sich auf die Terrasse des Tennisstübchens, bestellte ein Fruchtsaftgetränk und schaute den Tennisspielern zu. Dann sah er sie wieder und war fasziniert: wohlgeformte Rundungen in einem engen Tennisdreß, das Spiel ihrer Muskeln, das lange blonde Haar, wie es nach hinten flog, der leicht gebräunte Körper, der sich geschmeidig bewegte und sich mit natürlicher Anmut drehte. Als sie dann in das Tennisstübchen kam und ihm zulächelte, war er erstaunt, daß sie ohne Begleitung war. Er stand entschlossen auf, ging ihr einige Schritte entgegen, entschuldigte sich noch einmal, bat sie zu sich an den Tisch und bestellte ihr ein Fruchtsaftgetränk.

„Dr. Peter Weisenau", stellte er sich vor.

„Oh, Sie sind Arzt?"

„Nein, da muß ich Sie leider enttäuschen, ich bin Jurist." Er spielte von Anfang an mit offenen Karten, hielt es aber für überflüssig, ihr jetzt schon zu sagen, daß er bei der Hildesheimer Staatsanwaltschaft beschäftigt war.

Weisenau konnte nicht ahnen, daß seine Biographie bereits in ihrem Kopf gespeichert war und er nur noch einmal das bestätigte, was sie ohnehin schon wußte.

Das war seine erste Begegnung mit Janina Berger, wie sie sich ihm später mit ihrer rauchigen Stimme vorstellte. Einen Tag später trafen sie sich in einem verschwiegenen Séparée des Nachtclubs Osmani, und noch in der gleichen Nacht nahm Janina ihn mit in ihre Wohnung am Weinberg.

2

Seit dem verdeckten Polizeieinsatz erkannte Mike Severin sich kaum noch wieder. Es kam ihm oft so vor, als würde er neben seinem Körper stehen und diesen kritisch, vorwurfsvoll und mit erhobenem Zeigefinger betrachten. Ihn plagte eine ständige Müdigkeit, er fühlte sich zeitweise wie gerädert und hatte Schwierigkeiten, sich auf seine Arbeit zu konzentrieren. Sein Biorhythmus spielte verrückt und war durch seine überwiegend nächtliche Ermittlungstätigkeit völlig aus den Fugen geraten. Auch heute war er wieder mitten in der Nacht nach einem schrecklichen Alptraum aufgewacht. Die Handlung variierte zwar, bestand aber im wesentlichen immer darin, daß er sich über eine gesichtslose Frau beugte, ihr zärtlich die Haare aus dem Gesicht strich und dann verwundert auf ein blutiges Messer starrte, das er in den Händen hielt. Plötzlich verschwand alles hinter einer Nebelwand, und die Frau wurde erst wieder sichtbar, als sie, auf dem Rücken liegend, auf einem dunklen Gewässer davontrieb, wobei ihr ein übermäßig großes Messer aus der Brust ragte. In dieser Phase des Traums war er auch heute wieder aufgeschreckt, schweißgebadet und mit pochendem Herzen. Er wechselte das Oberteil seines Schlafanzugs und schloß schläfrig die Augen, wobei in einem Zustand zwischen Wachen und Träumen wieder die Dinge erschienen, die mit ihren Höhen und Tiefen seine Gefühlswelt mehr belastet hatten, als er sich eingestehen wollte. Er versuchte, sein Denken in andere Bahnen zu lenken. Aber es gelang ihm nicht. Immer wieder kreisten seine Gedanken um den verdeckten Einsatz, zu dem er von seinem Vorgesetzten und Kollegen regelrecht genötigt worden war und der vordringlich darin bestand, etwas Belastendes über Mustafa Menderes herauszufinden. Da er, Mike Severin, ledig und ungebunden war, sollte er besonders zu den Frauen Kontakt aufnehmen, zu denen Menderes nähere Beziehungen unterhielt. Schon als er sich das erste Mal im Nachtclub aufhielt, hatte ihm eine Bardame zu später Stunde anvertraut, daß Menderes zu einer gewissen Swetlana Koslow eine sehr enge Beziehung unterhielt. Als er die Frau dann zwei Tage später sah, konnte er den Nachtclub- und Bordellbesitzer sehr gut verstehen. Es hatte dann noch Tage und auch schlaflose Nächte gedauert, bis er sich in diesem Etablissement, das Mustafa Menderes als Krönung seines Schaffens bezeichnete und das aus einem Nachtclub, Begleitservice, Erotikkino, Bordellbetrieb und einer Callgirlagentur bestand, einigermaßen zurechtfand.

Und obwohl er sich als erfolgreicher Geschäftsmann ausgegeben hatte, war es äußerst schwierig gewesen, die richtigen Kontakte zu knüpfen. Die Kontaktaufnahme zu Swetlana gestaltete sich noch schwieriger, da sie sich nur mit Männern umgab, die ihr gefielen und die über das nötige Kleingeld verfügten. Doch schon bald hatte er das Gefühl, daß ihre sexuellen Eskapaden lediglich so etwas wie ein Spiel mit dem Feuer waren, gleichzeitig aber auch ein Zeichen ihrer Unabhängigkeit und ein Signal dafür, niemandem allein zu gehören – auch nicht einem Mustafa Menderes. Er konnte sich noch gut an die erste Nacht in dem Luxusappartement erinnern, in dem sie wohnte, das aber Menderes gehörte. Obwohl Mike mit seinen dreißig Jahren schon über einige sexuelle Erfahrungen verfügte, hatte er so etwas noch nicht erlebt.

Allein das Ambiente war ein Traum aus Glas, Kristall, Leder, kostbaren Brücken und Bildern. Es war alles sehr dekorativ, geschmackvoll und teuer. So sah es also aus in der Welt einer Edelprostituierten, und so lebte Mustafa Menderes, ein Verbrecher der übelsten Sorte, hinter dem die Staatsanwaltschaft schon seit Jahren vergeblich her war, wobei er, der kleine Kriminaloberkommissar Mike Severin, dafür sorgen sollte, daß sich das möglichst bald änderte. Er war bereit, hierfür sein Möglichstes zu tun.

Auf einem messingfarbenen Servierwagen hatte sie einen kleinen Imbiß anrichten lassen: etwas Hummer in roséfarbener Kaviarsoße, Garnelen, Lachs, einige Käsesorten, Früchte und Obst. Daneben lugte aus einem eisgekühlten Sektkübel eine goldköpfige Champagnerflasche.

Swetlana griff zu den Streichhölzern auf dem Beistelltisch und zündete die Kerzen an. Die Lampen, die den Raum vorher in kalte Helligkeit getaucht hatten, schaltete sie aus. Auf dem Weg zum Bad drückte sie auf die Fernbedienung ihrer Stereoanlage, und aus dem Hintergrund ertönte einschmeichelnde Musik, die Mike zwar schon gehört hatte, aber nicht einordnen konnte.

Dann kam sie wieder und begann betont langsam, die Knöpfe ihres Kleides zu öffnen, wobei sich die Kreation aus Chiffon und Spitze nicht mehr auf ihren Schultern halten konnte. Im Zeitlupentempo fiel es von ihren Schultern und entblößte ihre Brüste. Sie ließ das Kleid achtlos auf den Teppich fallen und streifte mit aufreizenden Bewegungen die Seidenstrümpfe von ihren endlos langen Beinen. In diesem Augenblick konnte Mike sich nicht mehr zurückhalten, er riß die junge Frau in seine Arme und trug sie in das angrenzende Schlafzimmer. Als er dann über ihr lag

19

und seine Hände ihre vollen Brüste streichelten, kam die große schauspielerische Leistung Swetlanas zur Geltung, die Mike nicht als solche erkannte oder in diesem Augenblick, wo Lust und Geilheit seine Wahrnehmungen nur auf das Eine konzentrierte, auch nicht erkennen wollte.

Dann begann Swetlana mit ihrem Programm, das routiniert und mechanisch wie ein Uhrwerk ablief und sich stets an den Bedürfnissen ihrer Zielperson orientierte: Sie seufzte vor Schmerz und Lust, entzog sich seinen Liebkosungen, schien sich zu verweigern, umklammerte ihn mit Armen und Beinen, stieß ihn von sich, um sich ihm dann gierig mit geöffneten Schenkeln entgegenzuwerfen. Swetlana tat das, was sie seit ihrem vierzehnten Lebensjahr tat: Sie beglückte Männer.

Als sie dann im Bad verschwand und Mike noch eine Weile erschöpft liegen blieb, fragte er sich, warum sie sich überhaupt mit ihm eingelassen hatte? Er sah zwar verdammt gut aus und hätte auch als Model sein Geld verdienen können, wie Bekannte und Freunde immer wieder behaupteten, aber er verfügte nicht annähernd über die Finanzmittel, die Swetlana sicherlich von ihren Kunden verlangte. Die Antwort auf diese Frage sollte er einige Nächte später erfahren, als sie ihm offenbarte, daß ihr seine wahre Identität von Anfang an bekannt gewesen sei und sie auch über seinen Auftrag bestens Bescheid gewußt habe. Mit unschuldigem Augenaufschlag hatte sie ihn dann auch noch um einen Gefallen gebeten, der mit seiner beruflichen Tätigkeit zu tun hatte. Er konnte sein Entsetzen kaum verbergen, und nur die Wirkung des Kokains, das sie ihm regelrecht aufgedrängt hatte, konnte die einsetzende Schockwirkung etwas mildern. In dieser Phase wäre es richtig gewesen, wenn er sich umgehend bei seiner Dienststelle zurückgemeldet hätte. Doch dazu fehlte ihm die Kraft, weil er sich nicht nur in diese Frau verliebt hatte, sondern ihr auch mit Haut und Haaren verfallen war. Aber selbst noch in dieser verfahrenen Situation hatte er sich immer wieder vorgenommen, sich Kai anzuvertrauen und mit ihr gemeinsam nach einem Ausweg zu suchen. Doch jedes Mal zögerte er, zumal er wußte, daß sie es aufgrund ihrer Stellung hätte melden müssen. Letztendlich beschloß er, die Beziehung geheimzuhalten – allerdings fiel ihm keine Lösung ein, wie er da wieder herauskommen sollte. Doch schließlich hatte er sich eingeredet, daß er durch die Liebesbeziehung seine Aufgabe wesentlich früher erledigen konnte – wobei er sich zeitweise allerdings auch fragte, ob er das wirklich wollte. Es war ein Wechselbad der Gefühle, zumal ihm immer mehr bewußt wurde, daß ihn die Beziehung früher oder später seine Karriere kosten konnte und diese Frau ihn ruinieren würde.

Dann kam diese schreckliche Nacht, die für Swetlana tödlich endete. Mike konnte sich noch gut an den Abend und die Stunden danach erinnern. Sie hatte ihn wieder einmal in Besitz genommen, Stück für Stück, Zentimeter für Zentimeter, verbunden mit der stummen Aufforderung, sich endlich auf Menderes' Lohnliste setzen zu lassen. Doch das hatte er in dem Augenblick verdrängt. Er wollte nur noch ihre betörende Nähe und Weiblichkeit fühlen, ertasten, streicheln und sich dabei treiben lassen. Noch jetzt glaubte er, ihre weichen Lippen zu spüren, die leicht wie Schmetterlinge über seinen Hals, dann über seine Brust getanzt waren und sich immer tiefer und tiefer ihren Weg suchten.

Ja, und dann war dieser verfluchte Anruf gekommen. Mustafa Menderes. Mike verstand bis heute nicht, warum es dazu kommen mußte. Verdammt, warum hatte sie diesen verdammten Apparat nicht ausgeschaltet oder den Hörer daneben gelegt? In diesem Augenblick hätte er sie umbringen können.

Obwohl sie es ihm verboten hatte, war er ihr gefolgt, unauffällig und, wieder ganz Bulle, auf seinen Auftrag fixiert, wobei Mike sich eingestehen mußte, daß dabei auch eine Portion Eifersucht und ein furchtbarer Haß auf diesen Menschen im Spiel war, der nur mit seinen Fingern zu schnippen brauchte.

Auf der Kanalstraße im Norden der Stadt hatte sie ihren kleinen Sportwagen gestoppt und war in seinen schweren Mercedes gestiegen. Mike parkte sein Auto in der Nähe, stieg aus und beobachtete aus sicherer Entfernung die Luxuslimousine, die wie verlassen nur wenige Meter neben dem Hafenbecken stand. Einige Minuten vergingen, doch dann ging alles sehr schnell. Die Beifahrertür wurde aufgestoßen, und im spärlichen Licht der Innenbeleuchtung konnte Mike erkennen, daß es zu einem Handgemenge kam. Er zwang sich, vorerst noch auf seinem Beobachtungsposten zu bleiben, denn wie hätte er sein Erscheinen erklären sollen? Doch als Swetlana einen Schrei ausstieß, hatte Mike in wenigen Sekunden das Auto erreicht. Sie lag auf dem Boden, und es war alles voller Blut. Mustafa schaute ihn ungläubig an, sprang aus seinem Wagen, um ihm sein Messer in den Bauch zu rammen. Aber Mike war schneller, hatte Glück und legte ihm Fesseln an. Während er auf seine Kollegen wartete, starrte er in das tiefdunkle Wasser des Hafenbeckens.

Diese letzte Szene hatte er immer wieder gebetsmühlenartig geschildert, nicht nur gegenüber seinen Kollegen, Dienstvorgesetzten und der Staatsanwaltschaft, sondern auch als Zeuge vor der Schwurgerichtskammer. Die Bilder waren unauslöschlich in seinem Kopf gespeichert, wobei er sich jedes Detail peinlich genau eingeprägt hatte. Schließlich mußte alles der Wahrheit entsprechen, die allerdings viele unterschiedlich wahrnahmen und interpretierten.

Kriminaldirektor Friedrich Hundertmark schaute besorgt auf Mike Severin, der einen übernächtigten und bedrückten Eindruck machte. „Was ist los, Herr Severin? Seien Sie doch froh, daß Menderes verurteilt wurde – wenn auch nicht zu einer lebenslangen Freiheitsstrafe."

„Na ja", gab Kai Sommer zu bedenken, „das Urteil ist ja noch nicht rechtskräftig. Warten wir also noch ein paar Tage."

Ossenkopp mischte sich ein. „Ich kann mir beim besten Willen nicht vorstellen, daß die Anwälte bei der Beweislage und der glaubwürdigen Aussage unseres Kollegen Rechtsmittel einlegen. Dann könnte das schon eher die Staatsanwaltschaft tun, die ja mit ihrem Antrag gescheitert ist."

„Also, was ist los?" wiederholte Hundertmark seine Frage.

Severin zuckte mit den Schultern, druckste herum und sagte dann zögernd: „Mir machen die Anrufe zu schaffen. Ich würde damit schon klarkommen, aber meine Mutter ist völlig fertig und macht sich große Sorgen. Ich überlege, ob ich nicht den Anschluß ändern lassen sollte."

„Wie viele Anrufe sind denn bisher eingegangen?"

„Na, die beiden gestern vormittag, als ich im Gerichtssaal war, und dann noch einer gestern abend."

„Wie? Die Kerle haben nochmal angerufen? Was haben sie denn gesagt?"

„Vom Inhalt das, was mir auch schon meine Mutter erzählt hatte. Der Anrufer sagte, daß ich meine Aussage noch bereuen würde und ich daher in nächster Zeit gut aufpassen müsse. Das waren seine Worte. Ja, und dann auch wieder diese Glocken, die tatsächlich wie Totenglocken klangen, zumindest haben meine Mutter und ich das so empfunden. Wie schon gesagt, sie ist mit den Nerven ziemlich am Ende."

Kai Sommer nickte mitfühlend. „Vielleicht sollten wir eine Fangschaltung installieren und ein paar Kollegen ..."

22

„Kommt nicht in Frage", protestierte Mike, „ich passe schon auf mich auf! Das mit der Fangschaltung ist okay. Aber ich will nicht, daß Kollegen rund um die Uhr auf mich aufpassen. Wie lange soll das denn gehen? Zwei Tage, eine Woche, einen Monat – und was ist dann? Vergiß es, schließlich leben wir ja nicht in Chicago!"

„Beruhige dich, ist ja schon gut. Es war nur ein Vorschlag."

„Trotzdem sollten Sie die Drohungen nicht auf die leichte Schulter nehmen", gab Hundertmark zu bedenken, „aber es ist Ihre Entscheidung." Er zuckte mit den Schultern und wandte sich an Kai. „Frau Sommer, haben Sie in dieser Einbruchsache schon Kontakt mit dem Kollegen Fuchs aufgenommen?"

„Ja, habe ich."

„Und? Gibt es schon Spuren oder Zeugenaussagen?"

„Nein, leider nicht, dazu ist es noch zu früh. Wir befragen zur Zeit die Anwohner, aber es gibt da nur wenige, denn ringsherum befinden sich überwiegend Geschäfte, die in der Nacht verwaist sind und erst gegen neun oder zehn aufmachen. Aber vielleicht haben wir Glück, und ein Frühaufsteher hat etwas gesehen – aus welcher Richtung sie gekommen sind, wie viel es waren oder welchen Fluchtweg sie ..."

„Das halte ich für unwahrscheinlich", dämpfte Hundertmark ihren Optimismus. „Nein, die Nachbarn hätten sich dann schon gemeldet."

„Weiß man denn, wie hoch der Schaden ist?" fragte Ossenkopp.

„Ja, der Geschäftsführer von Köhler & Sohn hat eine Summe von hundertneunzigtausend Euro ermittelt, in der allerdings noch nicht die Glasschäden, die Vitrinen und das Inventar enthalten sind."

„Das bezahlt doch alles die Versicherung", winkte Ossenkopp ab, „ich kann mir nicht vorstellen, daß der Laden unterversichert ist."

„Das mag ja alles stimmen", fiel ihm der Kriminaldirektor ins Wort. „Aber denken Sie an den Imageschaden und an die handgefertigten Schmuckstücke und Einzelanfertigungen, die bis zum Ostergeschäft den Kunden nicht mehr ausgehändigt oder angeboten werden können."

Friedrich Hundertmark sah auf seine Uhr und erhob sich. „Sie bleiben am Ball! Wenn sich etwas Neues ergeben sollte, rufen Sie mich bitte sofort an." Im Türrahmen zögerte er einen Augenblick, streifte Ossenkopp und Severin mit einem flüchtigen Blick und sagte dann: „Frau Sommer, es wäre schön, wenn Sie nachher noch bei mir vorbeikommen könnten."

23

Hundertmark lächelte gequält, als Kai Sommer sein Dienstzimmer betrat und sich erwartungsvoll auf dem Besucherstuhl niederließ. Doch ihr Vorgesetzter ließ sich Zeit, er nahm einen Schluck von seinem Kaffee, stellte den Becher vorsichtig auf einen Aktenberg, der sich auf seinem Schreibtisch türmte und kam dann endlich zur Sache. „Frau Sommer, ich mache mir Gedanken über Ihren Kollegen Severin. Seit seinem verdeckten Einsatz in diesem ominösen Etablissement hat er sich verändert. Er wirkt lustlos, teilweise geistesabwesend, gerade so, als habe er in dieser Zeit Dinge erlebt, die ihn belasten und die er bisher noch nicht verkraftet hat, obwohl der Einsatz ja nun schon einige Zeit zurückliegt. Wie gesagt, ich mache mir Sorgen, und im Rahmen meiner Fürsorgepflicht gehört es nun mal zu meinen Aufgaben ... aber vielleicht fängt er sich ja bald wieder und ist nur überarbeitet. So ein verdeckter Einsatz geht an die Substanz und kann ganz schön stressig sein. Immer diese Ungewißheit und die Angst im Nacken, die Tarnung könne auffliegen. Wissen Sie, ich spreche da aus Erfahrung. Als junger Beamter bei der Drogenfahndung habe ich nämlich, aber lassen wir das, es ist Vergangenheit." Er schwieg und schien dabei an seinen damaligen Einsatz zu denken, wobei Kai glaubte, in seinen Augen so etwas wie Wehmut zu sehen. Doch sie konnte sich auch täuschen. Schließlich räusperte er sich und sah Kai fragend an. „Ich nehme an, diese Veränderung ist auch Ihnen nicht verborgen geblieben, oder?"

Kai nickte zögernd. „Ja, schon, aber auch ich glaube, daß es nur vorübergehend ist. Ich meine, er wird sich schon bald wieder an den normalen Polizeialltag gewöhnen, zumal Mike zu den leistungsstärksten Kollegen des Fachkommissariats gehört, was sein Einsatz als verdeckter Ermittler ja noch einmal eindeutig bewiesen hat. Ohne seine Aussage würde Menderes sich immer noch in Freiheit befinden und weiterhin seinen mörderischen Geschäften nachgehen."

Hundertmark fiel ihr ins Wort. „Trotz alledem verstehe ich immer noch nicht, warum Menderes diese Swetlana persönlich getötet hat? Ich weiß, ich weiß, wir sprachen schon mehrmals darüber. Aber es will einfach nicht in meinen Kopf. Ich habe mir seine Akte noch einmal angesehen, es ist völlig untypisch für ihn, zumal wir alle wissen, daß er genug Leute hat, die für ihn derartige Dinge erledigen. Aber wem sage ich das? Sie kennen ihn ja besser als ich. Also, warum hat er sich dieses Mal persönlich die Hände schmutzig gemacht?"

„Vielleicht sollten wir diese Frage der Polizeipsychologin im Landeskriminalamt stellen. Wenn Sie wollen, spreche ich mit ihr, ich kenne Frau Dr. Bernauer gut und ..."

Hundertmark winkte ab. „Frau Sommer, was würde das schon bringen? Menderes ist verurteilt und damit basta! Allerdings bin ich der Meinung, daß zwischen dieser Swetlana und Menderes eine ganz persönliche Beziehung bestanden haben muß."

„Kollege Severin sieht das auch so. Nach den Schilderungen von Mike glaube ich sogar, daß Menderes diese Frau innig geliebt hat, mit allen Höhen und Tiefen, wobei einiges dafür spricht, daß er ihr zuletzt sogar hörig war. Das hat ihn vermutlich in eine ungewöhnliche Situation gebracht, denn schließlich ist er jemand, der ..."

„Frau Sommer, ich bitte Sie! Ein hartgesottener Typ wie er! Finden Sie das nicht ein wenig übertrieben?"

„Nein, durchaus nicht. Wie Mike Severin beobachten konnte, hat Swetlana Menderes ständig Hörner aufgesetzt, allerdings immer nur dann, wenn er nicht in Hildesheim war. Aber er hat ihr immer wieder verziehen. Da Menderes jeden ihrer Schritte überwachen ließ, wußte er ganz genau, wo, wie oft und mit wem sie es tat, obwohl sie ihm versprochen hatte, nur noch für ihn da zu sein, als Gegenleistung für die Annehmlichkeiten, die Menderes ihr gewährte. Aber er kannte ja ihre Veranlagung."

„Frau Sommer, ich kann mich nur wundern und frage mich schon die ganze Zeit, wie Kollege Severin das alles herausgefunden hat?"

„Nun, er hatte sich mit ihr angefreundet, was ja nur hilfreich für die Erledigung seines Auftrags war. In dieser bewußten Nacht muß es dann wohl zu einem heftigen Streit zwischen Swetlana und Menderes gekommen sein, vielleicht, weil er feststellte, daß sie ihm immer mehr entglitt oder sich sogar von ihm trennen wollte, was sich natürlich ein Mann wie Menderes nicht bieten läßt. Auf jeden Fall muß das wohl zu dieser Kurzschlußhandlung geführt haben, die Mike dann zwar beobachtet hat, aber nicht verhindern konnte. Nur gut, daß er zur rechten Zeit am richtigen Ort war."

„Bei allem Respekt, Frau Sommer, aber das klingt mir alles zu theatralisch und zu sehr nach Küchenpsychologie. Ich meine, wir sollten das etwas realistischer sehen. Fakt ist doch, daß er sie und ihre Vergangenheit kannte, er wußte, daß sie eine Edelprostituierte oder meinetwegen auch ein Callgirl war. Sie haben es selbst gesagt. Ich meine, die Sache mit der Vergangenheit. Es hätte doch alles so weiterlaufen können. Sie lebte in Saus und Braus, wohnte in einem seiner Appartements, fuhr einen Sportwagen, reiste mit ihm regelmäßig in die Türkei, wo er in der Nähe von Antalya ein feudales Ferienhaus sein Eigen nennt. Ja, und für alle diese Annehmlichkeiten stand sie ihm, so nehme ich doch an, auch sexuell zur Verfügung, wann immer er wollte. Also, warum um alles in der Welt sollte sie das aufs Spiel setzen? Nein, Frau Sommer, das macht alles keinen Sinn! Es muß da noch etwas geben, von dessen Existenz wir keine Ahnung haben und es wohl auch nie erfahren werden, denn die, die es uns hätte sagen können, lebt nicht mehr."

Kai zuckte mit den Schultern und machte eine Wiegebewegung mit ihrer rechten Hand. „Es kann natürlich sein, daß es da auch um materielle Dinge ging, sie ihn womöglich erpreßt und er sich mit ihr ganz bewußt auf dieser gottverlassenen Hafenstraße getroffen hat, um sie dann ohne Zeugen ... Ich meine, wenn Severin ihn nicht observiert hätte, wäre sie in einigen Tagen als Wasserleiche im Hafenbecken aufgetaucht, und niemand hätte die Tat mit Menderes in Verbindung gebracht."

„Wissen Sie, Frau Sommer, das sind alles nur Vermutungen und Spekulationen, die zu nichts führen. Aber wir sind vom eigentlichen Thema abgekommen."

„Ja, wir sprachen über den Kollegen Severin und darüber, daß Sie sich Sorgen machen."

Hundertmark schüttelte den Kopf, überlegte und sagte dann: „Vielleicht sollten Sie einmal mit ihm reden, denn ich kann mir gut vorstellen, daß er Ihnen gegenüber aufgeschlossener ist, zumal Sie ja ein ausgesprochen gutes Verhältnis zu ihm haben. Oft wirken ja schon ein paar Urlaubstage wahre Wunder. Vielleicht können Sie ihn auch dazu überreden, psychologische Hilfe in Anspruch zu nehmen. Mir ist alles recht. Übrigens, Frau Sommer, der Einsatz für Ihre Leute ehrt Sie, das wollte ich Ihnen schon immer einmal sagen. Ich hoffe nur, daß Ihnen – besonderes in diesem speziellen Fall – eine Enttäuschung erspart bleibt. Aber vielleicht sehe ich auch zu schwarz und ..." Er ließ den Rest des Satzes unausgesprochen und fragte: „Sagen Sie, warum lebt Ihr Kollege immer noch bei seiner Mutter? Das ist in seinem Alter schon etwas ungewöhnlich, finden Sie nicht auch?"

„Aber nur auf den ersten Blick und wenn man die Hintergründe nicht kennt. Er ist dort gleich nach seiner Scheidung und dem Tod seines Vaters eingezogen. Wissen Sie, es ist ein sehr großes Haus mit einer abgeschlossenen Einliegerwohnung. Ich meine, es war für ihn die beste und auch preiswerteste Lösung."

Hundertmark nickte. „Ich nehme an, seine Ehe ist kinderlos geblieben?"

„Ja, die Familie Severin besteht nur noch aus ihm, seiner Mutter, der jüngeren Schwester und einem Onkel, der in der Innenstadt eine Apotheke betreibt."

Als Mike Severin an diesem Donnerstagabend gegen neunzehn Uhr nach Hause kam, saß seine Mutter mit Tränen in den Augen auf der Küchenbank. Neben ihr hockte seine jüngere Schwester Carolin, die tröstend auf sie einredete, dann aber aufsprang und ihn heftig umarmte, gerade so, als hätte sie nicht mehr mit seinem Erscheinen gerechnet.

Auch seiner Mutter war die Erleichterung anzumerken. „Mike, Gott sei Dank, daß du da bist! Sie haben sich wieder gemeldet, gerade eben. Wir wollten dich gleich anrufen, aber dein Handy war nicht eingeschaltet, nur die Mailbox, da haben wir gedacht ..."

Mike schüttelte ärgerlich den Kopf. „Unsinn! Ich hatte eine Besprechung, und da schalte ich das Ding immer aus. Aber was wollten sie denn?"

„Fast das gleiche wie gestern, daß du eine Falschaussage gemacht hättest und nun dafür büßen müßtest. Dann waren da auch wieder diese Glocken, einfach grauenhaft."

„Mutti, mach dir bitte keine Sorgen", und mit Blick auf seine Schwester: „Und du auch nicht! Wie schon gesagt, das sind irgendwelche Spinner, die hören ganz von allein auf." Als Mike ihre besorgten Gesichter sah, fuhr er beruhigend fort: „Aber wenn sich das nicht bald ändert, werden wir eine Fangschaltung einbauen lassen oder eine andere Telephonnummer beantragen. Doch das dauert, und bis dahin nehmt ihr kein Gespräch mehr an oder schaltet den Anrufbeantworter ein."

Als Mike um kurz vor elf sein Schlafzimmer aufsuchte, fiel er erschöpft auf sein Bett. Die Anspannung der letzten Tage, die Aussage im Prozeß und natürlich auch dieser Streß mit den Drohanrufen machten ihm mehr zu schaffen, als er sich eingestehen wollte. Aber obwohl er hundemüde war, wollte der Schlaf nicht kommen. Unruhig wälzte er sich hin und her. Er versuchte seine Gedanken in andere Bahnen zu lenken, aber es gelang ihm nicht. Auch jetzt mußte er wieder unentwegt an seinen verdeckten Einsatz denken. Swetlana Koslow! Ständig tauchte sie vor seinen Augen auf. Eine Frau, die jeden Mann hätte haben können, zumal sie nicht nur makellos schön, sondern auch intelligent und humorvoll war. Mein Gott, wann hörte das endlich auf? Hoffentlich blieb er in dieser Nacht von diesen furchtbaren Alpträumen verschont.

Mike knipste die Nachttischlampe an, stand auf und spritzte sich über dem Waschbecken kaltes Wasser ins Gesicht. Danach kroch er wieder ins Bett und las in der Hildesheimer Allgemeinen Zeitung. Gegen Mitternacht fielen ihm die Augen zu, und als er von etwas aufwachte, kam es ihm so vor, als hätte er schon Stunden geschlafen, aber die Anzeige der digitalen Uhr sprang gerade auf ein Uhr zehn. Doch da war es wieder, dieses Geräusch, das ihn aufgeweckt hatte. Er stand auf, zog das Rollo etwas nach oben und versuchte blinzelnd, die Dunkelheit zu durchbohren. Aber da war nichts. Doch als er vom Fenster zurücktrat, hörte er das Geräusch wieder. Es klang surrend, so wie ein Bohrer, doch weicher und gedämpfter. Mike dachte an die Hauseinbrüche, die in letzter Zeit auch hier im Stadtteil Ochtersum verübt worden waren. Kurzentschlossen warf er sich den Bademantel über, überlegte einen Augenblick und holte dann seine Heckler & Koch aus der Nachttischschublade. Obwohl er es für übertrieben hielt, entsicherte er die Waffe – man konnte ja nie wissen. So hatte er zumindest die Möglichkeit, einen schnellen Warnschuß abzugeben. Auf jeden Fall fühlte er sich so besser.

Als er leise die Haustür öffnete, hörte er es wieder, dieses summende, undefinierbare Geräusch. Es schien aus Richtung der Garage zu kommen, die sich unter seinem Fenster befand. Seine Mutter und seine Schwester konnten es nicht hören, da sie ihre Schlafzimmer auf der anderen Seite des Hauses hatten.

Mike schaute vorsichtig um die Hausecke, hielt einen Augenblick inne, lauschte und schlich langsam an den Koniferen vorbei, wobei seine rechte Hand die Dienstpistole in seiner Bademanteltasche umklammerte, was ihm ein gutes Gefühl gab. Als er dann um die Ecke bog, konnte er schemenhaft die Garage erkennen und darüber das Fenster seines Schlafzimmers, aus dem das gedämpfte Licht seiner Nachttischlampe schimmerte. Er blieb erneut stehen, schloß die Augen und lauschte konzentriert – aber er hörte nichts.

Der Tag hätte so schön werden können, wenn da nicht ihr Nachbar Karl-Wilhelm Lührs gewesen wäre, der ihr mit seiner dröhnenden Baßstimme quer über die Bergstraße ein fröhliches „Moin, Moin, Frau Hauptkommissarin" zurief. Dann kam er über die Straße geschlurft und erzählte ihr ohne Punkt und Komma den neuesten Moritzberger-Klatsch. Es war ein Ritual, das sich fast jeden Morgen so oder so ähnlich wiederholte. Mein Gott, wie das nervte! Kai bekam zunehmend das Gefühl, daß Kawilü, wie er hier überall genannt wurde, ständig auf der Lauer lag, nur um mit ihr zu tratschen. Gewiß, bei ihrem Umzug hier nach Hildesheim war er eine große Hilfe gewesen, hatte zusammen mit ihrem Freund Thomas die schweren Möbelstücke nach oben geschleppt, aber mittlerweile ging er ihr ganz schön auf die Nerven. Es begann damit, daß er fast jeden Morgen, so wie gerade jetzt, unbedingt mit ihr plaudern wollte. Zu einer Tageszeit, wo ihr gar nicht danach war, sie es eilig hatte und mit ihren Gedanken schon bei ihrer Arbeit in der Polizeiinspektion war. Kam sie dann müde und abgespannt nach Hause, konnte sie sicher sein, daß er plötzlich wie ein Schatten neben oder hinter ihr auftauchte und wissen wollte, ob sie heute endlich wieder einen Verbrecher dingfest gemacht hätte. Mittlerweile war es so, daß Kai schon hundert Meter vor der Wohnung vorsorglich zu ihrem Haustürschlüssel tastete, blitzschnell die Tür aufschloß, um sich dann dahinter in Sicherheit zu bringen. Aber in den meisten Fällen gelang ihr das nicht. Trotz seiner siebzig oder mehr Jahre war Kawilü oft schneller, eilte mit ausgestreckter Hand freudig auf sie zu, um seinen neuesten Witz loszuwerden oder um mit ihr über irgendwelche Greueltaten zu diskutieren, die er in der Boulevardzeitung gelesen hatte.

Den Witz, den er ihr heute morgen erzählte, kannte sie schon, tat aber so, als würde sie ihn zum ersten Mal hören. Aus Erfahrung wußte sie, daß das der beste Weg war, ihn schnell loszuwerden, weil sie sich dann nach der Pointe mit einem Lachen von ihm verabschieden konnte, ohne sich der Gefahr auszusetzen, sich noch andere Dinge anhören zu müssen.

Auch heute morgen hatte ihr Vorgehen Erfolg: Während sie noch lachte, verabschiedete sie sich, überquerte vorsichtig die um diese Zeit schon stark befahrene Kreuzung in Richtung Bergsteinweg und hatte dabei Mühe, etwas zu sehen, da ihr die im Osten stehende Sonne direkt ins Gesicht schien. Erst als sie in die Nikolaistraße einbog, verschwand die Sonne aus ihrem Blickfeld.

Auf Höhe der Harzwasser GmbH dachte sie wieder einmal daran, daß sie sich auf dem Moritzberg ausgesprochen wohl fühlte und es für sie ein Glücksfall war, daß sie hier fast in Sichtweite ihrer Dienststelle eine Wohnung gefunden hatte. Überhaupt: Hildesheim, die Rosenstadt an der Innerste, begeisterte sie ständig aufs Neue. Es waren nicht nur das Weltkultur-erbe, die Schätze internationaler Museen, der sagenumwobene tausendjährige Rosenstock, das Knochenhauer-Amtshaus, das immerhin als das schönste Fachwerkhaus der Welt gilt, sondern auch das Engagement der Hildesheimer. Spontan fielen ihr die Freundlichen Hildesheimer ein, die erfolgreiche Werbegemeinschaft der Stadt, und die Altstadtgilde, die seit nunmehr acht Jahren mit großer Leidenschaft die Renaissance des historischen Stadtbildes vorantrieb. Erst vor einer Woche war Kai über das beeindruckende, tonnenschwere Bronze-Beton-Kunstwerk auf dem Pferdemarkt gegangen, das ein blaues Pferd darstellt und sich harmonisch in die dortige Pflasterung einfügt. Ein besonderer Höhepunkt würde sicherlich auch die Aktion der Altstadtgilde werden, das Pfeilerhaus mit dem umgestülpten Zuckerhut in aller Schönheit wieder entstehen zu lassen. Nach allem war Kai entschlossen, sich in geeigneter Form auch an dem ehrenamtlichen Engagement der Bürger zu beteiligen. Aber erst dann, wenn sie etwas mehr Zeit und Muße und ihren neuen Fall abgeschlossen hatte.

Minuten später fuhr sie auf den Hof der Polizeiinspektion, stellte ihr Fahrrad neben zwei neue blausilbrige Dienstwagen, die Kollegen gerade aus der Garage geholt hatten. Routinemäßig öffnete sie mit ihrem Transponder die hintere Tür des sechsstöckigen Gebäudes und grüßte den Kollegen hinter dem Servicepoint. Auch heute verschmähte sie den Fahrstuhl und eilte die Treppen zur dritten Etage nach oben, wo sich gegenüber des Erkennungsdienstes auch die Räumlichkeiten ihres Fachkommissariats befanden mit der Zuständigkeit für Straftaten gegen das Leben, Brand-, Sexual- Gewalt- und Waffendelikte.

Bis zur Frühbesprechung blieben ihr noch vierzig Minuten. Genügend Zeit, um sich in aller Ruhe noch einen Kaffee zu holen. Als sie Minuten später wieder an ihrem Schreibtisch saß, fiel ihr ein, daß sie unbedingt ihre Eltern in Heidelberg anrufen mußte, mit denen sie früher stets zweimal in der Woche telephoniert hatte. Doch dann war aus unerklärlichen Gründen immer etwas dazwischen gekommen, so daß die Anrufe nun immer nur noch sporadisch erfolgten, was sie bedauerte, besonders weil es ihrem Vater seit einiger Zeit gar nicht mehr so gut ging.

Das Klingeln des Dienstapparates riß sie aus ihren Gedanken. Ursula Severin, die Mutter ihres Kollegen Mike, war in der Leitung. Ihre Stimme klang aufgeregt und bedrückt. „Frau Sommer, ist Mike schon bei Ihnen?"

„Nein, aber ich nehme an, daß er gleich hier sein wird."

„Sagen Sie ihm doch bitte, er möchte zurückrufen."

„Sie klingen so aufgeregt, ist was passiert? Kann ich Ihnen vielleicht helfen?"

Frau Severin seufzte und schien den Tränen nahe. „Ich mache mir solche Sorgen. Er ist heute morgen nicht zum Frühstück gekommen. Das tut er sonst immer. Wissen Sie, seit mein Mann nicht mehr lebt, frühstücken wir stets gemeinsam, Mike, meine Tochter Carolin und ich. Es ist schon so etwas wie ein Ritual. Ja, und heute morgen ..."

„Dafür gibt es sicherlich eine ganz einfache Erklärung, Frau Severin. Vielleicht hatte er keinen Appetit und ist daher frühzeitig ..."

Frau Severin fiel ihr mit bebender Stimme ist Wort. „Dann hätte er bestimmt was gesagt, da bin ich mir ganz sicher. Aber das ist ja noch nicht alles. Sein Auto steht noch in der Garage."

„Na, dann wird er wohl mit dem Fahrrad gefahren sein."

„Nein, das ist ja ebenfalls da! Und dann hängt auch noch sein Anzug auf dem Herrendiener. Allerdings ist seine Dienstwaffe, die er immer in einer Schublade aufbewahrt, verschwunden. Zumindest habe ich sie da nicht gesehen. Außerdem brannte noch das Licht der Nachttischlampe."

„Aber, Frau Severin, auch das ist noch nicht besorgniserregend. Ich nehme an, er wird mit dem Bus gefahren sein, vielleicht, weil sein Auto nicht ansprang. Denkbar ist doch auch, daß er zu Fuß gegangen ist, denn so weit ist es ja nicht zur Dienststelle. Sicherlich wird er gleich hier eintreffen oder ist vielleicht schon da. Sobald er hier auftaucht, wird er gleich zurückrufen. Das verspreche ich Ihnen, Frau Severin. Machen Sie sich bitte keine unnötigen Sorgen, es wird sich alles aufklären, denn schließlich kann er sich ja nicht in Luft aufgelöst haben."

Nachdenklich hielt Kai noch eine Weile den Hörer in der Hand, stand dann zögernd auf und schaute aus dem Fenster, was sie immer dann tat, wenn sie über etwas nachdenken mußte oder Erklärungen für irgendwelche Ungereimtheiten suchte. Sie ließ ihren Blick über das Schießkino, die Werkstätten und das RLFZ, das Regionale Lage- und Führungszentrum gleiten, ohne die Gebäude und das Treiben darum wirklich wahrzunehmen. Das, was ihr Frau Severin da gerade erzählt hatte, war schon eigenartig – und auch besorgniserregend. Kai dachte an die Drohanrufe mit den seltsamen Hintergrundgeräuschen. Und nun das! Mein Gott, was war da los? Das Gespräch mit Hundertmark fiel ihr ein. Er hatte gesagt, Mike habe sich nach dem verdeckten Einsatz verändert, wirke lustlos, zeitweise sogar geistesabwesend. Verdammt, warum war ihr das nicht aufgefallen, denn schließlich war sie seine direkte Vorgesetzte und hätte es merken müssen. Sicher, auch ihr waren leichte Veränderungen an ihm aufgefallen, aber doch nicht so gravierende, wie Hundertmark sie festgestellt haben wollte.

Sie mußte unbedingt mit Mike sprechen, nicht nur, weil Hundertmark es ihr nahegelegt hatte, sondern weil auch sie Klarheit haben wollte und ihm vielleicht helfen konnte.

Kai nahm einen Schluck von ihrem Kaffee, der inzwischen kalt geworden war und überflog noch einmal die Punkte, die sie sich für die Dienstbesprechung aufgeschrieben hatte. Da auch die Kollegen vom FK 2, Raub und Diebstahl, teilnehmen wollten, würde es heute sicherlich etwas länger dauern. Als sie den Besprechungsraum betrat, suchten ihre Blicke vergeblich Mike Severin, der für seine Pünktlichkeit bekannt war und eigentlich schon da sein müßte.

3

„Ich habe vorhin noch einmal mit seiner Mutter telephoniert. Negativ! Er ist wie vom Erdboden verschluckt. Keiner weiß, wo er abgeblieben ist, weder seine Mutter noch seine Schwester." Kai stockte und hob hilflos ihre Hände. „Auch für mich ist sein Verschwinden ein Rätsel", und mit Blick auf ihren Kollegen Ossenkopp, „zumal wir uns auf Mike bisher doch immer verlassen konnten. Oder?"

Heinz Ossenkopp öffnete den Mund, wollte etwas sagen, doch Kriminaldirektor Hundertmark kam ihm zuvor. „Frau Sommer, bei allem Verständnis für den Kollegen – wobei ich hier wohl nicht besonders betonen muß, wie sehr auch ich Herrn Severin schätze – ist es meine Pflicht und Schuldigkeit, hier nun auch dienstliche Schritte einzuleiten. Er ist nun schon über drei Tage verschwunden! Ich meine, wenn er heute morgen zum Dienst gekommen wäre, dann Schwamm drüber. Auch über das Fernbleiben am Freitag hätte man reden und mit dem Abbummeln von Überstunden begründen können. Aber so? Da er keinen Urlaubsantrag gestellt hat und es offensichtlich auch sonst keine nachvollziehbaren Gründe seiner Abwesenheit gibt, bleibt mir doch gar nichts anderes übrig, als den Vorfall den Kollegen der Personalabteilung zu melden. Denn es geht hier nun mal um unerlaubtes Fernbleiben vom Dienst, was ja mit disziplinarischen Maßnahmen geahndet wird."

Kai räusperte sich. „Können Sie damit denn nicht noch ein oder zwei Tage warten?"

„Tut mir leid, Frau Sommer, auch meine Geduld hat ihre Grenzen. Ich komme selbst in Teufels Küche, wenn ich den Vorfall noch weiter ignoriere. Nein, das ist nun Sache der Kollegen von der Personalabteilung, die genau wissen, was zu tun ist."

„Dazu müssen sie ihn aber erstmal haben", murmelte Heinz Ossenkopp fast lautlos.

Doch Kai hatte ihn verstanden und wandte sich an Hundertmark. „Vielleicht klärt sich ja doch noch alles auf. Es könnte doch sein, daß er einen Unfall hatte und sich nun bewußtlos in irgendeinem Krankenhaus befindet. Oder er ist beim Joggen gestürzt und liegt hilflos in einem Waldstück oder Graben."

Ossenkopp schüttelte den Kopf. „Also, Mike ist kein Jogger, und wenn er sich sportlich betätigen will, fährt er mit seinem Mountainbike durch die

33

Gegend. Da sich aber Fahrrad und Auto nach den Aussagen seiner Mutter noch in der Garage befinden, können wir das ja wohl vergessen. Auch die Anrufe in den umliegenden Krankenhäusern sind ergebnislos verlaufen. Nein, wenn ihr mich fragt, dann hat er ..."

Kai unterbrach ihn hastig, weil sie befürchtete, daß nichts Gutes kommen würde, da es zwischen Ossenkopp und Severin in letzter Zeit häufig Zoff gegeben hatte. Sie waren zwar nicht gerade Freunde, aber spielte das jetzt noch eine Rolle? Vielleicht tat sie ihm Unrecht. „Entschuldige Heinz, daß ich dich unterbreche, aber ich schlage vor, daß wir zum Haus seiner Mutter fahren und uns in seiner Wohnung etwas umsehen. Zunächst ohne großen Aufwand", und mit Blick auf ihren Vorgesetzten. „Ich meine, es reicht, wenn Herr Ossenkopp und ich das machen, die Kollegen vom Erkennungsdienst können wir bei Bedarf ja immer noch hinzuziehen."

Kriminaldirektor Hundertmark stand auf und nickte. „Einverstanden, aber rufen Sie mich bitte gleich an, wenn es etwas Neues gibt."

Als sie von der Alfelder- in die Kurt-Schumacher-Straße abbogen und wenige Minuten später vor dem Gebäude hielten, in dem Mike zu Hause war, hatte Kai ein seltsames Gefühl in der Magengegend. Sie konnte dem ernsten Gesichtsausdruck Ossenkopps entnehmen, daß es ihm scheinbar nicht besser ging. Kai war sicher, daß er sich spätestens jetzt auch Sorgen um Mike machte. Aber, was wollten sie überhaupt hier? Denn mehr als eine kollegiale und fürsorgliche Geste gegenüber dem Vermißten und tröstende Unterstützung seiner verzweifelten Mutter konnte dieser Besuch ja wohl nicht sein. Aber vielleicht fanden sie irgendeinen Hinweis, der sich zu einer brauchbaren Spur entwickelte. Als sie das Gartentor öffneten und zögernd auf das im Bungalowstil errichtete Wohnhaus zugingen, meinte Ossenkopp etwas flapsig. „Mir kommt es so vor, als würden wir hier einen Kondolenzbesuch machen."

Kai wollte ihn ärgerlich zurechtweisen, zögerte dann aber, weil gerade ähnliche Gedanken durch ihren Kopf spukten, doch da sich gerade die Haustür öffnete, erübrigte sich eine Antwort. Frau Severin erschien im Türrahmen, bat sie herein und machte dabei eine einladende Handbewegung. Kai nahm an, daß sie am Fenster gestanden und ihr Kommen beobachtet hatte. Die Mutter von Mike war eine zierliche Frau, die jetzt in Sorge um ihren Sohn noch zerbrechlicher wirkte, als sie ohnehin schon war.

Kai erschrak, als sie ihr die Hand gab, denn als sie vor etwa acht Wochen hier zu einem Kaffee eingeladen gewesen war, strahlte Frau Severin noch eine Herzlichkeit und Wärme aus, die sie damals an ihre Mutter in Heidelberg erinnert hatte. Nun waren ihre Augen gerötet und ihr Blick trübe und ausdruckslos. Man sah, daß es ihr nicht gut ging. Trotzdem zwang sie sich zu einem kurzen Lächeln, das jedoch ihre Augen nicht erreichte. Während sie Kaffee einschenkte, bat Kai sie, noch einmal zu schildern, was sie schon am Telephon gesagt hatte. Frau Severin nahm einen Schluck von dem Kaffee, stellte die Tasse behutsam zurück und begann dann mit leiser und monotoner Stimme zu sprechen. Sie sprach stockend und mußte mehrmals innehalten, da ihre Stimme immer wieder versagte. Sie schloß mit den Worten. „Es ist wie ein Alptraum, ein furchtbarer Alptraum. Ich kann nicht mehr schlafen, höre mitten in der Nacht Geräusche aus seiner Wohnung, stehe auf, laufe voller Hoffnung hinüber und muß dann immer wieder enttäuscht feststellen, daß da nichts ist und ich mir alles nur eingebildet habe. Wissen Sie, das macht mich verrückt, und am schlimmsten ist für mich diese Ungewißheit."

Kai legte ihr mitfühlend die Hand auf den Unterarm. „Frau Severin, wir können Sie sehr gut verstehen. Auch für uns ist sein Verschwinden ein Rätsel. Besonders auch deswegen, weil Mike ein überaus pflichtbewußter Beamter ist, den alle mögen und mit dem wir beide, Herr Ossenkopp und ich, immer sehr kollegial und auch vertrauensvoll zusammengearbeitet haben. Aber das wissen Sie ja."

Ossenkopp räusperte sich und nahm sichtlich bewegt einen Schluck aus der Kaffeetasse. „Wissen Sie, ob Mike in letzter Zeit eine neue Beziehung hatte oder es da jemanden gab, mit dem er ..."

„Nein, auf keinen Fall, denn das hätte er mir und seiner Schwester erzählt, wir haben keine Geheimnisse voreinander. Und unter uns gesagt: Seit seiner Scheidung hat er vorerst von Frauen die Nase voll."

Kai beugte sich vor und wechselte das Thema „Haben Sie einen Überblick über die Kleidungsstücke, die sich im Schrank Ihres Sohnes oder in seiner Wohnung befinden?"

„Ja, im Großen und Ganzen schon, denn ich mache ja seine Wäsche. Aber ganz genau kann ich das natürlich nicht sagen. Mike war ja schließlich verheiratet, hat viele Kleidungsstücke mitgebracht und sich in letzter Zeit häufig neue gekauft."

„Sie meinen, seit er als verdeckter Ermittler tätig war?" fragte Ossenkopp.

„Ja, aber zunächst wußte ich ja gar nichts von diesem Einsatz. Schließlich hat er es mir doch anvertraut. Es fiel auf, daß er immer erst im Morgengrauen nach Hause kam. Ich kann Ihnen gar nicht sagen, wie froh ich war, als er danach wieder seinen normalen Dienst machen konnte. Aber ist das so wichtig? Ich meine, das mit den Bekleidungsstücken?"

„Unter Umständen schon, denn dann könnten wir bei unseren Nachforschungen auf diese Stücke hinweisen. Vielleicht wäre es gut, wenn wir uns in der Wohnung von Mike ein wenig umsehen. Vielleicht finden wir Hinweise, die uns weiterhelfen. Aber natürlich nur, wenn Sie nichts dagegen haben."

Ursula Severin machte eine hilflose Handbewegung und stand auf. „Warum sollte ich etwas dagegen haben. Obwohl ich mir beim besten Willen nicht vorstellen kann, was Sie da finden wollen."

Als Frau Severin sie dann in die Einliegerwohnung führte, fragte Kai, während sie sich die Latexhandschuhe überstreifte. „Ich nehme an, Sie haben alles so gelassen, wie Sie es am Freitagmorgen vorgefunden haben?"

„Ja, das habe ich – obwohl es mir etwas peinlich ist." Als sie das sagte, streiften ihre Blick über das ungemachte Bett, die herumliegenden Bekleidungsstücke und einige zerknitterte Seiten der Hildesheimer Allgemeinen, die ausgebreitet auf dem Nachttisch lagen, so, als hätte gerade jemand in ihr gelesen.

In der nächsten halben Stunde machten sie das, was sie schon unzählige Male getan hatten: Sie durchsuchten die Schränke, ließen ihre Finger tastend unter Wäschestapel gleiten, nahmen sich die Taschen der Anzüge vor, überprüften den Inhalt des Toilettenschrankes und fragten sich, wo sie Gegenstände verstecken würden, die nicht gefunden werden durften. Wie immer bei solchen Aktionen, schlüpften sie auch jetzt in den Körper eines potentiellen Täters und versetzten sich in seine Gedankenwelt. Sie machten es, weil es ihr Job war und sie es immer so taten, routiniert und professionell. Aber verdammt! Das war hier kein Tatort, und es gab auch keine Straftat und somit auch keinen Täter – zumindest nicht nach ihrem jetzigen Kenntnisstand. All das wurde ihnen aber erst bewußt, als sie die Mutter ihres vermißten Kollegen auf dem ungemachten Bett sitzen sahen, mit Tränen in den Augen und einem feuchten und zerknüllten Taschentuch in den Händen.

36

Kai fühlte sich unwohl, hatte plötzlich ein schlechtes Gewissen und Zweifel an dem, was sie hier taten. Frau Severin tat ihr unendlich leid. Kai beendete ihre Arbeit, setzte sich zu ihr aufs Bett und sprach tröstende Worte. Doch dann lenkte ein Räuspern ihren Blick durch die geöffnete Tür ins Badezimmer. Heinz Ossenkopp machte ihr ein eindeutiges Zeichen. Kai stand auf, ging ins Badezimmer und sah ihren Kollegen fragend an, der mit dem Kopf auf eine Schublade deutete, die sich unterhalb des Toilettentisches befand und er halb herausgezogen hatte. Wortlos ging Kai in die Hocke, ließ ihre tastenden Finger hineingleiten und zerrte einen schmalen Beutel hervor, der mit einem Klebestreifen an der Rückwand der Lade befestigt gewesen war. Verdutzt schaute sie auf Ossenkopp, riß die Hülle mit den Zähnen auf, tippte vorsichtig hinein und leckte prüfend an ihrer Fingerkuppe. Die Zungenspitze wurde sofort taub – Kokain!

Genervt drängte sich Kai an den Zuschauern vorbei, die zunächst protestierten, dann aber doch widerwillig Platz machten. Ein uniformierter Kollege nickte ihr zu, hob das Trassierband nach oben und ließ sie darunter durchschlüpfen. Die Bilder der Verwüstung ähnelten dem Überfall, der genau vor einer Woche im Schmuckgeschäft Köhler & Sohn stattgefunden hatte: zerstörte Schaufensterscheiben, umgekippte und demolierte Vitrinen und überall Glassplitter, die im Verkaufsraum und Schaufenster herumlagen und in denen sich nun die Strahlen der Morgensonne brachen. Auf den ersten Blick konnte man sie für sorgfältig geschliffene, funkelnde und glitzernde Edelsteine halten, ging es Kai durch den Kopf. Aber der Vergleich war unangebracht und paßte weiß Gott nicht zu dem, was die Vandalen hier angerichtet hatten.

Ihr Kollege Jürgen Fuchs vom Raub- und Diebstahlkommissariat trat neben sie. „Das ist wieder eindeutig die Handschrift dieser verfluchten Hammerbande!" Er ließ seine Blicke umherschweifen und seufzte. „Ich hoffe, das geht nicht so weiter – jede Woche ein Überfall!"

„Irgendwann werden ihnen die Objekte ausgehen, denn so viele geeignete Schmuckgeschäfte gibt es hier in Hildesheim nun auch wieder nicht. Aber Spaß beiseite. Wenn die Bande weiterhin ihren Rhythmus beibehält und immer mittwochs zuschlägt, könnten wir uns doch darauf einstellen, oder?"

„Du meinst, wir sollten die einschlägigen Objekte überwachen?"

„Ja, das wäre mein Vorschlag, aber letztendlich müßt ihr das entscheiden – du und Hundertmark."

Jürgen Fuchs ersparte sich eine Antwort und senkte seine Stimme. „Sag mal, was ist mit Mike los? Es wird erzählt, er sei spurlos verschwunden – ist das nur ein Gerücht, oder ist da was dran?"

„Ja, das stimmt schon, aber ich möchte nicht darüber reden, zumal wir selber noch nicht wissen, was los ist. Entschuldige bitte, aber bei uns liegen die Nerven in dieser Angelegenheit ziemlich blank."

Fuchs nickte verstehend und machte eine kreisende Armbewegung. „Was meinst du, welchen Weg sie genommen haben?"

Kai schaute prüfend nach links und dann nach rechts und ließ sich Zeit mit einer Antwort. „Das ist schwer zu sagen. Also, ich an ihrer Stelle hätte den Tatort in Richtung Kaiserstraße verlassen und wäre dann über den Berliner Kreisel auf die Autobahn gefahren." Sie schaute sich noch einmal um. „Aber taktisch klug ist es natürlich auch, wenn man sich trennt und in unterschiedliche Richtungen verschwindet, also in Richtung Bahnhof und Bischof-Janssen-Straße. Ja, so würde ich das machen."

Kais weitere Überlegungen wurden unterbrochen durch einen uniformierten Kollegen, der sich suchend umschaute und dann aufgeregt auf sie zukam. „Es gibt Zeugen. Ein älteres Ehepaar. Sie haben in dem Haus dahinten eine Wohnung – mit Blick auf den Tatort." Als er das sagte, deutete er mit dem Kopf auf ein mehrgeschossiges Wohnhaus und zerrte dabei umständlich ein Stück Papier aus der Brusttasche. „Die Zeugen heißen Elvira und Roland Böneker. Name und genaue Anschrift stehen hier auf dem Zettel. Frau Böneker hat übrigens in der Nacht auch unsere Kollegen angerufen, in der Aufregung jedoch vergessen, ihren Namen anzugeben. Die beiden stehen gleich hinter der Absperrung. Was soll ich ihnen sagen?"

„Vielen Dank, das ist mal eine gute Nachricht. Sagen Sie dem Ehepaar, wir würden sie gern in ihrer Wohnung aufsuchen. Sie möchten dort bitte auf uns warten, wir kommen gleich." Kai wandte sich an Fuchs. „Aber nur, wenn du damit einverstanden bist, denn schließlich ist das dein Fall, und ich bin hier nur zur Unterstützung."

„Das ist schon in Ordnung, ich bin ja froh, daß du hier bist."

Elvira und Roland Böneker waren beide weit über siebzig und wohnten im dritten Stock in einer kleinen Dachgeschoßwohnung des Mehrfamilienhauses, in dem sich in der ersten Etage Arztpraxen befanden.

Kai zeigte Frau Böneker ihren Ausweis. „Mein Name ist Sommer, und das ist mein Kollege Jürgen Fuchs. Wir beide ermitteln in der Einbruchsache da unten."

Elvira Böneker, eine kleine und stark übergewichtige Frau, ignorierte den Ausweis und nickte aufgeregt. „Ich weiß, daß Sie von der Polizei sind, mein Mann und ich haben Sie ja vorhin da unten gesehen. Ist das nicht furchtbar? Es war so ein schönes Geschäft, alles so sauber und neu. Wer macht nur so was? Und das sind so nette Leute, ich meine, das Verkaufspersonal. Da ist der Kunde wirklich noch König. Wissen Sie, mein Mann hat mir da zur goldenen Hochzeit nämlich diesen Ring hier gekauft." Sie holte tief Luft und zeigte dabei stolz auf das Schmuckstück an ihrem Ringfinger.

Kai ergriff die Gelegenheit, stoppte ihren Redefluß und meinte einfühlsam. „Auch wir finden das alles furchtbar. Und damit wir diese Bande bald fassen können, ist es wichtig, daß sich Zeugen melden, die etwas gesehen haben. Das haben Sie doch, oder?"

Bei den letzten Worten hatte Kai sich an Frau Böneker vorbeigeschoben, das Wohnzimmer betreten und einen Blick durch das kleine Fenster geworfen. Kai schätzte die Entfernung auf etwa hundert Meter, also nahe genug, um zu sehen, was sich dort unten vor dem Geschäft abspielte. Die Fußgänger waren gut zu erkennen, und auch die Gesichter einiger Zuschauer, die immer noch vor dem Trassierband standen, miteinander diskutierten oder die Spurensicherung in den Tyrekanzügen beobachteten. Kai wußte natürlich nicht, wie die Lichtverhältnisse dort unten in der Nacht waren und ob die Leuchtkraft der Laternen von der Helligkeit her mit dem Tageslicht konkurrieren konnte.

Fuchs, der bisher geschwiegen hatte, wandte sich an Frau Böneker, die neben Kai an das Fenster getreten war. „Können Sie uns sagen, was genau Sie da unten gesehen haben? Für uns ist jede Kleinigkeit wichtig. Bitte überlegen Sie ganz genau."

Mittlerweile war aus einem Nebenraum leise und unauffällig Herr Böneker gekommen, hatte sie freundlich mit Handschlag begrüßt und sich dann ächzend in einen Sessel fallengelassen. Kai nahm an, daß er das Reden gern seiner Frau überließ, die gerade mit einem Taschentuch ihre Brille putzte und dabei ganz dicht an die Fensterscheibe herantrat. „Ja, von hier aus haben wir die Verbrecher gesehen. Sie waren vermummt und trugen schwarze Sachen, ich glaube solche Overalls."

39

„Wie viele konnten Sie denn sehen?"

„Fünf, ja, es waren fünf!"

Kai warf ihrem Kollegen einen kurzen Blick zu und wandte sich an Frau Böneker. „Vielleicht wäre es gut, wenn Sie und Ihr Mann uns einmal von Anfang an schildern würden, was Sie nun genau beobachtet haben? Wichtig wäre auch die Uhrzeit, ich glaube, Ihr Anruf ist kurz nach zwei Uhr bei der Polizei eingegangen. Darf ich fragen, warum Sie um diese Zeit schon auf waren?"

Herr Böneker meldete sich aus dem Hintergrund. „Es war ein paar Minuten nach zwei. Ich weiß das deswegen so genau, weil ich kurz vorher wieder Schwierigkeiten mit meinen Bronchien hatte. Mein Frau hat mir dann den Sprüher geholt, ja, und dann haben wir uns wieder hingelegt."

Herr Böneker wollte weitererzählen, doch sein Frau schnitt ihm mit einer Handbewegung das Wort ab. „Laß mich mal! Ja, und dann war da dieser furchtbare Krach, ungefähr so, als wenn jemand mit einem großen Hammer eine Steinplatte zerschlägt, aber hier muß es wohl die Schaufensterscheibe gewesen sein. Wir sind dann sofort aufgestanden, denn an Schlaf war nicht mehr zu denken. Wissen Sie ..."

Kai unterbrach sie freundlich. „Als Sie dann am Fenster standen, was haben die Räuber da gerade gemacht, sind sie hineingegangen?"

Frau Böneker schüttelte heftig den Kopf und tupfte sich kleine Schweißperlen von der Stirn. „Nein, wo denken Sie hin? Als wir aus dem Fenster gesehen haben, war der ganze Spuk ja schon vorbei. Sie kamen da gerade wieder raus und waren dann auch schon verschwunden."

„Und, wo sind sie hingelaufen?"

„Zwei runter zum Bahnhof und die anderen in Richtung Bischof-Janssen- und Kaiserstraße."

Jürgen Fuchs warf seiner Kollegin einen anerkennenden Blick zu und hob dabei den Daumen seiner rechten Hand. Eine Geste, mit der das Ehepaar Böneker nichts anfangen konnte.

Hundertmark lief in seinem Arbeitszimmer gereizt hin und her. Kai konnte sich nicht erinnern, ihren Vorgesetzten jemals so verärgert gesehen zu haben. Höchstens damals im Zuge der Ermittlungen, als sie dem Serientäter auf die Spur gekommen waren, der hier in Hildesheim mehrere Frauen ermordet und vergewaltigt hatte, da gab es eine ähnliche Situation. Das war vor einem Jahr.

Endlich schien sich Hundertmark etwas beruhigt zu haben. Er beendete seine Wanderung, lehnte sich mit dem Rücken gegen die Fensterscheibe und hob theatralisch die Arme. „Kokain! Alles hätte ich Severin zugetraut, nur das nicht! Und was machen wir jetzt? Ich mag gar nicht daran denken, wenn die Presse davon Wind bekommt. Die Schlagzeile in der Boulevardzeitung sehe ich jetzt schon vor mir: Rauschgift in der Wohnung des untergetauchten Kriminalbeamten Mike S. oder auch ...“

Ossenkopp unterbrach ihn. „Vielleicht gibt es dafür ja eine einfache Erklärung. Ich meine, es waren ja nur ein paar Gramm, wenn auch von bester Qualität, aber zu wenig, um damit zu dealen. Frau Sommer und ich können mit Sicherheit sagen, daß Mike mit Drogen nichts am Hut hat. Ich meine, denkbar ist doch auch, daß ihm das Tütchen untergeschoben wurde oder er bei seinen Ermittlungen darauf gestoßen ist.“

Kai nickte. „Herr Hundertmark, wir müssen Zeit gewinnen und dürfen nicht übereilt handeln. Schauen Sie, aus unerklärlichen Gründen ist Mike seit Freitag verschwunden, heute haben wir Donnerstag und ...“

Hundertmark machte eine ärgerliche Handbewegung. „Frau Sommer, Ihr Einsatz für Ihren Kollegen in allen Ehren, aber mir sind die Fakten bekannt, und ich kenne auch die Wochentage. Irgendwann ist aber Schluß! Wir haben lange genug abgewartet und sollten ihn nun zur Fahndung ausschreiben. Wie soll ich denn meine zögerliche Haltung gegenüber dem Staatsanwalt erklären? Können Sie mir das vielleicht sagen?“

Kai setzte ihr schönstes Lächeln auf. „Bitte, Herr Hundertmark, nur noch ein paar Tage.“

„Nein, und nochmals nein!“ Doch dann fügte er mit Blick auf Kai einlenkend hinzu: „Also gut, vierundzwanzig Stunden. Das ist mein letztes Wort, aber dann ist endgültig Schluß, denn schließlich haben wir auch noch andere Dinge zu tun.“ Hundertmark schaute auf seine Armbanduhr. „Können Sie mich noch ganz kurz über den Einbruch am Bahnhof ins Bild setzen?“

„Das tue ich gern, aber finden Sie nicht auch, daß ich mich hier zu sehr in die Kompetenzen des Kollegen Fuchs einmische?“

„Frau Sommer, da brauchen Sie sich nun wirklich keine Sorgen zu machen. Ich habe mit Herrn Fuchs ausgiebig darüber gesprochen, er ist dankbar für Ihre Unterstützung – und ich übrigens auch!“

Was für ein Schleimer, ging es Kai durch den Kopf. Dann schilderte sie, was sie am Tatort vorgefunden hatte und erwähnte kurz den Besuch beim Rentnerehepaar Böneker. „Zusammenfassend kann man sagen, daß das Gespräch mit den Zeugen keine wesentlichen Erkenntnisse gebracht hat. Uns wurde nur noch einmal bestätigt, daß die Bande aus fünf Mitgliedern besteht, aber das deckt sich ja auch mit den früheren Aussagen."

„Und wie groß ist der Schaden?"

„Herr Fuchs hat gestern noch mit dem Geschäftsinhaber gesprochen, er meint, es wären wohl so um die hundertfünfzigtausend Euro." Kai überlegte einen Augenblick und ergänzte. „Aber viel interessanter dürfte für uns sein, daß die Spurensicherung am Tatort einen Daumenabdruck sicherstellen konnte, der sich sehr deutlich auf einer umgekippten Vitrine befand. Peter Meiberg vom Erkennungsdienst meint, es würde fast so aussehen, als hätten sie diese Fingerspur ganz bewußt zurückgelassen. Aber das ergibt keinen Sinn. Ich gehe davon aus, daß die Täter zwar Handschuhe getragen haben, aber eben nicht alle. Vielleicht war bei einem auch der Däumling beschädigt."

Hundertmark beugte sich angespannt vor. „Und, hat der Abgleich was ergeben?"

„Nein, leider nicht. Wir haben ihn mit der hauseigenen Kartei verglichen und das Landeskriminalamt sowie das Bundeskriminalamt in Wiesbaden um Unterstützung gebeten. Doch alles negativ. Der Täter ist offensichtlich noch nicht erkennungsdienstlich in Erscheinung getreten. Unverständlich ist zudem, warum die Täter die Aufzeichnungskamera zurückgelassen haben. Allerdings können die Aufnahmen darauf uns nicht weiterhelfen."

Hundertmark lehnte sich enttäuscht zurück. „Und, wie wollen Sie und Fuchs nun weiter vorgehen?"

„Uns schweben zwei Dinge vor: Die Leute vom FK 2 werden sich verstärkt umhören, ob aus den letzten Überfällen irgendwo Schmuckstücke aufgetaucht sind, wir haben da ja so einige Adressen und Anlaufstellen. Das wurde zwar schon mal gemacht, aber jetzt liegt ausgezeichnetes Bildmaterial von den wertvollsten Stücken vor. Die Versicherungen haben uns hierbei sehr unterstützt, was sie natürlich nicht uneigennützig getan haben. Unabhängig davon, wollen wir uns in den nächsten Tagen mit der Frage beschäftigen, wo die Kerle das nächste Mal zuschlagen könnten, wobei wir davon ausgehen, daß sie ihren Rhythmus beibehalten und wieder an einem Mittwoch aktiv werden. Ja, und dann werden wir ihnen eine Falle stellen."

Hundertmark nickte, kam dann aber noch einmal auf das anfängliche Thema zurück. „Was haben Sie in der Sache Severin vor? Denken Sie daran: Sie haben nur noch vierundzwanzig Stunden und keine Minute länger!"

Kai schaute auf Heinz Ossenkopp. „Wir beide wollen uns heute abend in dem Etablissement umsehen, in dem Mike verdeckt gearbeitet hat – vielleicht weiß dort jemand was."

Der versiegelte Umschlag wurde ihm Dienstagmorgen in seinem Apartment am Weinberg zugestellt. Peter Weisenau quittierte die Annahme, nickte dem Boten freundlich zu und schaute auf seine Armbanduhr. In einer Stunde hatte er einen Termin bei Oberstaatsanwalt von Waltershofen, der sich mit ihm über den Fall Severin unterhalten wollte. Weisenau war daher sehr in Eile. Unschlüssig drehte er den Umschlag in den Händen. Er suchte neugierig, aber vergeblich nach einem Absender und schüttelte über sein Verhalten den Kopf. „Warum, zum Teufel, mache ich eigentlich so ein Theater? Ein Sprengkörper wird sich in dem Umschlag wohl kaum befinden, denn dazu ist er zu flach." Er griff entschlossen zum Brieföffner.

Der Umschlag enthielt keinen Brief, sondern nur Bilder. Das verwunderte ihn. Er breitete die Photos mit den flachen Händen auf der Tischplatte aus, hielt plötzlich inne, erstarrte und konnte nicht glauben, was er sah. Er spürte das Pochen seines Herzens. Seine Handflächen wurden feucht, und ein leichtes Zittern durchlief seinen Körper. Hektisch wischte er sich über die Augen und zwang sich, wieder auf die Bilder zu sehen, die von hervorragender Farbqualität und gestochen scharf waren. Die Photos zeigten ihn und Janina in eindeutigen Positionen und mit Details, die nicht gerade seiner Eitelkeit schmeichelten. Aber darauf kam es hier nicht an. Weisenau griff zu seinem Taschentuch, tupfte sich den Schweiß von der Stirn, schloß die Augen und wünschte sich sehnlichst, aus einem Traum zu erwachen. Aber die Bilder, die dem Vergleich mit pornographischen Profiaufnahmen durchaus standhalten konnten, lagen ausgebreitet auf seinem Tisch und waren Realität.

Was bezweckten die Absender mit diesen Photos? Wollten sie Geld von ihm erpressen? Sicherlich hatten diese Leute entsprechend recherchiert und wußten, daß er es sich nicht erlauben konnte, die Polizei einzuschalten. Die Medien warteten nur auf solche Skandale. Auf jeden Fall wäre es für ihn beruflicher und auch gesellschaftlicher Selbstmord, wenn die Öffentlichkeit hiervon Wind bekäme, ganz abgesehen davon, was seine Frau zu Hause in Hamburg dazu sagen würde. Er erinnerte sich, daß ein Kollege sich vor etwa zwei Jahren in einem ähnlichen Fall das Leben genommen hatte. Aber soweit würde er es nicht kommen lassen. Zumindest glaubte er das.

Die Photos waren in Janinas Appartement aufgenommen worden, denn nur dort hatten sie sich geliebt, nachdem sie ihn im Nachtclub Osmani so richtig scharf gemacht hatte. Irgendwo mußte es da eine versteckte Kamera gegeben haben. Mein Gott, warum hatte er sich überhaupt mit dieser Janina eingelassen? Weisenau riß sich zusammen, er durfte jetzt nicht durchdrehen, mußte cool bleiben. Vielleicht würde ja doch noch alles gut werden, aber jetzt hatte er einen Termin. Von Waltershofen wartete nur ungern.

4

Die runde Theke in der Mitte des Nachtlokals Osmani lag unter einer Glocke von abgestandenem Tabakqualm, Cognacgeruch und schwerem Parfüm. Kai Sommer und Heinz Ossenkopp sahen sich um und steuerten auf einen runden Tisch zu, der sich, halbverdeckt von einer angestrahlten Grünpflanze, im hinteren Bereich des Lokals befand. Von dort aus hatten sie einen recht guten Überblick über das, was sich um sie herum ereignete, mit Ausnahme dessen, was sich hinter ihnen in den Séparées abspielte. Nur das rötlich, schummrige Licht, das spärlich zu ihnen herüberschimmerte, ließ erahnen, was dort geschah. Dort vergnügten sich die Hildesheimer, die das Licht der Öffentlichkeit scheuten und unbeobachtet ein schnelles sexuelles Abenteuer suchten.

Schweigend und unauffällig ließen die Beamten ihre Augen durch das Lokal schweifen, das in seinem gediegenen Ambiente, in dem dunkles Mahagoniholz, grünes Leder und Kristall dominierten, einen durchaus seriösen Eindruck machte. Zumindest auf den ersten, oberflächlichen Blick.

Zunächst leise, dann aber anschwellende südamerikanische Rhythmen lenkten ihre Aufmerksamkeit auf eine kleine Bühne, auf der sich eine Stripteasetänzerin mit chirurgisch aufgestockten Brüsten um die Gunst der etwa fünfzig, überwiegend männlichen Gäste bemühte.

Wie aus dem Nichts war in diesem Augenblick ein leicht bekleidetes Serviermädchen seitwärts an ihren Tisch herangetreten und hatte mit ihrer rauchigen Stimme und einem professionellen Lächeln nach ihren Wünschen gefragt. Um die Bestellung besser aufschreiben zu können, beugte sie sich leicht vor und zog dabei die Blicke Ossenkopps auf sich, der von dem tiefen Ausschnitt und ihrer beachtlichen Oberweite fasziniert zu sein schien. Dann schaute er wieder in Richtung Bühne, wobei er wieder einmal neidisch daran dachte, daß sein Kollege Severin in diesem Milieu mehrere Wochen als verdeckter Ermittler gearbeitet hatte – jetzt aber wie vom Erdboden verschwunden war.

Kai schaute derweil auf einen rötlich angestrahlten Rundbogen, unter dem jetzt eine Frau erschien, die ihre Blicke durch das Lokal gleiten ließ und dann zielgerichtet einen Ecktisch ansteuerte, an dem ein älterer Mann sie offenbar schon erwartete. Er machte den Eindruck eines seriösen Geschäftsmannes, und sie war in dem enganliegenden Chanelkostüm, mit den schulterlangen Haaren und ihrem betörenden Lächeln eine durchaus attraktive Erscheinung.

Heinz Ossenkopp, der ihrem Blick gefolgt war, grinste. „Ich nehme an, die kommt aus dem Begleitservicebereich."

Kai ersparte sich eine Antwort, ließ ihre Blicke erneut durch das Lokal schweifen und spürte, wie sie die Aufmerksamkeit einiger Männer auf sich zog, was man bei ihrem Aussehen durchaus verstehen konnte. Bei einer Größe von einsfünfundsiebzig, ihrer schlanken, sportlichen Figur, den kurzen dunkelblonden Haaren und graugrünen Augen konnte sie sich durchaus sehen lassen. Sie ignorierte die Männerblicke, nippte an ihrem Cocktail und schaute dabei über den Rand des Glases erneut auf den Rundbogen, unter dem jetzt zwei Frauen auftauchten, die fast wie Zwillinge aussahen und so gar nichts mit der Dame im Chanelkleid gemein hatten. Mit dem Make-up, das sie trugen, hätten sie einen Laden aufmachen können. Besonders auffällig und übertrieben waren die dunklen Lidstriche, die falschen Wimpern und die grelle Farbe ihrer Lippen. Fast sah es so aus, als wollten sie damit ihre wahre Schönheit verbergen. Sie sahen sich um und setzten sich zu zwei Männern an einen Tisch, der halb von einem Grüngewächs verdeckt war. Von den Kollegen der Sitte wußte Kai, daß der spärlich beleuchtete Gang hinter dem Rundbogen zu den anderen Bereichen des Etablissements führte, in denen sich auch das Erotikkino, die Begleitservice- und Callgirlagentur und der Kontakthof des Bordells befanden.

Kai schaute noch einmal zu den Séparées hinüber und stutzte plötzlich, als sie dort einen Mann zu erkennen glaubte. Nein, das konnte nicht sein. Sie schüttelte den Kopf, wischte sich über die Augen und schielte zu Ossenkopp hinüber, dem ihr Erstaunen nicht entgangen war. „Was ist los, hast du ein Gespenst gesehen, oder vielleicht den Inspektionsleiter oder unseren verehrten Oberstaatsanwalt?"

„Nein, nur Staatsanwalt Dr. Weisenau, glaube ich zumindest, aber ich kann mich auch getäuscht haben. Das schummrige Licht."

Als die Tänzerin ihre Show beendet hatte, meinte Heinz Ossenkopp in den Applaus hinein: „Es bringt nichts, wenn wir hier noch weiterhin wie ein biederes Ehepaar zusammenhocken und an unseren Cocktails nippen. Wie müssen getrennt vorgehen. Ich werde daher jetzt an die Bar gehen und dort ein wenig mit den Damen plaudern."

„Aber bleib nicht so lange, ich habe keine Lust, mich hier von irgendwelchen schmierigen Typen anmachen zu lassen." Die letzen Worte hatte Ossenkopp schon nicht mehr gehört. Er war auf dem Weg zur runden Theke und setzte sich auf einen freigewordenen Barhocker.

Irgendwie fühlte Kai sich wie versetzt, aber er hatte recht. Vielleicht wäre es sinnvoller und effektiver gewesen, wenn er hier allein hergekommen wäre, oder vielleicht mit ihrem Freund Thomas. Warum war ihr das nicht früher eingefallen?

Kai winkte der Bedienung zu, um sich einen neuen Cocktail zu bestellen. Als das Mädchen dieses Mal an den Tisch kam, verzichtete sie darauf, ihre Reize zu präsentieren. Kai lächelte und senkte vertraulich ihre Stimme. „Sag mal, kennst du Mike?"

Sie schüttelte leicht den Kopf, fragte dann jedoch mißtrauisch. „Wieso willst du das wissen?"

Kai schluckte, weil sie von dem vielleicht gerade achtzehnjährigen Mädchen, die ihre Tochter hätte sein können, geduzt wurde. Doch dann fiel ihr ein, daß sie das ja auch gerade getan hatte. „Weißt du, Mike ist ein alter Freund, den ich schon eine Ewigkeit nicht mehr gesehen habe. Vor ein paar Tagen rief er mich an und meinte, ich solle doch mal vorbeikommen, er wäre fast jeden Abend hier im Osmani, aber ich sehe ihn nirgends."

Das Mädchen schaute sich verstohlen um und zischte: „Aber du weiß schon, daß er ein Bulle ist, der bei uns hier rumspioniert hat, oder?"

„Nein, das wußte ich nicht, ich meine, das mit dem Herumspionieren. Aber daß er ein Bulle ist, schon, denn das war ja auch der Grund, warum ich mich damals von ihm getrennt habe." Kai versuchte ordinär zu lachen. „Ich mit nem Bullen! Nee, das kannste vergessen."

Das Mädchen nickte und deutete mit einer Kopfbewegung zur Theke. „Und wer ist der Typ, der gerade meine Kollegin dahinten an der Bar anschleimt?"

Kai machte eine abfällig Handbewegung. „Ach, das ist mein jetziger, aber nicht mehr lange, das sage ich dir. Also, weißt du nun, wo sich Mike rumtreibt oder wie ich ihn erreichen kann?" Kai staunte über sich selbst, wie problemlos all die Lügen über ihre Lippen kamen.

„Tut mir leid, aber seit dieser Gerichtsverhandlung ist er hier nicht mehr aufgetaucht. Ich nehme an, er hat sich nicht getraut. Warum mußte der Idiot sich auch unbedingt an die Alte vom Chef ranmachen. Das war schon echt kraß. Aber ansonsten war Mike schon ein netter Kerl, besonders auch, weil er wohl mit seinem Polizistenjob nicht mehr allzuviel am Hut hatte."

„Wie meinst du das?"

„Nun, wie es in der Zeitung stand, soll er ja hier einige Zeit verdeckt ermittelt haben. Ich glaube, so nennt man das wohl." Sie stockte, sah sich mißtrauisch um und ergänzte: „Aber das ist natürlich völliger Blödsinn. Ich bin mir sicher, daß einige von Anfang an genau wußten, was er hier wollte und woher er kam. Aber mit der Freundin vom Chef schien es ihm ernst zu sein. Ich meine, das war sein größter Fehler. Er mußte doch wissen, daß der ihn beobachten ließ und über jeden seiner Schritte Bescheid wußte – jedem war das doch klar. Aber in seiner Geilheit schien ihn das gar nicht zu interessieren und ..." Das Mädchen brach abrupt ab, schrieb emsig die Bestellung auf ihren Block und flüsterte: „Da kommt der Chef. Ich habe nichts gesagt, okay?"

Kai warf einen unauffälligen Blick auf den bulligen Mann mit dem Vogelgesicht und den dünnen Lippen, zwischen denen der Stummel einer schwarzen Zigarre wippte. Der Grobschlächtige ließ seine Blicke prüfend durch das Lokal schweifen, setzte sich an die Bar und schnippte mit den Fingern, scheinbar um sich sein obligatorisches Getränk geben zu lassen.

So sah also der Kerl aus, der dieses Etablissement mit einem jährlichen Umsatz von einigen Millionen im Auftrag von Menderes weiterführte, wobei allerdings sein Boß nach wie vor die Fäden in der Hand hielt.

Kai winkte der Bedienung zu, zahlte, nahm Blickkontakt mit ihrem Kollegen auf und verließ den Nachtclub.

Kai hatte schlecht geschlafen, fühlte sich wie gerädert und war noch im Traum durch den Nachtclub Osmani gelaufen. Gähnend richtete sie sich auf, wischte sich den Schlaf aus den Augen und warf einen Blick auf ihre digitale Nachttischuhr: So 08. April 06:00 h. Sie war froh, daß sie heute, am Ostersonntag, keinen Bereitschaftsdienst hatte. Allerdings konnte sie sich gut vorstellen, daß ihre Müdigkeit und der unruhige Schlaf auch mit ihrem Freund Thomas zusammenhing, der nach langer Zeit wieder einmal bei ihr übernachtet hatte. Er lag immer noch leise schnarchend und lang ausgestreckt wie ein vom Sturm gefällter Baum neben ihr, was auch nicht verwunderlich war, wenn sie an die zwei leeren Rotweinflaschen dachte. Stumm betrachtete sie eine Weile den Mann, den sie im vorigen Jahr auf einer Pressekonferenz der Polizeidirektion Hannover kennengelernt hatte, als sie dort noch als Mordermittlerin beschäftigt war. Sie hatte sich in der etwas unpersönlichen Großstadtatmosphäre der Landeshauptstadt nie so richtig wohl gefühlt und den Wechsel nach Hildesheim nie bereut, zumal sie sich hier, abgesehen von den ständigen Querelen mit dem zuständigen Oberstaatsanwalt, mittlerweile ausgesprochen wohlfühlte. Allerdings war das anfangs noch nicht der Fall gewesen. Da glaubten einige Kollegen, sie wäre nur aufgrund der vom Innenminister verfügten Frauenquote in diese leitende Position gekommen, was natürlich völliger Unsinn war. Da sie sich aber mittlerweile mit den meisten Kollegen arrangiert hatte, wurde die Gruppe der Neider immer kleiner.

Etwas wehmütig dachte sie hin und wieder an ihr kleines Apartment an der Geibelstraße im Süden Hannovers, in dem sie einige Jahre gelebt hatte. Allerdings verband sie mit dieser Wohnung auch sehr bedrückende, zu Alpträumen führende Erinnerungen, nachdem der von ihr gesuchte und später auch festgenommene Frauenmörder Sven Steinberg in ihr Apartment eingebrochen war und es besudelt hatte. Der Gedanke, daß dieses Scheusal in ihre Intimsphäre eingebrochen war, konnte sie damals nur schwer verkraften, so daß sie Hals über Kopf in ein Hotel ziehen wollte. Aber ihr Freund Thomas hatte ihr dieses Vorhaben mit Erfolg ausgeredet und ihr geraten, alles noch einmal zu überdenken. Obwohl es für sie nicht einfach gewesen war, hatte die Vernunft gesiegt, und sie war dort wohnen geblieben. Neue Tapeten und frische Farben hatten schließlich dafür gesorgt, daß Angst und Ekel langsam verschwanden.

Kai warf noch einmal einen Blick auf ihren immer noch schnarchenden Freund, der mit seinem leicht geöffneten Mund und den Bartstoppeln nicht gerade einen attraktiven Eindruck machte – aber das war gewissermaßen nur eine Momentaufnahme, denn ansonsten sah er mit den dunkelblonden Haaren, grauen Augen, dem länglichen und immer leicht gebräunten Gesicht ausgesprochen gut aus. Allerdings drängte sich bei ihr auch jetzt wieder die Frage auf, ob sie sich ein tägliches Zusammenleben mit ihm in einer gemeinsamen Wohnung vorstellen konnte. Da sie beide gescheiterte Ehen hinter sich hatten und schon einige Jahre alleine lebten, gingen sie mit diesem Thema sehr behutsam und zögerlich um. Aber irgendwann mußten sie sich entscheiden, zumal Thomas sich bei der Hildesheimer Allgemeinen beworben hatte und Anfang Oktober dort seine journalistische Tätigkeit in der Lokalredaktion aufnehmen würde. Andererseits zwang sie aber niemand, eine übereilte und eventuell unüberlegte Entscheidung zu treffen. Vielleicht wäre es das Beste, wenn sie es noch eine Weile beim Status quo beließen.

Kai seufzte leise, schwang ihre Beine aus dem Bett, schlurfte in die Küche und setzte Wasser auf. Danach öffnete sie die Fensterflügel weit und warf einen Blick auf die zugeparkte Bergstraße, die um diese Zeit noch menschenleer war. Aber das Bild würde sich ändern, wenn die Mauritiuskirche die Moritzberger um halb neun zur Messe rief. Während hinter ihr die Kaffeemaschine gurgelte, schweiften ihre Gedanken wieder in den Nachtclub Osmani und zu dem, was ihr die junge Serviererin erzählt hatte. Besonders war bei ihr die Bemerkung des Mädchens haften geblieben, daß Mike mit seinem Polizeijob nichts mehr am Hut gehabt hätte, was ja die Vermutung der aufgeflogenen Tarnung noch bestätigte. Denn warum hätte er sich sonst als Polizist outen sollen? Nur wäre es dann seine verdammte Pflicht gewesen, den verdeckten Einsatz sofort abzubrechen! Nein, irgend etwas stimmte hier nicht und lag noch völlig im Nebel.

Und eine andere Frage war, ob es wirklich der Tatsache entsprach, daß zwischen Mike und der getöteten Swetlana Koslow eine leidenschaftliche Liebesbeziehung bestanden hatte. Aber auch das wäre ein Grund gewesen, seinen Auftrag sofort abzubrechen, der ja einen klaren Kopf erforderte und nicht von Gefühlen beeinflußt werden durfte. Kai war sich sicher, daß jeder Vorgesetzte hierfür Verständnis gehabt hätte und ihm dadurch keinerlei dienstliche Nachteile entstanden wären. Wenn sie den bisher gewonnenen Eindrücken die Neuigkeiten hinzufügte, die Heinz Ossenkopp zu später Stunde der Bardame hatte entlocken können, fiel es ihr schwer, noch immer an die völlige Unschuld ihres Kollegen zu glauben. Nein, im Augenblick gab es nichts, was für ihn sprach oder ihn hätte merklich entlasten können. Bei objektiver Betrachtungsweise konnten die bisherigen Recherchen sogar zu der Vermutung führen, daß hier ein korrupter Polizeibeamter die Seiten gewechselt hatte, weil er mit seinem Job nichts mehr am Hut hatte. Zu dieser Auffassung war auch Thomas gekommen, mit dem sie gestern abend diese Neuigkeiten ausführlich besprochen hatte. Kai wußte, er würde sein Wissen für sich behalten und nur über Sachen schreiben, die er vorher mit ihr abgesprochen hatte, obwohl es ihm, wie er immer wieder betonte, oft schwerfiel, sich an diese Absprachen zu halten. Andererseits gab sie Thomas aber das Versprechen, ihm berichtenswerte Ereignisse und Entwicklungen mitzuteilen, bevor in Pressekonferenzen darüber geredet wurde. Sie wußte, es war nicht korrekt und unfair gegenüber den anderen Pressevertretern. Häufig hatte sie deswegen auch ein schlechtes Gewissen. Und wieder waren ihre Gedanken bei Mike Severin, und wieder einmal wurde sie unsicher und fragte sich, ob das Bild, das sie sich nun von ihm machte, ihm wirklich gerecht wurde und den Tatsachen entsprach. Wenn sie ihn anwaltlich vertreten müßte, würde sie die vorliegenden Verdachtsmomente entschieden zurückweisen und deutlich machen, daß das alles nur fragwürdige Indizien, Mutmaßungen und teilweise sogar Unterstellungen waren, die durch nichts bewiesen werden konnten.

Während sie die gestern gekauften Brötchen aufbackte und den Frühstückstisch deckte, dachte sie mit einem mulmigen Gefühl an die Dienstbesprechung in zwei Tagen, an der auch Oberstaatsanwalt von Waltershofen teilnehmen wollte.

Als Kai an diesem frühen Morgen ihre kleine Wohnung an der Bergstraße verließ und ihr Nachbar Kawilü ihr wieder irgendwelchen Unsinn erzählen wollte, winkte sie nur schroff ab. Verdammt, sie hatte heute einfach keinen Nerv dazu, sich mit ihm über irgendwelchen Tratsch zu unterhalten oder sich von ihm einen Witz erzählen zu lassen. Als sie jedoch sein trauriges und enttäuschtes Gesicht sah, bereute sie ihr Verhalten, denn schließlich war Kawilü immer für sie da, wenn sie handwerkliche Hilfe benötigte. Er meinte es gut mit ihr und wollte sie, wie er es nannte, in nachbarschaftlicher Verbundenheit aufmuntern. Kai nahm sich vor, mit ihm morgen wieder ein wenig zu plaudern. Als sie mit ihrem Mountainbike vorsichtig die Bergstraße nach unten radelte, war sie mit ihren Gedanken schon wieder bei der in etwa einer Stunde beginnenden Dienstbesprechung. Nachdenklich ging sie an dem uniformierten Beamten hinter dem Servicepoint vorbei, blieb dann aber doch noch kurz stehen und winkte dem Kollegen freundlich zu, was der mit einem Grinsen quittierte. Auch heute verzichtete sie auf den Fahrstuhl und hastete die Treppen nach oben. Doch kaum hatte sie hinter ihrem Schreibtisch Platz genommen, klingelte ihr privates Handy, was sie leicht zusammenzucken ließ, da sie automatisch an ihre Eltern in Heidelberg und ihren nicht ganz gesunden Vater denken mußte. Doch dann erkannte sie im Display die Nummer von Thomas, was sie wiederum verwunderte, da seine Arbeitszeit in der Redaktion erst um zehn Uhr begann. Sie nahm den Anruf an, ließ ihn aber gar nicht erst zu Wort kommen. „Thomas, das ist jetzt ganz schlecht! Ich muß mich noch auf die Besprechung vorbereiten und ..."

Er unterbrach sie freundlich. „Ich wünsche dir zunächst einen schönen Morgen, so viel Zeit muß sein. Weißt du, ich habe mir immer eingebildet, du würdest dich freuen, wenn ich anrufe."

„Thomas, das tue ich doch auch, aber nicht jetzt, um diese Zeit!"

„Also, ich will es kurz machen. Ich habe hier nämlich etwas, das dich interessieren könnte, zumindest glaube ich das."

„Thomas, bitte, du wolltest dich kurz fassen."

„Ist ja schon gut. Also, ich habe über euren privaten Besuch in diesem Nachtclub Osmani nachgedacht und bin wie du zu der Auffassung gekommen, daß der Schlüssel zum Verschwinden deines Kollegen in diesem Laden liegt. Deshalb habe ich mich da gestern abend ein wenig umgesehen. Aber das war ein Schlag ins Wasser, mir kam es so vor, als hätten sie Order bekommen, wie sie sich bei Fragen nach Mike Severin zu verhalten haben. Mit anderen Worten: Kein Schwein will wissen, wo Mike geblieben ist ..."

„Thomas!"

„Aber etwas anderes habe ich so ganz nebenbei mitbekommen. Der Geschäftsführer, dieser grobschlächtige Dicke mit der Glatze und der Narbe über dem Auge – du hattest ihn mir ja trefflich beschrieben – bekam kurz vor Mitternacht einen Anruf, schaute sich hektisch und mißtrauisch um und sagte, bevor er sich in sein Büro zurückzog, mit gedämpfter Stimme einige Sätze, die ich nicht verstehen konnte."

„Na, und?"

Kais Stimme klang genervt, doch Thomas fuhr unbeirrt fort. „Allerdings habe ich sehr deutlich zwei Worte mitbekommen. Er sagte nämlich sehr ehrerbietig ‚Hallo Boß'. Na, was sagst du nun?"

Als Kai sekundenlang schwieg, räusperte sich Thomas. „Hallo, bist du noch da?"

„Ja, bin ich! Mein Gott, das würde bedeuten, daß er ..."

„Das sehe ich auch so. Denn ich kann mir beim besten Willen nicht vorstellen, daß es da noch einen anderen Boß gibt, mit dem er so respektvoll telephonieren würde."

Die Dienstbesprechung begann um acht Uhr. Hundertmark rang sich ein Lächeln ab und wandte sich an Kai. „Frau Sommer, vielleicht wäre es hilfreich, wenn Sie uns zunächst den Ermittlungsstand im Fall Severin mitteilen würden", und mit Blick auf den Leiter des FK 2, „und im Anschluß daran, Herr Fuchs, werden wir uns mit der Hammerbande befassen. Bitte, Frau Sommer." Kai berichtete ausführlich, was sie in Erfahrung gebracht hatte und verschwieg auch nicht den Besuch im Osmani, was sofort zu einer heftigen Reaktion des Oberstaatsanwaltes führte. „Frau Sommer, ich kann mich nicht erinnern, daß wir Ihnen und Ihrem Kollegen Ossenkopp den Auftrag erteilt hätten, in dieses dubiose Etablissement zu fahren, um dort verdeckt zu ermitteln. Ich kann mich nur wundern, und ich nehme an, daß es Ihrem Vorgesetzten ähnlich ergeht."

Erstmals mischte sich Ossenkopp ein. „Mit Verlaub, Herr von Waltershofen, dieser Besuch war keine verdeckte Ermittlung, sondern ausschließlich privater Natur, weil wir glaubten, dort etwas über unseren verschwundenen Kollegen herauszubekommen. Wir dachten, wir wären es ihm schuldig. Aber wenn Sie es wünschen, kann Frau Sommer diesen Part und die daraus gewonnenen Erkenntnisse weglassen."

Hundertmark schüttelte den Kopf und warf dem Oberstaatsanwalt einen unfreundlichen Blick zu. Dann nickte er Kai zu, die nach weiteren Ausführungen dann zum Schluß kam. „Nach wie vor gibt es eine Reihe von Ungereimtheiten und Fragen, die wir noch nicht einmal ansatzweise beantworten können. Kollege Severin scheint sich am Freitag nach der Gerichtsverhandlung, also vor nunmehr elf Tagen, regelrecht in Luft aufgelöst zu haben. Nach unserem jetzigen Kenntnisstand hat er dabei weder Bekleidungsstücke, noch sein Auto, Fahrrad oder andere Gegenstände mitgenommen."

Von Waltershofen grinste süffisant und unterbrach sie mit seiner typischen Handbewegung. „Frau Sommer, verschweigen Sie bitte nicht, daß er ganz offensichtlich seine Heckler & Koch mitgenommen hat. Das ist schon sonderbar. Finden Sie nicht auch? Ich meine, dafür muß es einen Grund gegeben haben, oder? Und wie ich der Akte hier entnehmen konnte, kann er durchaus auch Kleidungsstücke mitgenommen haben, von deren Existenz seine Mutter nichts wußte. Also, das mit den Kleidern können wir schon mal vergessen und mit dem Auto sicherlich auch, denn damit wäre eine Spur entstanden, der wir hätten mühelos folgen können. Und bitte erklären Sie mir, warum Ihr Kollege bei sich zu Hause Rauschgift deponiert hatte."

53

„Herr Oberstaatsanwalt, das war kein Depot, sondern lediglich ein kleiner Briefumschlag mit ein paar Gramm Kokain."

Von Waltershofen winkte ab und beugte sich vor. „Na, wenn schon, mein Hauptproblem ist aber ein anderes. Wissen Sie, nach alledem bekomme ich immer mehr den Eindruck, daß Sie sehr befangen an diese, wie ich doch meine, überaus diffizile und mysteriöse Sache herangehen."

„Herr von Waltershofen, davon kann überhaupt keine Rede sein. Frau Sommer behandelt diesen Vorfall sehr professionell, und sie hat mein volles Vertrauen", sagte Hundertmark.

„Ihr Vertrauen in allen Ehren, aber wenn etwas schiefgeht, tragen Sie die alleinige Verantwortung, das möchte ich an dieser Stelle noch einmal ausdrücklich betonen. Ich hoffe, Ihnen ist das klar. Was hat eigentlich die Fahndung ergeben, die meiner Meinung nach viel zu spät veranlaßt wurde?" Die Frage klang vorwurfsvoll, was sie ganz sicher auch bezwecken sollte.

Hundertmark ersparte sich eine Antwort und schaute fragend auf Kai, die mit den Schultern zuckte. „Negativ! Wir haben nicht den kleinsten Hinweis erhalten."

Von Waltershofen wandte sich ärgerlich an den Kriminaldirektor. „Herr Hundertmark, dann müssen wir wohl die Fahndung ausdehnen und vielleicht auch Interpol einschalten. Das Ganze natürlich auf dem vorgeschriebenen Dienstweg." Von Waltershofen stockte, runzelte die Stirn und machte dabei mit der rechten Hand eine Wiegebewegung. „Unter Umständen gibt es hier sogar eine Verbindung zur organisierten Kriminalität, zumal ja der inhaftierte Menderes in diesem Metier nicht unbekannt ist."

„Halten Sie das nicht für ein wenig übertrieben? Oberkommissar Severin ist sauber! Ich bitte Sie ..." Hundertmark sprach nicht weiter, schüttelte ungläubig den Kopf, ergänzte dann aber: „Ja, wenn dieser Menderes noch im Spiel wäre, würde ich Ihnen vielleicht zustimmen, aber so? Nein, das können wir vergessen, denn schließlich haben Sie ja selbst dafür gesorgt, daß er für die nächsten Jahre keinen Schaden mehr anrichten kann. Er hat auch keinerlei Kommunikationsmöglichkeiten mehr zum Milieu. Höchstens noch über seinen Anwalt Roxfeld, dem ich allerdings so einiges zutraue."

„Da wäre ich mir nicht so sicher, ich meine, was die Kommunikation betrifft", warf Kai ein und zog damit die Blicke der anderen auf sich.

Von Waltershofen sah sie skeptisch an und runzelte erneut die Stirn. „Frau Sommer, was wollen Sie denn damit sagen?"

„Nun, ich bin davon überzeugt, daß Menderes auch aus dem Knast heraus nach Belieben mit der Außenwelt kommunizieren kann, solange und so oft er will. Für einen Mann wie Menderes spielt es überhaupt keine Rolle, ob er draußen oder drinnen ist. Zumindest wenn es um die Steuerung seiner kriminellen Machenschaften geht. Glauben Sie mir, er hat genug Leute, die draußen und auch im Knast seine Anordnungen zu seiner vollsten Zufriedenheit erledigen. Es könnte auch sein, daß er etwas über das Verschwinden unseres Kollegen weiß. Ganz zu schweigen von seiner vermutlichen Rolle bei der Hammerbande."

Von Waltershofen schüttelte ungläubig den Kopf. „Frau Sommer, das ist doch alles Unsinn! Ich kann Ihnen versichern ..."

„Dann erklären Sie mir doch bitte, warum in Menderes' Nachtclub am späten Abend ein Handy klingelt, der dortige Geschäftsführer das Gespräch annimmt und seinen Gesprächspartner mit ‚Hallo Boß' anredet?"

„Frau Sommer, können Sie diese Ungeheuerlichkeit beweisen?"

„Nein, das kann ich leider nicht."

„Na sehen Sie, wer weiß, was Ihr Informant oder wer immer der Lauscher war, da gehört hat." Von Waltershofen schien erleichtert, lehnte sich zurück und schlug die Beine übereinander.

Hundertmark ergriff das Wort: „Frau Sommer äußert diesen Verdacht ja nicht aus einer Laune heraus. Ich meine, wir sollten der Sache nachgehen, denn wenn da was dran sein sollte, würde das ja bedeuten, daß es Leute in der JVA gibt, die auf seiner Lohnliste stehen."

„Ihnen ist schon klar", warf von Waltershofen ein, „daß Sie mit diesen Verdächtigungen die ehrlichen und unbestechlichen Mitarbeiter der Anstalt diffamieren, oder? Aber meinetwegen, nehmen Sie Kontakt mit der Gefängnisleitung auf. Viel verspreche ich mir davon aber nicht, denn wie mir bekannt ist, werden die Hafträume immer wieder einer genauen Kontrolle unterzogen – und da würde ja ein Handy sofort auffallen."

„Aber nicht", gab Kai zu bedenken, „wenn er das Handy vor der Kontrolle einem Bediensteten übergibt, der es ihm später dann wieder unauffällig aushändigt."

Mit Blick auf seine Armbanduhr sagte Hundertmark: „Wenn zu diesem Komplex keine Fragen mehr sind, möchte ich nun Herrn Fuchs das Wort geben."

Der Leiter des FK 2 berichtete enttäuscht, daß die Befragungsaktionen seiner Leute bisher keinerlei Ergebnisse gebracht hatten: Es gab keine Zeugen, die sachdienliche Hinweise über die Täter oder Fluchtfahrzeuge machen konnten, die zur Zeit des Überfalls irgendwo gestanden haben mußten. „Die einzigen Zeugen, die sich gemeldet haben, waren die Eheleute Böneker, die ich zusammen mit der Kollegin Sommer einige Stunden nach dem Überfall befragen konnte."

Von Waltershofen ereiferte sich mit Blick auf die vor ihm liegende Akte. „Es ist unglaublich! Da wird mitten in der Stadt ein Geschäft überfallen, und keiner will was gehört oder gesehen haben."

„Da muß ich unsere Bürger aber ein wenig in Schutz nehmen, denn wer ist denn um diese Zeit schon unterwegs, noch dazu mitten in der Woche?"

„Wie wollen Sie denn nun weiter vorgehen?"

„Nun, wir werden der Bande in der kommenden Nacht eine Falle stellen und hoffen, daß sie da hineintappt. Zu diesem Zweck haben wir uns nach längerer Überlegung drei Schmuckgeschäfte ausgesucht, die sich nach unserer Auffassung von der Lage her für einen Überfall bestens eignen würden."

Hundertmark warf einen kurzen Blick in eine schmale Akte und ergänzte: „Da das Vorhaben sehr personalintensiv ist, sind an der nächtlichen Aktion auch Beamte meiner anderen Fachkommissariate mit eingebunden. Der Erfolg dieser Aktion ist im Wesentlichen an zwei Voraussetzungen geknüpft: Erstens muß die Bande auch tatsächlich in der kommenden Nacht zuschlagen, also den mittwöchigen Rhythmus auch dieses Mal einhalten."

„Und Sie glauben, die sind tatsächlich so dreist und unvorsichtig und tun Ihnen diesen Gefallen? Warum sollten sie dieses Risiko eingehen? Mein Gott, Herr Hundertmark, das sind doch alles ganz abgebrühte Profis."

„Das ist uns allen bekannt. Und auch ich zermarterte mir das Hirn darüber, warum die Bande sich so verhält. Bisher hab ich aber noch keine einleuchtende Erklärung gefunden. Ich glaube, daß es neben den materiellen Werten auch ihr Bestreben zu sein scheint, die Hilflosigkeit der Polizei in der Öffentlichkeit auf spektakuläre Weise darzustellen. Wenn Sie so wollen, führen die uns vor, was letztlich dann natürlich auch zu einem Vertrauensverlust in der Bevölkerung führt."

„Genau das paßt zu Menderes, es ist sein Stil", entfuhr es Kai, schwieg dann aber, als sie den vorwurfsvollen Blick ihres Vorgesetzten sah, den sie mit ihrer spontanen Äußerung offensichtlich aus dem Konzept gebracht hatte.

Hundertmark überlegte einen Augenblick und griff dann seinen letzten Gedanken wieder auf. „Also, wie gesagt, aus den genannten Gründen traue ich der Bande diese Dreistigkeit zu. Der Erfolg der Aktion ist natürlich auch davon abhängig, daß sie sich auch tatsächlich für eines der Geschäfte interessiert, die wir für sie als potentielle Tatorte ausgesucht haben."

Nach gut einer Stunde war die Dienstbesprechung beendet, und Kai wandte sich im Hinausgehen an den Kriminaldirektor. „Tschuldigung, daß ich Sie vorhin unterbrochen habe."

„Ist schon gut, aber glauben Sie nach wie vor, daß Menderes wirklich etwas mit der Bande zu tun hat?"

„Ja, das meine ich! Es ist eindeutig seine Handschrift. Glauben Sie mir, ich kenne ihn." Als sie das sagte, mußte sie wieder an den Anruf denken, den der Geschäftsführer des Osmani erhalten hatte.

Das Telephon schrillte. Staatsanwalt Dr. Weisenau eilte genervt zu seinem Schreibtisch, warf sich in den Drehstuhl und griff zum Hörer. „Ja, bitte?"

„Guten Morgen, Herr Staatsanwalt, ich hoffe, daß ich bald Oberstaatsanwalt zu Ihnen sagen kann", tönte es ihm leicht ironisch entgegen.

„Wer sind Sie?"

„Alles zu seiner Zeit. Zunächst wollte ich mich erkundigen, ob das Bildmaterial gut bei Ihnen angekommen ist?"

„Was wollen Sie? Wollen Sie Geld?"

Der Anrufer lachte kurz und trocken auf. „Nein, da können Sie ganz beruhigt sein. Es wäre auch nicht unser Stil. Wir wollen nur, daß Sie hin und wieder etwas für uns tun. Zunächst hätten wir gern von Ihnen gewußt, welche Hildesheimer Geschäfte am morgigen Mittwoch von Ihren Polizeikräften bewacht werden. Nicht mehr und nicht weniger."

„Das ... das ... können Sie vergessen!" entfuhr es dem Staatsanwalt, „ich werde doch nicht ... Wie stellen Sie sich das vor? Nein, das ist unmöglich!"

„Nein, Herr Weisenau, nichts ist unmöglich. Wenn Sie unsere Forderungen nicht erfüllen oder Ihre Kollegen oder die Polizeikräfte einschalten, werden wir die Photos Ihrer Frau in Hamburg zuschicken, anschließend der Boulevardzeitung und zeitgleich im Internet verbreiten. Was das für Sie bedeutet, brauche ich nicht besonders zu betonen." Der Anrufer schwieg, um seine Worte wirken zu lassen. Dann sagte er ironisch: „Bitte seien Sie heute abend im Osmani unser Gast. Sie haben sich dort ja schon einige Male prächtig amüsiert. Wir werden das erste Séparée für Sie reservieren, in dem übrigens nach Abschluß unseres Geschäftes eine Überraschung auf Sie warten wird. Wir sind sicher, daß wir hier Ihren Geschmack treffen." Weisenau wollte etwas sagen, aber der Anrufer ließ ihn nicht zu Wort kommen. „Ich hoffe, daß der heutige Tag der Beginn einer vertrauensvollen und auch für Sie angenehmen Zusammenarbeit sein wird."

5

Frührentner Walter Klose bereitete es immer noch Schwierigkeiten, die vierundzwanzig Stunden des Tages so aufzuteilen und zu gestalten, wie es die meisten seiner Mitbürger taten. Die Ursache dafür lag in der Tatsache, daß er über dreißig Jahre immer dann gearbeitet hatte, wenn andere schliefen. Auch an diesem Mittwochmorgen im April verließ er bereits um ein Uhr vierzig mit seinem Foxterrier an der langen Leine die kleine Wohnung an der Wollenweberstraße. Heute morgen zog ihn sein Hund nach links in die Schuhstraße und dann in Richtung Fußgängerzone. Auf Höhe des Huckups übernahm aber Klose wieder die Führung, schaute sich die neu erschienenen Bücher bei Decius an und dann in aller Ruhe die Auslagen der sich anschließenden Geschäfte. Eigentlich waren diese Nacht- oder auch frühen Morgenstunden die beste Zeit für einen ausgiebigen und erholsamen Schaufensterbummel: fast menschenleere Straßen, keine hektisch dahineilenden Menschen, kein Gedränge und Geschiebe und auch die nervtötenden Geräusche der Kraftfahrzeuge waren für Stunden verstummt. Welch eine himmlische Ruhe. Klose war sogar ein wenig verärgert, daß in diesem Moment das zweimalige Schlagen einer Kirchturmglocke die Stille um ihn herum störte. Er nahm an, es kam von Sankt Andreas, aber genau wußte er es nicht.

Langsam schlenderte er weiter, begutachtete die Auslagen beim Herrenausstatter Adamski und beschloß dann, nach rechts in die Rathausstraße einzubiegen. Aber dazu sollte es nicht kommen, denn plötzlich lag ein ohrenbetäubender Lärm in der Luft, der die beschauliche Ruhe jäh zerstörte. Klose blieb erstarrt stehen und wußte nicht, was er davon halten sollte, doch dann atmete er auf, als es schon Sekunden später wieder schlagartig still wurde. Doch nun glaubte er zu wissen, woher der entsetzliche Krach gekommen war: Vom Schmuckgeschäft Köhler & Sohn! Ohne zu überlegen, tappte er weiter und zog dabei seinen Hund hinter sich her, der sich sträubte, leise jaulte und ängstlich den Schwanz einzog, was er sonst nur dann tat, wenn ein schweres Gewitter über der Domstadt lag. Zögernd näherte er sich dem Geschäft, rieb sich die Augen und schaute verdutzt auf das, was er sah. In der breiten Schaufensterscheibe von Köhler & Sohn klaffte ein riesiges Loch, hinter dem sich schemenhafte Gestalten bewegten, die dunkle Overalls und Kapuzen trugen. Mein Gott, wieder ein Überfall, schoß es ihm durch den Kopf – und er war Augenzeuge. Er nahm sich vor, gleich die Polizei anzurufen. In diesem Augenblick bereute er es, daß er kein Handy besaß. Aber sie durften ihn nicht sehen, er mußte vorsichtig sein. Klose preßte seinen dürren Körper gegen die Steinquader des Eckgebäudes, hielt seinem Hund die Schnauze zu und ging in die Hocke. Er mußte sich klein machen, möglichst unsichtbar bleiben. Er verdrängte die Angst, die langsam in ihm hochkroch und auch den naheliegenden Gedanken, sich einfach davonzumachen.

In diesem Augenblick zwängten sich hintereinander vier Gestalten durch die zerstörte Scheibe, blitzschnell und sehr diszipliniert. Innerhalb weniger Sekunden schien der Spuk vorbei zu sein. Klose wollte schon aufstehen, um zum Telephon zu laufen, aber dann kam noch einer, offensichtlich der Anführer, der wahrscheinlich die Nachhut bildete, wie das bei militärischen Operationen üblich war. Er drückte sich in den Schatten des Gebäudes, nur wenige Meter von Klose entfernt, und schien Nerven wie Stahlseile zu haben, denn als seine Komplizen aus seinem Blickfeld verschwunden waren und immer noch keine Polizei auftauchte, streifte er sich in aller Seelenruhe die Kapuze vom Gesicht – und blickte in diesem Moment Klose direkt in die Augen. Das Letzte, was Klose dann noch sah, war ein greller Blitz, der auf ihn zuraste und dem er nicht ausweichen konnte. Er spürte einen dumpfen Schlag, aber keine Schmerzen. Danach wurde es dunkel um ihn und still. Totenstill!

Neun Uhr, sechster Stock. Dienstbesprechung im großen Besprechungsraum der Polizeiinspektion. Kriminaldirektor Friedrich Hundertmark, Leiter des Zentralen Kriminaldienstes und Vertreter des Inspektionsleiters, ließ seine Blicke über die müden und erschöpften Gesichter seiner Beamten gleiten, die verschiedenen Fachkommissariaten angehörten und sich teilweise seit gestern im Einsatz befanden. Merklich enttäuscht standen sie nun schweigend vor der breiten Fensterfront oder hockten auf den Stühlen. Einige von ihnen beobachteten den Oberstaatsanwalt, der in Begleitung seines Vertreters Dr. Weisenau gerade grußlos und mürrisch den Besprechungsraum betrat und sich ächzend auf einen Stuhl warf. Hundertmark räusperte sich und kam umgehend zur Sache. „Ich will es kurz machen: Das, was heute passiert ist, war eine Blamage für den Zentralen Kriminaldienst und sicherlich auch für die ganze Polizeiinspektion. Trotz alledem danke ich Ihnen für Ihren Einsatz. Die Kernfrage ist natürlich, wie das passieren konnte. Nun, man kann sagen, daß die Hammerbande uns regel-

60

recht vorgeführt und verarscht hat. Entschuldigung, aber ich kann es nicht treffender ausdrücken. Wir haben auf die falschen Pferde, sprich, auf die falschen Geschäfte gesetzt. Unsere Vermutung, daß sie heute wieder zuschlagen würden, war zwar richtig, kann uns aber nicht trösten, weil sie nicht dort erschienen sind, wo wir sie erwartet hatten. Keiner konnte ahnen, geschweige denn wissen, daß sie wieder Köhler & Sohn überfallen, das Schmuckgeschäft, das erst vor vierzehn Tagen dran glauben mußte. Das ist zwar ziemlich dreist, aber strategisch nicht dumm. Viel schlimmer ist natürlich der Tote, den wir zu beklagen haben. Es geht nun nicht mehr nur um Einbruch, sondern auch um Mord! Noch heute werden wir daher eine Mordkommission einrichten, die unsere Kollegin vom FK 1 leiten wird, natürlich in enger Zusammenarbeit mit den anderen Fachkommissariaten. Bitte, Frau Sommer."

„Also, der Tote heißt Walter Klose, Frührentner, neunundfünfzig Jahre alt, es gibt eine Ehefrau, aber keine Kinder, er wohnte mit seiner Frau an der Wollenweberstraße. Ich war vor einer Stunde bei Frau Klose und habe ihr die Nachricht überbracht."

Ein Kollege meldete sich und fragte. „Wissen Sie, was er um diese Zeit in der Fußgängerzone zu suchen hatte? Ich meine, zwei Uhr ist ja schon eine ungewöhnlich Zeit, oder?"

„Ja, aber dafür gibt es eine plausible Erklärung. Er war lange Zeit Nachtwächter und auch in seiner früheren Firma war er einige Jahrzehnte ausschließlich im Nachtdienst tätig. Seine Frau hat mir erzählt, daß er stets um diese Zeit aufgestanden ist, zusammen mit seinem Hund einen langen Spaziergang gemacht und sich dann so gegen drei Uhr wieder hingelegt hat. Er war, wenn man so will, zur falschen Zeit am falschen Ort."

Als der Kollege verstehend nickte, fuhr Kai fort: „Ja, und daß der Rentner erschossen wurde, hat sich bestimmt auch schon herumgesprochen. Dem Tathergang zufolge müssen wir wohl davon ausgehen, daß er deswegen getötet wurde, weil er einen oder mehrere Täter gesehen hat und diese möglicherweise auch hätte beschreiben können."

„Also Mord zur Verdeckung einer Straftat", warf der Oberstaatsanwalt ein. „Wissen wir etwas über die Tatwaffe?"

Kai schüttelte den Kopf. „Bis jetzt noch nicht. Der Tote ist gemäß Ihrer Anordnung in die Rechtsmedizin überführt worden. Ich hoffe, daß wir in ein paar Stunden mehr wissen. Nur soviel: Das Projektil muß ihn direkt ins Herz getroffen haben und steckt noch in seinem Körper. Da unsere Leute

61

von der Spurensicherung bisher noch keine Patronenhülse gefunden haben, ist anzunehmen, daß es sich bei der Tatwaffe um einen Revolver handelt. Aber wie gesagt, unsere Kollegen sind noch vor Ort." Von Waltershofen stand auf und wandte sich an den Kriminaldirektor. „Herr Hundertmark, sobald Ergebnisse vorliegen, bitte ich um sofortigen Anruf. Ich bin den ganzen Tage im Büro zu erreichen."

Die nächste Besprechung fand nachmittags im Dienstzimmer des Kriminaldirektors statt.

„Frau Sommer, was haben wir? Was sagt die Rechtsmedizin, und gibt es neue Erkenntnisse von der Spurensicherung?"

„Ja, allerdings! Unsere Leute haben erneut einen Daumenabdruck entdeckt. Er ist identisch mit dem, den wir beim letzten Überfall vor einer Woche gefunden haben, aber nach wie vor keiner Person zuordnen können." Kai schwieg und hob etwas hilflos ihre Hände. „Für mich ist das alles doch sehr dubios und nicht zu verstehen. Ich weiß einfach nicht, was ich davon halten soll. Das alles ergibt doch keinen Sinn. Ich frage mich schon die ganze Zeit, ob ein Bandenmitglied das bewußt inszeniert und damit auf sich aufmerksam machen will. Vielleicht geschieht das alles aber auch nur rein zufällig und ist eine ganz banale Nachlässigkeit. Doch das wäre überaus unprofessionell."

Hundertmark hatte ihr ruhig zugehört, unterbrach sie aber jetzt. „Das sehe ich ähnlich, zumal wir ja wissen, daß wir es hier mit kriminellen Profis zu tun haben, die ihre Überfälle generalstabsmäßig planen, fast wie militärische Operationen. Und dann so was? Sie haben recht, das paßt einfach nicht zu dieser Bande."

„Aber es gibt noch andere Ungereimtheiten", ergänzte Kai. „Unsere Leute von der Spurensicherung haben in einer Fuge des Kopfsteinpflasters auf der Rathausstraße, etwa fünf Meter vom Opfer entfernt, nun doch noch die Patronenhülse gefunden, zu der das Projektil paßt, das Dr. Brecht aus der Brust des Toten geholt hat. Also haben wir es hier definitiv mit einer Pistole zu tun und nicht mit einem Revolver, wie ich anfangs vermutet hatte. Aber jetzt kommt es: Die Pistole ist eine Heckler & Koch P 2000 – unsere Standardwaffe." Kai schwieg, schaute auf die anwesenden Kollegen, die sie sprachlos und verdutzt anschauten, und fuhr fort: „Die Kugel ist zwischen der vierten Rippe und dem Brustbein in den Körper und letztendlich in die Herzkammer eingedrungen, was den sofortigen Tod des

Mannes verursacht hat. Nach der Lage des Schußkanals zu urteilen, ist das Projektil von schräg oben in die Brust eingedrungen, was den Schluß nahelegt, daß das Opfer zu diesem Zeitpunkt gesessen oder sich in einer hockenden Stellung befunden hat.

Hundertmark lehnte sich zurück und schlug die Beine übereinander.

„Frau Sommer, sagen Sie doch bitte noch eine paar Worte zur Schußwaffenbestimmung, denn wenn ich mich recht entsinne, haben Sie in dieser Sache schon einmal einen Lehrgang besucht, oder?"

Obwohl Kai sich unvorbereitet und zudem auch überfallen fühlte, nickte sie nur zögernd.

Hundertmark fuhr erklärend fort. „Wissen Sie, mich beschäftigt besonders die von den Fachleuten getroffene Feststellung, daß es sich hier um eine Heckler & Koch handeln soll. Ich mag diesen Gedanken gar nicht weiter verfolgen. Ist das wirklich hieb- und stichfest? Irrtum ausgeschlossen?"

„Nach Auffassung der Schußwaffenexperten und der Ballistiker des Landeskriminalamts gibt es da keinen Zweifel. Für sie ist es die einfachste Sache der Welt, festzustellen, ob ein bestimmtes Projektil aus einer bestimmten Waffe abgefeuert wurde. Voraussetzung ist hier allerdings, daß Kugel, Patronenhülse und Schußwaffe vorliegen. Ein wenig schwieriger wird es, wenn wir – wie in unserem Fall – nur Kugel und Hülse haben. Aber dennoch, auch hier kommen die Experten zu einem Ergebnis. Wie wir alle wissen, hinterlassen die Waffen der verschiedenen Fabrikate sowohl an der Kugel, als auch an der Hülse individuelle und unverwechselbare Gebrauchsspuren, die immer dann entstehen, wenn der Schlagbolzen das Zündhütchen trifft und das Projektil den Lauf verläßt."

„Ich glaube das reicht. Vielen Dank für diesen aufschlußreichen Exkurs aus dem Bereich der ballistischen Wissenschaft, der sicherlich auch für unsere jungen Kollegen ganz interessant war. Ich nehme an, daß aufgrund der eben angesprochenen Gebrauchsspuren die Fachleute dann auf die Heckler & Koch gekommen sind, oder?"

„Ja, so ist es, denn es besteht hierüber eine umfassende Dokumentation. In ihr sind die gebräuchlichsten Fabrikate aufgelistet, und außerdem gibt es Vergleichsmikroskope und noch andere Hilfsmittel."

„Hilft uns diese Feststellung nun weiter?"

Kai zögerte mit der Antwort, und erst als Hundertmark sich räusperte, sagte sie. „Nein, zumindest nicht im Augenblick – aber ich habe da eine Idee, und vielleicht wissen wir in ein paar Tagen mehr."

Nach vierzig Minuten war die Besprechung beendet, und als die Kollegen das Dienstzimmer ihres Vorgesetzten verlassen hatten, meinte Hundertmark: „Frau Sommer, was sollte diese geheimnisvolle Andeutung?"

„Herr Hundertmark, ich habe einen Verdacht, der uns, falls er sich bewahrheitet, gar nicht gefallen wird. Ihr Einverständnis vorausgesetzt, würde ich morgen gern ein paar Überstunden abbummeln." Bevor Hundertmark im Hinblick auf die laufenden Ermittlungen und ihre Unabkömmlichkeit protestieren konnte, beeilte sich Kai noch hinzuzufügen. „Sie können sicher sein, daß ich mich auch in meiner Freizeit mit dem Fall beschäftigen werde, zumindest gedanklich."

Freitag, der Dreizehnte! Gott sei Dank war sie nicht abergläubisch. Kai kuschelte sich in die Polsterung des Beifahrersitzes, gähnte verhalten und schaute lächelnd zu Thomas hinüber. „Danke, daß du dir heute ein paar Stunden freigenommen hast."

„Hatte ich irgendeine Alternative? Ich nehme an, du hast deinen alten Golf heute das erste Mal so richtig vermißt, seit du dich von ihm getrennt hast."

„Nein, warum sollte ich? Denn wenn ich mal nen fahrbaren Untersatz brauche, habe ich ja einen lieben Freund, der mich wahnsinnig gern mit seinem Auto chauffiert."

„Wieso hast du nicht den Dienstwagen genommen?"

„Weil ich heute einen freien Tag habe. Oder genau genommen doch nicht, zumindest nicht so richtig."

„Das soll nun einer verstehen!"

Beide schwiegen ein Weile. Thomas konzentrierte sich auf den zunehmenden Verkehr, und Kai schaute auf den Wegweiser, an dem sie gerade vorbeifuhren. Noch fünf Kilometer, dann waren sie am Ziel: Justizvollzugsanstalt Sehnde, Schnedebruch 8. Dort saß Mustafa Menderes, der Mann, der wegen Totschlags rechtskräftig zu einer Freiheitsstrafe von zehn Jahren verurteilt worden war. Mit ihm wollte Kai sich unterhalten. Sie hatte gestern noch den Anstaltsleiter angerufen und um einen Besprechungstermin mit dem Inhaftierten gebeten. Sie war erstaunt, daß Menderes sich zu einem Gespräch bereiterklärt hatte, obwohl er ein derartiges Ansinnen auch hätte ablehnen können. Kai lauschte eine Weile der Musik, die aus dem Autoradio kam. Bon Jovi sang gerade „Have a nice Day". Sie lächelte und fragte sich, ob es wirklich ein schöner Tage werden würde. In die Musik hinein sagte Thomas. „Wieso sitzt er in dieser schönen, neuen Anstalt und nicht in Celle, wo es ja echt kraß zugehen soll?"

„Warum sollte er? Ich glaube, das hängt auch mit der Schwere der Tat und der Strafbemessung zusammen. Celle hat die höchste Sicherheitsstufe. Die hier in Sehnde liegt eine darunter, was für Menderes offensichtlich ausreichend ist, zumindest, wenn man die Höhe seiner Strafe betrachtet. Übrigens hat er hier ja auch schon während seiner Untersuchungshaft gesessen. Ich nehme an, daß er bei einer höheren Freiheitsstrafe nach Hannover oder Celle gekommen wäre." Sie sprach nicht weiter, da Thomas den roten Gebäudekomplex der Anstalt erreicht hatte und nun einen freien Parkplatz ansteuerte. Beim Aussteigen sagte Kai. „Thomas, sei bitte so lieb und warte hier, es dauert nicht lange – und nachher lade ich dich zu einem zweiten Frühstück ein. Ist das okay?" Sie wartete seine Antwort nicht ab, sondern ging mit schnellen Schritten auf den ganz in Blau gehaltenen Eingang zu, der in seltsamem Kontrast zu dem Grau der über sechs Meter hohen Betonmauer stand.

Eine Viertelstunde später saß sie dem Mann gegenüber, hinter dem sie über fünf Jahren hergewesen war und der sich nun endlich dort befand, wo er ihrer Meinung nach hingehörte. Eigentlich mußte er sie und alle Bullen abgrundtief hassen. Doch hier war sie nicht ursächlich für seine Misere verantwortlich, sondern ein junger Kollege, der nun wie vom Erdboden verschwunden war.

Kai war erstaunt über das gute Aussehen ihres Gegenübers. Menderes machte auch im Knast noch den Eindruck eines gepflegten und seriösen Geschäftsmanns. Kai nahm an, daß für sein Wohlergehen womöglich auch eine Reihe von Vergünstigungen beitrugen, die ihm widerrechtlich von irgendwelchen korrupten Beamten gewährt wurden und von denen die anderen Inhaftierten nur träumen konnten.

Während ihr diese Gedanken durch den Kopf schossen, hatten sie Blickkontakt aufgenommen, sich angelächelt und ein paar belanglose Freundlichkeiten ausgetauscht. Dann stellte Kai Fragen, mit denen sie ihn provozieren und aus der Reserve locken wollte, wohlwissend, daß ihr das bei einem Mann wie Menderes nur schwerlich gelingen würde. „Herr

Menderes, vor ein paar Tagen haben Ihre Leute erneut das Schmuckge-schäft Köhler & Sohn überfallen, wobei dieses Mal ein unschuldiger Mann getötet wurde. Was sagen Sie dazu?"

„Nichts Frau Sommer, weil ich nichts damit zu tun habe. Nur soviel: Selbst wenn es so wäre, ich meine, die Sache mit dem Toten. Was ist Ihr Problem? Täglich sterben Hunderte von Menschen – sie verhungern in Af-rika, werden im Irak oder Afghanistan erschossen oder kommen durch Bomben um. Und nur weil hier in Ihrem idyllischen Hildesheim ein Mensch ums Leben gekommen ist, machen Sie so ein Theater! Können Sie mir das vielleicht erklären?" Die Frage kam teilnahmslos, bedurfte keiner Antwort und war sicherlich nur rhetorisch gemeint.

Kai lief es kalt den Rücken hinunter. Ihr kam es so vor, als hätte er ihr gerade ein Fenster seines Seelenlebens geöffnet, falls es so etwas über-haupt in seinem Inneren gab. Sie wollte etwas sagen, doch da sprach Men-deres schon weiter. „Aber noch einmal zurück zu den Überfällen. Es sind nicht meine Leute, die wegen ein paar Klunker irgendwelche Geschäfte überfallen. Frau Sommer, auch Sie müssen endlich begreifen, daß ich ein seriöser Geschäftsmann bin, der in Hildesheim sogar für Arbeitsplätze sorgt."

Kai riß sich zusammen, sah Menderes eine Weile an und stellte unbe-eindruckt ihre nächste Frage: „Sicher sagt Ihnen auch der Name Protzke nichts, oder?"

„Nein, nie gehört. Sollte ich ihn kennen?"

„Das war der Mann, der gegen Sie eine Aussage machen wollte, be-sonders über Ihre Rolle bei der Hammerbande. Aber bevor er das tun konnte, wurde er auf offener Straße erschossen. Einfach so! Finden Sie das nicht merkwürdig?"

Erstmals verschwand die Freundlichkeit aus seinem Gesicht. „Sagen Sie, soll das hier ein Verhör werden? Sie wissen schon, daß ich Ihnen nicht antworten muß, oder? Ich habe diesem Gespräch nur zugestimmt, weil mich der Anstaltsleiter darum gebeten hat und ich nett mit Ihnen plaudern wollte."

„Sicherlich werden Sie mir auch gleich erklären, daß Sie mit dem Ver-schwinden meines Kollegen Severin nichts zu tun haben, obwohl Sie ihm im Gerichtssaal blutige Rache geschworen haben. Jetzt ist er verschwun-den. Sicherlich halten Sie das auch für einen Zufall."

Kai wollte noch etwas hinzufügen, aber Menderes wehrte mit einer Handbewegung ab. „Wissen Sie, was ich merkwürdig oder besser gesagt, skandalös finde? Nein? Gut, dann werde ich es Ihnen sagen: Ich finde es skandalös, daß dieser kleine Polizist eine Falschaussage gemacht hat und etwas gesehen haben will, was sich so nicht ereignet hat. Sie können mir glauben, als mir Ihr sauberer Kollege die Handschellen angelegt hat, lebte Swetlana noch. Wissen Sie, mein Vertrauen in den bundesdeutschen Rechtsstaat hat seit diesem Fehlurteil sehr gelitten. Ich dachte immer, so etwas gäbe es nur in der Türkei, meinem Heimatland."

Kai schwieg. Solche hehren Worte aus dem Mund eines Mannes zu hören, der Zeit seines Lebens über Leichen gegangen war und nicht die geringsten Skrupel hatte, Menschen aus dem Weg räumen zu lassen, die ihm und seinen Geschäften im Wege standen, war einfach lächerlich. Sie wollte ihn gerade fragen, warum sein Anwalt denn gegen das seiner Meinung nach falsche Urteil keine Rechtsmittel eingelegt hatte, doch er kam ihr zuvor.

„Um Ihre Frage nach dem Verbleib Ihres Kollegen zu beantworten. Ich weiß es nicht! Ich nehme an, daß er untergetaucht ist. Er hatte vermutlich genug von seinem Job. Weil Sie mir so sympathisch sind, liebe Frau Sommer, sage ich Ihnen noch etwas: Denkbar ist doch auch, daß er sein Geld nun mit Schmuck und Edelsteinen verdient. Ich meine, auch darüber sollten Sie einmal nachdenken." Als er das sagte, grinste er zynisch und stand auf – für ihn war das Gespräch beendet.

6

Den gestrigen Sonnabend hatte Kai mit Thomas verbracht und entgegen ihrer sonstigen Gewohnheit nicht mit ihm über ihre Arbeit gesprochen.

Nach einem spartanischen Frühstück waren sie am Dammtor vorbei in Richtung Innenstadt gelaufen, hatten sich einige Zeit im Roemer- und Palizaeus-Museum aufgehalten und waren danach zu Margareta und Frank in das neu eröffnete Dom-Café gegangen, um dort ein zweites, wenn auch spätes Frühstück einzunehmen. Sie hatten über Gott und die Welt geplaudert und waren anschließend von der Schuhstraße nach links zum Andreasplatz in Richtung des Huckup-Denkmals geschlendert. Vor der Sankt Andreas Kirche waren sie eine Weile stehengeblieben, und Kai hatte ihrem Begleiter erklärt, was sie über das dreischiffige, gotische Gotteshaus mit dem höchsten Kirchturm Niedersachsens wußte. Zudem hatte sie ihm erklärt, daß die Kirche durch einen Luftangriff der Alliierten im März 1945 völlig zerstört, dann aber in den fünfziger und sechziger Jahren wieder aufgebaut und als letzte der zerstörten Hildesheimer Kirchen geweiht wurde.

Als Kai dann in der Fußgängerzone bei Köhler & Sohn die notdürftig reparierte Schaufensterscheibe sah und ihr Blick auf die mit Blumen geschmückte Stelle fiel, an der Walter Klose sein Leben lassen mußte, hatte sie der Alltag wieder eingeholt. Aber das war gestern gewesen.

Heute wollte sie sich noch einmal so richtig in ihrer Wohnung ausruhen und möglichst nicht an das denken, was sie am Montag ohnehin noch früh genug beschäftigen würde. Sie ging in die Küche und öffnete weit die Fensterflügel. Es war sonnig und für einen Apriltag ungewöhnlich warm. Nur vereinzelt trieben kleine Kumuluswolken träge am Himmel vorüber, und alles deutete darauf hin, daß es ein schöner Tag werden würde.

Kai erinnerte sich an den Besuch ihrer Eltern im Sommer des vorletzten Jahres. Es war die Zeit, als sie gerade ihren Dienst hier in der Polizeiinspektion Hildesheim aufgenommen hatte. Als sie gemeinsam die Domstadt mit ihren Sehenswürdigkeiten erkundet hatten, strotzte ihr alter Herr noch vor Gesundheit. Sie waren damals der auf den Pflasterungen und Wegen gemalten Rosenroute gefolgt, die sie vom historischen Marktplatz zur Kreuzkirche, der Basilika Sankt Godehard, dem Kehrwiederwall, dem Hildesheimer Dom mit dem tausendjährigen Rosenstock, dem Roemer- und Palizaeus-Museum, dem Michaelisplatz, der Sankt Andreaskirche, dem Huckup-Denkmal und wieder zurück durch die Fußgängerzone zum Ausgangspunkt geführt hatte, wo sie ihren Erkundungsgang in der Gaststube des Knochenhauer-Amtshauses gemütlich hatten ausklingen lassen. Erst wollten ihre Eltern nur ein paar Tage bleiben, doch dann blieben sie fast zwei Wochen. Weihnachten darauf hatte Kai sie in Heidelberg besucht und mit ihnen das Weihnachtsfest verbracht. Auch für Kai waren es erholsame Tage gewesen. Sie verabredete sich mit alten Bekannten und Schulfreunden, besuchte die urigen Studentenkneipen und ging täglich am Neckar spazieren. Das alles schien aber nun schon eine Ewigkeit zurückzuliegen.

Auch bei ihrem letzten Gespräch hatte ihre Mutter sie gefragt, ob sie nicht bald wieder einmal zu Besuch nach Heidelberg kommen wolle. Vielleicht dieses Mal mit ihrem Freund, dem Journalisten, der ihr immer noch nicht vorgestellt worden wäre. Kai hatte den leichten Vorwurf in der Stimme ihrer Mutter durchaus gehört und sofort das Thema gewechselt. Warum sie so reagiert hatte, wußte sie nicht, es geschah spontan aus einem Gefühl heraus. Aber ganz wohl war ihr nicht dabei. Verdammt, sie konnte vor den Tatsachen nicht ständig die Augen verschließen: Im nächsten Jahr wurde sie vierzig und mußte sich dann langsam klar darüber werden, ob Thomas Dreyer nun der Mann war, mit dem sie die nächsten Jahre oder vielleicht sogar den Rest ihres Lebens verbringen wollte.

Hinter ihnen beiden lagen gescheiterte Ehen, und sie hatten sich, so konnte man meinen, gesucht und gefunden. Aber es gab noch andere Gemeinsamkeiten: Sie vertrauten einander, hatten eine ähnliche Lebensauffassung, konnten über die gleichen Dinge lachen, verstanden und liebten sich. Was wollte sie mehr? Allerdings wußte sie auch, daß Thomas von einem gemeinsamen Kind träumte, einem Wunsch, den sie ihrem Freund, unabhängig von der in ihr tickenden biologischen Uhr, nicht erfüllen konnte. Sie hatte ihm zwar von dem tragischen Treppensturz und der Fehlgeburt vor einigen Jahre erzählt, dabei aber die Tatsache verschwiegen, keine Kinder mehr bekommen zu können. Warum sie sich so verhalten und ihm nicht alles gesagt hatte, hing wahrscheinliche damit zusammen, daß sie in ihrem Unterbewußtsein die Befürchtung hegte, ihn durch dieses Geständnis zu verlieren. Aber dennoch! Irgendwann mußte sie ihm die ganze Wahrheit erzählen. Kai seufzte. Am liebsten würde sie jetzt die Koffer packen, ihre Eltern in Heidelberg besuchen oder ihren Urlaub antreten und möglichst weit wegfahren. Sie lächelte und wußte, daß das alles nur Träumereien waren und sie niemals vor etwas weglaufen würde. Auch nicht vor diesem Fall, der ihr doch mehr zu schaffen machte, als sie sich eingestehen wollte. Sie schloß die Augen und lauschte eine Weile dem regionalen Radiosender Tonkuhle, der gerade das Klassikmagazin Tonika ausstrahlte. Doch dann kamen wieder diese Gedanken, die sie gestern noch verdrängt hatte und mit denen sie sich eigentlich auch heute nicht beschäftigen wollte. Sie wünschte, daß es da einen Knopf geben würde, den sie nur drücken mußte, um dann damit ihre Gedanken in andere Bahnen zu lenken. Grob gesehen war bei dem Gespräch mit Menderes nichts Konkretes herausgekommen. Wie nicht anders erwartet, waren seine Antworten auf ihre Fragen unbefriedigend ausgefallen, und eigentlich hätte sie sich den Besuch in der JVA sparen können. Aber das war nur die halbe Wahrheit, denn er hatte – ganz offensichtlich gezielt und mit voller Absicht – unterschwellig einen Gedanken in ihr Hirn projiziert, der so unglaublich war und den sie noch vor ein paar Tagen empört zurückgewiesen und für völlig abwegig gehalten hätte. Ganz bewußt hatte sie Thomas nichts davon erzählt, weil sie selbst noch nicht wußte, wie sie mit diesem Gedanken umgehen sollte. Wenn ihre Vermutung der Realität entsprach, konnte das doch nur bedeuten, daß Mike Severin noch am Leben war. Kai wußte allerdings nicht, ob sie sich darüber freuen sollte.

Kriminaldirektor Hundertmark zeigte auf den Besucherstuhl und warf ihr einen wohlwollenden Blick zu. „Frau Sommer, es ist richtig, daß Sie Ihre am Telephon angedeuteten Vermutungen zuerst mit mir besprechen wollen. Ich höre."

„Ich meine, wir müssen uns ein Procedere überlegen, wie wir mit dieser äußerst heiklen Angelegenheit umgehen, wobei wir natürlich auch umgehend die Staatsanwaltschaft einschalten sollten, bevor sie es aus der Presse erfährt. Das wäre ja ausgesprochen peinlich. Aber vielleicht sollte ich von vorne anfangen zu berichten."

Als Hundertmark nickte und sich entspannt zurücklehnte, schilderte Kai zunächst den Ablauf des Gesprächs mit Menderes, was ihr ein Stirnrunzeln ihres Vorgesetzten einbrachte, das sich jedoch sofort wieder glättete, als sie den ausschließlich privaten Charakter des Besuchs betonte. Zum Schluß sagte sie: „Stutzig gemacht haben mich besonders seine Worte, als ich ihm seine Beteiligung an dem Verschwinden Severins vorwarf.

Er sagte, Severin habe sicherlich seinen Job hingeschmissen und würde sein Geld nun mit Schmuck und Edelsteinen verdienen – so oder so ähnlich hat er sich ausgedrückt. Zunächst habe ich diesen Worten keinerlei Bedeutung beigemessen. Erst als ich zu Hause war, erinnerte ich mich wieder. Seitdem erzeugen diese Worte in meinem Kopf eine Assoziation: Ich sehe Mike als Mitglied dieser Hammerbande – ein Bild, das mich seitdem nicht mehr losläßt."

„Frau Sommer, ich bitte Sie, nur aufgrund der flapsigen Äußerung eines Inhaftierten!"

„Sie hätten sehen sollen, wie er das gesagt hat, mit diesem verfluchten zynischen Grinsen im Gesicht."

„Aber, wie ich Sie kenne, haben Sie da noch etwas."

„Allerdings, das habe ich! Obwohl es mir sehr schwerfällt, das zu sagen, aber die bei den Überfällen gefundenen Daumenabdrücke gehören zu Mike Severin. Es tut mir leid, aber das ist nun einmal Fakt."

„Wie bitte?" Hundertmark schluckte und starrte mit leeren Augen auf die gegenüberliegende Seite seines Dienstzimmers. Scheinbar brauchte er Zeit, um das zu verkraften, was er da gerade gehört hatte. Dann schaute er mit müden Augen auf Kai. „Irrtum ausgeschlossen?"

„Ja, Irrtum ausgeschlossen! In seinem Zimmer stand ja noch sein Kaffeebecher, auf dem ausschließlich seine Fingerabdrücke waren."

Beide schwiegen und hingen ihren Gedanken nach. Hundertmark unterbrach das Schweigen, schüttelte unmerklich den Kopf. „Wissen Sie, es fällt mir schwer, das alles zu glauben, aber die Fakten sind da wohl eindeutig – und so was passiert hier im Zentralen Kriminaldienst. Es ist unglaublich!"

„Jetzt ergeben viele Sachen einen Sinn. Wie zum Beispiel die Äußerung dieses Serviermädchens aus dem Nachtclub Osmani, er habe keine Lust mehr auf seinen Job, dann sein frühzeitiges Outen, das Kokain und sein seltsames Verhalten in den letzten Tagen. Ich habe mir auch heute morgen noch einmal die Videobänder der Überwachungskameras angesehen. Obwohl die Bandenmitglieder durch die Overalls und Kapuzen völlig unkenntlich waren, könnte einer von der Figur her durchaus Mike sein. Das sind alles natürlich nur Spekulationen, die wenig hilfreich sind."

Hundertmark schien sich wieder gefaßt zu haben und schlug mit der flachen Hand auf den Tisch. „Besonders schwerwiegend und belastend ist natürlich die Tatsache, daß mit Severin auch seine Heckler & Koch verschwunden ist und daß bei dem letzten Überfall eine derartige Waffe zum Einsatz gekommen ist."

„Herr Hundertmark, glauben Sie wirklich, daß er ..."

„Zunächst glaube ich erst mal gar nichts, ich stelle hier nur Tatsachen fest. Nämlich nach dem alten polizeilichen Grundsatz, zunächst Beweise erheben und später würdigen – nicht mehr und nicht weniger."

Zum wiederholten Mal gab Kai zu bedenken: „Wir wissen zwar mit Sicherheit, daß die tödliche Kugel aus einer Heckler & Koch abgefeuert wurde, nicht aber, wer den Abzug betätigt hat."

„Frau Sommer, ich kann Sie sehr gut verstehen. Auch daß Sie sich immer noch schützend vor Ihren Kollegen stellen und sich bei Ihnen alles dagegen sträubt zu glauben, er könnte in einen Mordfall verwickelt sein. Auch mir fällt es schwer, an so etwas zu glauben. Nach allem wäre aber auch das denkbar!"

Abermals schwiegen beide und überlegten, ob sie die wesentlichen Punkte angesprochen hatten, die sie so auch dem Oberstaatsanwalt vortragen würden.

Doch dann fiel Kai noch etwas ein. „Bei allem, was wir eben besprochen haben, kann ich folgendes nun überhaupt nicht verstehen: Wenn wir nach wie vor davon ausgehen, daß dieser Menderes der eigentliche Boß der Bande ist und diese auch aus seiner Zelle heraus steuert, warum, zum Teufel, sollte Mike dann dieser Bande angehören, wo er doch den Boß durch seine belastende Aussage in den Knast gebracht und dieser ihm zudem auch noch blutige Rache geschworen hat? Das alles ergibt doch keinen Sinn. Herr Hundertmark, können Sie mir das vielleicht erklären?"

„Nein, tut mir leid, Frau Sommer, das kann ich nicht. Aber wie dem auch sei, die belastenden Fakten können wir nicht ignorieren."

Mittwoch, 18. April, fünfzehn Uhr, Pressekonferenz im sechsten Stock der Polizeiinspektion Hildesheim, Schützenwiese 24 – so stand es in den Einladungen an die Redaktionen.

Schon fünfzehn Minuten vorher trudelten sie ein, alte Hasen, junge Volontäre und freie Journalisten, die hin- und herliefen und mit ihren Handys telephonierten. Einige Zeitungsleute saßen bereits im Besprechungszimmer, fummelten an ihren Diktiergeräten herum und blätterten gelangweilt in den Stenoblöcken. Das Szenario konnte nicht darüber hinwegtäuschen, daß eine Spannung in der Luft lag. Die meisten kannten nur wenige Einzelheiten und wußten nur das, was bereits durchgesickert war. Doch das war schon brisant genug: Scheinbar hatte ein korrupter Polizeibeamter die Seiten gewechselt und beteiligte sich nun an den Raubzügen der berüchtigten Hammerbande, deren letzter Überfall ein Todesopfer gefordert hatte. Das war ein Stoff, aus dem man hätte einen Kriminalfilm machen können, der aber auch für Schlagzeilen sorgen und besonders bei der Boulevardzeitung die Auflage nach oben treiben würde. Gefolgt von Kriminaldirektor Hundertmark, Oberstaatsanwalt von Waltershofen und dem Pressesprecher Claus Kugies betrat Kai den Besprechungsraum, lächelte und setzte sich zwischen ihren Vorgesetzten und den Oberstaatsanwalt.

Da die Polizeiinspektion eingeladen hatte, begrüße Hundertmark den Redakteur des Lokalsenders und die zahlreich erschienenen Zeitungsleute, die auch aus Hannover, Göttingen, Gronau und Sarstedt gekommen waren. Danach kam er auf den Grund der Pressekonferenz zu sprechen, die auch deswegen erfolge, um unseriösen Spekulationen entgegenzuwirken. Als er das sagte, warf er einen schrägen Blick auf den Vertreter der Boulevardzeitung. Die erste Frage kam von einer jungen Redakteurin der Hildesheimer Allgemeinen. „Herr Hundertmark, haben Sie eine plausible Erklärung dafür, warum ein unbescholtener Polizeibeamter so mir nichts, dir nichts die Seiten wechselt und zu einem Kriminellen wird?"

„Nein Frau ..., wie war noch Ihr Name?"

„Wagner, Christiane Wagner."

„Nein, Frau Wagner, das kann ich mir nicht erklären, beim besten Willen nicht."

„Gab es denn keine Anzeichen dafür, die Sie hätten erkennen können oder müssen? Schließlich sind Sie als Leiter des Zentralen Kriminaldienstes ja sein Vorgesetzter und im Rahmen Ihrer Fürsorgepflicht ..."

„Frau Wagner, bevor Sie weiter spekulieren – Nein, es gab keine derartigen Anzeichen. Er verhielt sich so wie immer "

Kai warf ihm einen Seitenblick zu und staunte, mit welcher Überzeugung diese Lüge über seine Lippen kam.

Eine Frau aus der ersten Reihe meldete sich. „Antje Gerges, Leine-Deister-Zeitung. Halten Sie es für möglich, daß hinter dem Sinneswandel des Polizeibeamten der inhaftierte Mustafa Menderes steckt?"

„Nein, ich kann es mir nicht vorstellen. Warum sollte er auch? Schließlich wurde Menderes ja aufgrund der Aussage dieses Beamten verurteilt."

„Stefan Burger, Boulevard Hannover. Halten Sie es für möglich, daß der abtrünnige Polizist den Rentner mit seiner Dienstwaffe erschossen hat?"

Hundertmark warf Kai einen Seitenblick zu, die den Faden aufgriff. „Herr Burger, dafür gibt es bisher noch keinen eindeutigen Beweis. Wir wissen nur, daß die tödliche Kugel aus einer Heckler & Koch abgefeuert wurde – eine Waffe, wie sie auch die Polizei Niedersachsen verwendet – nicht aber, wer den Abzug betätigt hat."

Stefan Burger stellte gleich eine Anschlußfrage. „Wie Herr Hundertmark in seiner Einleitung sagte, so haben Sie also nur diesen Daumenabdruck des Beamten, der ja den Beweis liefert, daß sich der Herr Oberkommissar bester Gesundheit erfreut. Ist es also richtig, daß ein derartiger Abdruck bereits bei dem Überfall vor vierzehn Tagen entdeckt wurde?"

Als Kai nickte, fuhr der Reporter fort. „Frau Sommer, dann verstehe ich nicht, warum Sie ihn damals nicht gleich zur Fahndung ausgeschrieben haben? Kann der Grund Ihrer zögerlichen Haltung darin liegen, daß es hier um einen Angehörigen der Polizeiinspektion geht, frei nach den geflügelten Worten: Eine Krähe hackt der anderen kein Auge aus?"

Hundertmark lief rot an und machte eine ärgerliche Handbewegung. „Ihre Frage ist nicht nur eine bodenlose Unverschämtheit, sondern entbehrt auch jeder Grundlage! Wie kommen Sie dazu, solche diffamierenden Thesen aufzustellen? Ich glaube ..."

Als Hundertmark stockte, ergriff Kai das Wort, bemüht, sachlich zu bleiben. „Herr Burger, um Ihre Daumenabdruck-Frage zu beantworten, die eng mit der veranlaßten Fahndung zusammenhängt. Wissen Sie, wenn Sie an einem Tatort derartige Fingerspuren finden, stellt sich immer sofort die Frage, ob die Abdrücke jemandem zugeordnet werden können, was bei einer Person, die schon einmal erkennungsdienstlich erfaßt wurde, kein Problem ist. Schwierig wird es allerdings, wenn wir zunächst keinen Vergleichsabdruck haben – wie bei dem Überfall vor vierzehn Tagen. Erst vorgestern konnten wir feststellen, daß der Daumenabdruck zu Mike Severin gehört."

„Aber ich habe noch eine andere Frage: Ist es richtig, daß der verschwundene Polizist gedealt hat und bei ihm zu Hause ein Drogendepot gefunden wurde?"

„Da muß ich Sie leider enttäuschen. Nach unserem Kenntnisstand hat Herr Severin weder mit Drogen gehandelt noch hatte er ein Depot. Das einzige, was wir bei ihm zu Hause gefunden haben, war ein Briefchen Kokain."

Die nächste Frage richtete sich an den Oberstaatsanwalt. „Was werden Sie als nächstes tun, um die Hammerbande und damit auch diesen abtrünnigen Polizeibeamten zu fassen?"

„Sie werden verstehen, daß ich Ihnen diese Frage im Hinblick auf die laufenden Ermittlungen nicht beantworten kann. Nur soviel: Wir werden alle rechtsstaatlichen Mittel einsetzen, um die Bande aus dem Verkehr zu ziehen." Dem Gemurmel der Zeitungsleute war zu entnehmen, daß sie mit dieser Antwort höchst unzufrieden waren.

Der Reporter der Boulevardzeitung meldete sich erneut zu Wort, was Unmutsäußerungen seiner Kollegen verursachte, die auch noch Fragen stellen wollten. „Vor einer Woche haben Sie der Bande ja eine Falle gestellt, in die sie aber nicht hineingelaufen ist. Mit anderen Worten: Die Polizeiaktion ist voll in die Hose gegangen. Ich weiß nicht, ob Sie darüber schon nachgedacht haben. Aber nach allem kann es doch sein, daß die Bande einen Tip bekommen hat, was durchaus zu der Frage berechtigt, ob diese Infos aus den Reihen der Polizei gekommen sein könnten ..."

Hundertmark fiel ihm heftig ins Wort. „Auch diese Bewertung entbehrt jeder Grundlage und ist reine Spekulation. Sie ist provozierend und bringt die Kollegen und Kolleginnen in Mißkredit, die tagtäglich ihren nicht einfachen Dienst versehen." Während er das sagte, stand er ärgerlich auf und fügte hinzu. „Damit ist die Pressekonferenz beendet. Guten Tag."

Alle Anzeichen sprachen dafür, daß es ein schöner Frühlingstag werden würde. Als Kai ihre Wohnung verließ, hüpften zutrauliche Spatzen auf der Suche nach Futter auf dem schmalen Bürgersteig herum, und ein lauer Westwind überzog den Moritzberg mit dem Glockengeläut der Sankt-Mauritius-Kirche. Kai schob ihr Fahrrad die Bergstraße hinunter, schwang sich hinter der Kreuzung auf den Sattel und erreichte in wenigen Minuten ihre Dienststelle an der Schützenwiese.

Das schöne Wetter schien sich auch auf die Kollegen auszuwirken, die heute morgen ausgesprochen freundlich ihre Morgengrüße erwiderten. Doch kaum hatte sie hinter ihrem Schreibtisch Platz genommen, klopfte es, und Kriminaldirektor Hundertmark stand im Türrahmen. Der positive

Eindruck des gerade begonnenen Arbeitstages verschwand schlagartig. Ihren Vorgesetzten schon um diese Zeit in der Inspektion zu sehen, verhieß nichts Gutes.

Hundertmark machte einen etwas erschöpften Eindruck und hatte Mühe, ihr die Hand zu geben, da der Berg Zeitungen, den er mit sich schleppte, seine Bewegungsfreiheit stark einschränkte. Er schaute sich suchend um und ließ dann einfach den Stapel auf Kais Schreibtisch gleiten, was sie mit einem Stirnrunzeln quittierte.

Bevor Hundertmark seinen Auftritt erklären konnte, zeigte Kai auf ihre Thermoskanne, die durch den Zeitungsstapel bedrohlich nahe an den äußeren Rand des Schreibtisches geschoben worden war. „Wie wär's mit einem Kaffee?"

Hundertmark nickte schweigend und beobachtete, wie sie anmutig zu dem furnierten Eichenschrank ging, zwei blaue Becher hervorzog und dann den Kaffee eingoß. Eine schöne und sympathische Frau, ging es dem Kriminaldirektor durch den Kopf. Genau seine Kragenweite: schlank und groß, blonde, kurze Haare, blaue Augen, eine schmale Taille und wohlgeformte Brüste. Hundertmark seufzte. Wenn er ein paar Jahre jünger wäre, hätte er sich gut eine Beziehung mit ihr vorstellen können. Vor ein paar Tagen hatte er sogar von ihr geträumt.

Während Kai das heiße Getränk über den Tisch schob, sagte er mit Blick auf die Zeitungen: „Sie sollten sich unbedingt einmal mit den Ergüssen einiger Reporter beschäftigen. Die betreffenden Artikel habe ich gekennzeichnet. Interessant dürften auch einige Leserbriefe sein, die etwas darüber aussagen, wie die Hildesheimer den Fall Severin beurteilen. Bei allem kommen wir nicht gerade gut weg. Aber das ist ja nichts Neues. Wie dem auch sei, wir müssen alle rechtsstaatlichen Mittel einsetzen – um es einmal mit den Worten unseres verehrten Oberstaatsanwaltes zu sagen – um der Bande endlich das Handwerk zu legen."

„Mein Gott, was für ein leeres Geschwätz", ging es Kai durch den Kopf, „wir tun doch seit Wochen nichts anderes." Doch dann hörte sie wieder auf das, was ihr Vorgesetzter sagte.

„Aber noch einmal zurück zur Polizeischelte. Wenn man die Zeitungsartikel liest, braucht man sich gar nicht zu wundern, wenn das Vertrauen der Bürger in die Ordnungsbehörden immer mehr zurückgeht, was meiner Meinung daran liegt, daß sich die schreibende Zunft regelrecht auf uns einschießt. Ich möchte hier ausdrücklich die seriöse Berichterstattung einiger Blätter ausschließen – ich denke hier zum Beispiel an die Hildes-

76

heimer Allgemeine und die Leine-Deister-Zeitung – aber einige andere ...
Das ist unglaublich! Da gibt es doch tatsächlich ein Schmierblatt, das uns
allen Ernstes auffordert, wegen kollegialer und privater Verflechtungen
zwischen dem gesuchten Severin und den ermittelnden Kriminalbeamten
den Fall unbefangenen Kollegen des Landeskriminalamtes zu übertragen.
Allein schon dieses Ansinnen macht deutlich, daß es hier nur um Stim-
mungsmache geht. Wie dann die Leserbriefe auf diese Artikel in den
nächsten Tagen aussehen werden, brauche ich Ihnen ja nicht zu erklären."

Hundertmark hatte sich in Rage geredet. Kai wollte antworten, doch da
stand er auf und sagte im Hinausgehen: „Wie gesagt, Frau Sommer,
schauen Sie sich die Artikel an."

7

Der Anruf erreichte Kai, als sie sich gerade einen Kaffee geholt hatte. Sie meldete sich so, wie sie es immer tat. „Hallo, hier Sommer, FK 1. Was kann ich für Sie tun?"

Doch es kam keine Antwort. Aber es war jemand in der Leitung. Sie hörte es an den Atemgeräuschen. Erst als sie sich erneut meldete, hörte sie eine leise, zaghafte Stimme, die sie nicht einordnen konnte. „Sind Sie Frau Sommer?"

„Ja, sagte ich doch, und mit wem spreche ich bitte?"

„Hier ist Carolin Severin, die Schwester von Mike."

Kai schluckte und versuchte ihrer Stimme einen warmen Klang zu geben. „Hallo Carolin, wie geht es dir?" Doch kaum hatte sie das gesagt, biß sie sich auf die Lippen und bereute ihre Worte. Denn wie sollte es einem siebzehnjährigen Mädchen schon gehen, dessen Bruder auf der bundesweiten Fahndungsliste stand? Kai konzentrierte sich wieder auf Carolins Stimme, die sie seltsam berührte und ihr fast die Tränen in die Augen trieb.

„Wir ... wir ... wissen nicht, was wir tun sollen ... Mutter ... und ich, es ist alles so, so schrecklich ... am liebsten wären wir tot. Keiner will mehr was mit uns zu tun haben. Aber am Schlimmsten sind diese Reporter, die gegen die Tür klopfen ... und uns interviewen und photographieren wollen ..." Ihre Stimme wurde immer leiser, und ihr Tonfall schwankte zwischen Angst, Panik und Hoffnungslosigkeit. Kai spürte einen Kloß im Hals und wollte etwas Tröstliches sagen. Etwas, das Carolin Mut machen könnte, zumindest für einen Augenblick. Aber da sprach diese schon weiter. „Frau Sommer, bitte helfen Sie uns! Und glauben Sie mir, er hat das alles nicht getan, was da in den Zeitungen steht. Niemals! Mike würde so was nicht machen, ich weiß das."

Gern hätte Kai ihr zugestimmt – aber das wäre gelogen und unredlich. Statt dessen sagte sie: „Hör mir zu, Carolin, ich weiß nicht, wie ich euch helfen kann. Aber ich werde in den nächsten Tagen vorbeikommen. Ist das okay?"

„Ja, das wäre schön."

Nachdenklich hielt sie noch eine Weile den Hörer in der Hand und nahm einen Schluck von ihrem Kaffee, der auf einmal fad und bitter schmeckte. Angeekelt schob sie den Becher zur Seite, stand auf und schaute aus dem Fenster. Mein Gott, was mußte diese Familie zur Zeit durchmachen? Es machte sie immer wieder wütend und betroffen, daß die, die Verbrechen begingen, oft nicht an die Konsequenzen ihres Handelns dachten oder nicht wahrhaben wollten, was sie damit ihren Familien antaten: Freunde zogen sich zurück, Nachbarn grüßten nicht mehr, gute Bekannte wechselten die Straßenseite, wenn man ihnen entgegenkam, so als wollten sie sich vor einer ansteckenden Krankheit schützen. Am Schlimmsten waren jedoch die Kinder dran, die gehänselt oder gemieden wurden und sich deshalb nicht mehr zur Schule trauten. Kai hatte es oft während ihrer Dienstzeit erlebt – und da sollte noch einer sagen, es gäbe keine Sippenhaft.

Nur widerwillig griff sie zu der Boulevardzeitung, die sie sich vor Dienstbeginn vom Kiosk geholt hatte. Noch immer war der Fall Severin aktuell und würde es sicherlich auch noch einige Tage bleiben, so lange, bis ihn neue Ereignisse verdrängten. Aber auch die heutigen Schlagzeilen waren ebenso reißerisch wie die von gestern.

„Vom Musterpolizisten zum eiskalten Killer?" stand da in grellroten Großbuchstaben, und erst beim genauen Hinsehen konnte Kai das bewußt kleingehaltene Fragezeichen hinter dem Aufmacher erkennen. Jedenfalls war das wieder eine Schlagzeile, die den Leser regelrecht anzog. Aber warum reagierte sie eigentlich so empfindlich auf den Artikel, der sich doch nur an den Tatsachen orientierte? Sicher hätte man ihn anders formulieren können. Nicht so reißerisch und brutal, aber genau das war nun einmal der Stil der Zeitung und das, was diese unter gutem Journalismus und einer unabhängigen und freien Presse verstand. Der Artikel war, wie sie dem Kürzel entnehmen konnte, wieder von Stefan Burger geschrieben worden. Dennoch konnte sie ihre Verärgerung darüber nicht so richtig verstehen, zumal sie es doch gewesen war, die den entscheidenden Hinweis seiner Tatbeteiligung geliefert und den Stein ins Rollen gebracht hatte. Also, warum diese Empfindlichkeit? Konnte es sein, daß sie doch ein wenig befangen war und immer noch den netten und lieben Kollegen vor Augen hatte? War es möglich, daß der Anruf von Carolin Severin hierzu noch beigetragen hatte? Vielleicht hatte der Oberstaatsanwalt ja recht und sie ging nicht objektiv genug an den Fall heran.

Es schien eine ruhige Nacht zu werden. Die Polizisten der Wache an der Schützenwiese aßen ihre belegten Brote, hielten sich mit Unmengen von

Kaffee wach und sprachen dabei über den Fall Severin, der sie schon seit Tagen mit Gesprächsstoff versorgte.

Polizeioberkommissar Bode Himstedt klopfte sich ein paar Brotkrumen von der Uniformhose, schob die leere Tupperdose in seine ramponierte Aktentasche und sagte: „Ich kannte Mike Severin recht gut. Wir hatten im vorigen Jahr miteinander zu tun, als im Liebesgrund die Schülerin Iris Menke erdrosselt und vergewaltigt aufgefunden wurde – eine schreckliche Geschichte. Also, da habe ich ihn als netten Kollegen kennengelernt, und deswegen kann ich das alles nicht recht glauben, was da so in den Zeitungen steht."

Sein Gegenüber schüttelte den Kopf. „Aber Bodo, die Indizien und besonders dieser Daumenabdruck sind doch wohl eindeutig. Ich meine, das sind ..."

Bodos Kollege kam nicht mehr dazu, seinen Satz zu beenden, da im regionalen Lage- und Führungszentrum ein Alarm auflief, der sie aufschreckte und in die Schuhstraße rief. Sie sprangen auf, griffen zu ihren Mützen, knöpften im Hinauslaufen ihre Uniformjacken zu und prüften mit einer routinierten Bewegung den richtigen Sitz ihrer Heckler & Koch. Ohne Martinshorn, aber mit Blaulicht jagten sie mit hoher Geschwindigkeit und unter Mißachtung der sonstigen Verkehrsvorschriften zum Dammtor und dann nach links über den Pfaffenstieg zur Schuhstraße. Zufrieden schaute Himstedt auf die Uhr im Armaturenbrett. Bisher waren noch keine vier Minuten vergangen. Dieses Mal mußten sie es schaffen. Hoffentlich war es kein Fehlalarm. Nur noch wenige Sekunden, dann hatten sie ihr Ziel erreicht. Sie jagten an dem neuen Dom-Café vorbei und stoppten mit quietschenden Reifen.

Auf den ersten Blick sah es so aus, als wären sie wieder zu spät gekommen, doch dann sahen sie hinter der eingeschlagenen Scheibe des Geschäftes einen Schatten. Die Polizisten zogen die Waffen, gingen im Schutz ihres Dienstwagens in Schußposition und starrten auf den dunklen Schatten, aus dem sich nun eine vermummte Gestalt formte, die hektisch nach links und rechts schaute und sich dann wieder zögernd zurückzog.

Polizeioberkommissar Bodo Himstedt ging derweil unter dem Feuerschutz seiner Kollegen seitwärts auf das Geschäft zu, umklammerte mit beiden Händen seine entsicherte Dienstwaffe und forderte den Unbekannten auf, mit erhobenen Händen herauszukommen. Dann überschlugen sich die Ereignisse, und seine letzten Worte blieben ihm regelrecht im Hals stecken. Der Mann im schwarzen Overall stürmte schreiend und wahrscheinlich voller Panik aus dem Geschäft und feuerte rücksichtslos auf ihn und seine beiden Kollegen, die hinter dem Dienstwagen in Deckung gegangen waren. Doch Bodo Himstedt verpaßte die Chance, den Schießwütigen zu stoppen, weil er wie erstarrt war. So eine Brutalität war ihm in seinem ganzen Berufsleben noch nie begegnet. Bisher hatte er auch noch kein einziges Mal seine Schußwaffe gegen einen Menschen einsetzen müssen.

Als die Projektile in seinen Körper eindrangen und seine inneren Organe zerrissen, waren seine letzten Gedanken bei seiner Frau und den vier Kindern, mit denen er am Wochenende einen Ausflug in den Harz machen wollte. Er fiel auf die Knie, und während sein Körper sich im Zeitlupentempo zur Seite neigte, rutschte ihm die Waffe aus der Hand und blieb nach einigen Metern scheppernd auf der etwas abschüssigen Straße liegen. Danach war es still auf der Schuhstraße. Nur das immer noch flackernde Blaulicht und der sich langsam verziehende Pulvergeruch deuteten darauf hin, daß hier gerade ein Polizeibeamter erschossen worden war.

Als Kai das Reihenhaus des Polizeioberkommissars Himstedt verließ und zu ihrem Kollegen in den Dienstwagen stieg, hatte sie Mühe, ihre Tränen zurückzuhalten. Ossenkopp reichte ihr fürsorglich ein Taschentuch und fragte mitfühlend, wie es war.

Kai schaute ihn giftig von der Seite an und schüttelte ärgerlich den Kopf. „Ich weiß nicht, warum ich das immer machen muß. Schließlich könntest du das auch mal tun, oder?"

„Ach Kai, keiner ist dazu so geeignet wie du. Es gehört nun einmal zu den Aufgaben einer Vorgesetzten. Aber sag mal, wie hat sie es aufgenommen? Müssen wir uns Sorgen machen? Ich meine, das ist ganz schön hart, vier Kinder nun ohne Vater? Mein Gott, wenn meiner Familie das passieren würde ..."

Kai unterbrach ihn und zuckte dabei mit den Schultern. „Sie hält sich erstaunlich gut. Zumindest kam es mir so vor. Aber ich glaube, sie hat das noch gar nicht so richtig begriffen. Ich nehme an, daß das erst in ein paar Stunden oder auch Tagen geschieht und sie sich dann die Augen aus dem Kopf weinen wird. Wir sollten ihr auf jeden Fall psychologische Hilfe ins Haus schicken. Aber viel schlimmer ist das mit den Kindern. Das sind ja so richtige Orgelpfeifen – ich glaube sechs, acht, zehn und zwölf Jahre alt. Als ich hinein kam, saßen sie alle fröhlich am Frühstückstisch, sprachen über einen Wochenendausflug mit ihrem Vater, den er ihnen wohl versprochen hatte, und ihre Mutter schmierte derweil die Schulbrote. Das Bild werde ich so schnell nicht vergessen: diese großen, unschuldigen und auch neugierigen Kinderaugen, die sich wunderten, daß eine Kollegin ihres Vaters in Zivilkleidung am frühen Morgen bei ihnen auftauchte und nicht ihr Vater. Den beiden Älteren war das nicht geheuer. Sie haben was gespürt und wurden dann auch mißtrauisch, als ich mit ihrer Mutter ins Wohnzimmer ging. Weißt du, was Frau Himstedt sagte? Sie fragte mich mit monotoner Stimme, ob sie die Kinder in die Schule schicken soll. Kannst du dir das vorstellen?" Kai zuckte mit den Schultern und seufzte. „Na ja, jeder reagiert wohl in solch einer Situation anders."

„Und was hast du ihr geraten?"

„Ich habe ihr gesagt, sie solle das auf jeden Fall tun."

„Das war genau richtig. Bevor sie in der Lage ist, ihren Kindern die schreckliche Wahrheit zu erklären, braucht sie Zeit und muß sich damit erst mal selbst auseinandersetzen. Gibt es denn keine Großeltern oder Verwandten, bei denen sich die Kinder eine Zeitlang aufhalten können?"

„Das habe ich sie nicht gefragt. Aber wie schon gesagt, sie hat alles erstaunlich gefaßt aufgenommen – dennoch sollten wir ihr Hilfe schicken."

Ossenkopp schaute auf seine Armbanduhr und startete den Motor. „Laß uns fahren, in fünfzehn Minuten beginnt die Dienstbesprechung."

Als sich Kai den Sicherheitsgurt umlegte, streiften ihre Blicke das kleine Reihenhaus und verweilten dann am Küchenfenster, hinter dem Himstedts kleiner Sohn stand und ihr lachend zuwinkte. Bestimmt hatte er vor, seinem Vater von der komischen Polizistin zu erzählen, die noch nicht mal eine Uniform angehabt hatte.

Als Kai und Heinz Ossenkopp den Besprechungsraum betraten, lag eine Spannung in der Luft, die fast körperlich zu spüren war. Die Kollegen mit ihren betroffenen Gesichtern verbreiteten eine Stimmung, die man nur schwer in Worte fassen konnte.

Wie auf einer Trauerfeier, ging es Kai durch den Kopf, was gar nicht so abwegig war.

Im Türrahmen erschienen von Waltershofen und ihr Vorgesetzter. Ihre Gesichter wirkten grau und angespannt. Hundertmark verzichtete auf einen Morgengruß und kam gleich zur Sache. „Ich nehme an, daß sich die Fakten schon herumgesprochen haben. Dieses Mal hat es einen von uns erwischt: Polizeioberkommissar Bodo Himstedt, seit fast zwanzig Jahren

82

im Polizeidienst. Er hinterläßt eine Frau und vier schulpflichtige Kinder. Frau Sommer und ihr Kollege Ossenkopp haben der Familie vorhin die schreckliche Nachricht überbracht." Hundertmark schluckte, riß sich zusammen und sagte: „Polizeioberkommissar Himstedt wurde von vier Projektilen getroffen. Er war sofort tot. Seine Leiche ist auf Veranlassung der Staatsanwaltschaft in die Rechtsmedizin überführt worden, da nicht auszuschließen ist, daß mit der heute benutzten Tatwaffe auch der Rentner Walter Klose erschossen wurde. In ein paar Stunden wissen wir mehr. Frau Sommer, wollen Sie noch was ergänzen?"

„Ja, von den Tätern fehlt jede Spur. Aber alles deutet darauf hin, daß es erneut die Hammerbande war und wieder mit einer Heckler & Koch geschossen wurde. Die beiden Kollegen, die zusammen mit Bodo Himstedt am Einsatzort waren, wurden glücklicherweise nicht verletzt. Sie stehen allerdings noch unter Schock, konnten aber bereits erklären, daß sie hinter ihrem Dienstwagen in Deckung gegangen waren, bevor der Täter sich den Weg freischoß. Wir konnten auf dem Bürgersteig und auf der Straße vor dem Geschäft insgesamt dreizehn Patronenhülsen sicherstellen – aber das dürfte schon bekannt sein, da einige der hier anwesenden Kollegen mit am Tatort waren."

Von Waltershofen ergriff das Wort und sagte mit Blick auf den Kriminaldirektor: „Wir müssen diesen Vorfall natürlich noch genau überprüfen und uns die Frage stellen, ob hier eventuell eine dienstliche Verfehlung vorliegt. Insbesondere frage ich mich, warum die beiden Polizeibeamten, die sich ja hinter dem Dienstwagen offensichtlich in einer relativ sicheren Schußposition befanden, ihre Waffen nicht eingesetzt haben?"

Selten war ihr eine Verabredung so schwergefallen wie diese, aber sie hatte es versprochen. Als Kai sich auf der Alfelder Straße befand, mußte sie an den letzten Besuch denken, der nun schon über drei Wochen zurücklag. Allerdings bestand damals noch die vage Hoffnung, daß sich alles noch zum Guten wenden könnte. Sie hatten zwar in Mikes Wohnung das kleine Heftchen mit dem Kokain gefunden, aber das waren Peanuts zu dem, was danach geschehen war und ihm heute vorgeworfen wurde.

Als sie in die Straße, die zum Haus der Severins führte, einbog, fiel ihr sofort auf, daß sich das Bild seit ihrem letzten Besuch verändert hatte. In der sonst so ruhigen Wohnstraße war so etwas wie eine hektische Betriebsamkeit ausgebrochen: Vor und in der Nähe des Hauses standen oder kurvten mehrere Autos herum, und auf dem Bürgersteig lungerten Photographen, Fernsehteams und Journalisten. Um jedes Aufsehen zu vermeiden, bog Kai frühzeitig ab und parkte in einer Nebenstraße. Als sie sich dann Minuten später zögernd ihrem Ziel näherte, fiel ihr auf, daß sich trotz des schönen Wetters niemand in den Vorgärten der Nachbargrundstücke aufhielt. Nur an den sich bewegenden Vorhängen und den Schatten hinter den Fensterscheiben konnte sie erkennen, daß sich dahinter Leben befand und neugierige Augen sie beobachteten. Doch dann blieb Kai stehen. Was sich da ihren Augen bot, war unglaublich. „Mörder" hatte da jemand an die schneeweiße Hausfront der Severins gesprayt – auffällig in Großbuchstaben, weit leuchtend und in grellroter Farbe. Kai mußte mehrmals schlucken, doch dann ging sie gezielt auf das Haus und die dort wartenden Reporter zu, die ihr neugierige Blicke zuwarfen. Vor dem Gartentor blieb sie eine Weile stehen und atmete mehrmals tief durch. Irgendwie machte das Haus auf sie einen unbewohnten, bedrückenden und hoffnungslosen Eindruck, wofür nicht nur die Schmiererei an der Wand verantwortlich war, sondern auch die geschlossenen Fensterläden, die heruntergetretenen Frühlingsblumen und die Plastikbecher, Papiertaschentücher und Zigarettenkippen, die den einstmals gepflegten Vorgarten zu einer wilden Müllkippe gemacht hatten.

Entschlossen ging Kai auf die Haustür zu, wollte den Klingelknopf betätigen, hielt aber inne, als hinter ihr die Stimme eines Reporters ertönte, der sie wider Erwarten erkannt hatte. „Hallo, Frau Sommer. Die Klingel brauchen Sie gar nicht erst zu betätigen, die ist abgeschaltet. Darf ich fragen, ob Sie hier privat oder dienstlich sind?"

Kai drehte sich um und blickte in das Gesicht des penetranten Reporters der Boulevardzeitung, der sie auf der letzten Pressekonferenz mit seinen teilweise unverschämten Fragen genervt und bei vielen nicht gerade den besten Eindruck hinterlassen hatte.

„Herr Burger, das geht Sie zwar nichts an, aber ich sage es Ihnen trotzdem. Ich bin hier, um der Familie Severin meine Hilfe und Unterstützung anzubieten." Kai schaute zur Hauswand und zeigte dann mit einer kreisförmigen Handbewegung auf die heruntergetretenen Blumen und Pflanzen, auf denen auch jetzt wieder einige Reporter herumtrampelten. „Sie werden mir sicherlich zustimmen, daß das hier auch dringend notwendig ist, oder?"

Stefan Burger ignorierte die Frage und umkreiste sie mit seinem Mikrophon. „Tun Sie das, weil Sie ein schlechtes Gewissen haben? Ich meine, Sie waren seine direkte Vorgesetzte und hätten vielleicht etwas merken müssen. Jetzt wird Ihr ehemaliger Kollege bundesweit als Mörder gesucht. Also, ich hätte volles Verständnis dafür – ich meine, wenn Sie ein schlechtes Gewissen hätten und der Familie unter die Arme greifen wollen. Oder würden Sie das etwa auch bei jeder anderen Familie tun, die sich in einer ähnlich beschissenen Lage befindet und keine kollegialen Verbindungen zur Polizei hat? Außerdem ...“

Kai stoppte den Redefluß des Reporters, und obwohl es in ihr kochte, riß sie sich zusammen und versuchte, so emotionslos wie möglich zu antworten. „Mit dem Terminus Mörder würde ich an Ihrer Stelle etwas vorsichtiger umgehen, zumal überhaupt noch nicht bewiesen ist, ob der Kriminalbeamte Mike Severin die beiden Männer mit seiner Heckler & Koch getötet hat. Das können wir erst feststellen, wenn wir die Waffe haben – aber das, Herr Burger, hatten wir Ihnen ja bereits auf der Pressekonferenz versucht zu erklären, was uns aber scheinbar nicht gelungen ist.“

Burger bekam einen roten Kopf und wollte etwas sagen, doch Kai kam ihm zuvor und fügte spöttisch hinzu: „Zu Ihrer Beruhigung kann ich Ihnen sagen, daß ich kein schlechtes Gewissen habe. Warum sollte ich auch? Ja, und ich würde außerdem auch jeder anderen Familie, die schuldlos in eine solche Situation geraten ist, meine Hilfe anbieten. Nun lassen Sie mich endlich durch!“

Kai ging erneut auf den Eingang zu, ignorierte die Klingel und pochte gegen die Haustür. Als sich nichts rührte, klopfte sie noch einmal, aber etwas fester. „Hallo, Frau Severin, Carolin, ich bin es, Kai Sommer, machen Sie bitte auf!“ Als sie im Haus Geräusche hörte, atmete sie auf. Carolin öffnete, und Kai drängte sich, begleitet von den Blitzlichtern der Reporter, in den Flur. Aufatmend lehnte sie sich drinnen mit dem Rücken gegen die geschlossene Haustür. Da die Rollos teilweise heruntergelassen waren, herrschte im Haus ein gedämpftes Licht, das sich ihrer Meinung nach nur negativ auf den Gemütszustand der beiden Frauen auswirken konnte.

Frau Severin saß in der Küche vor einem Teller Hühnersuppe, zu der sie eine Scheibe Brot aß. Als sie die Besucherin sah, wollte sie aufstehen, doch Kai setzte sich schnell zu ihr an den Tisch und legte ihr die Hand auf den Unterarm. „Bitte, Frau Severin, lassen Sie sich nicht stören, essen Sie in Ruhe weiter."

Während Kai sich mit ihr unterhielt, füllte Carolin zwei weitere Teller und schob ihr einen davon, ohne sie vorher gefragt zu haben, über den Tisch. Kai wollte dankend ablehnen und darauf hinweisen, daß sie schon in der Kantine gegessen hatte, unterließ es dann aber. Noch während sie aßen, deutete Carolin mit dem Kopf nach draußen. „So geht das nun schon seit Tagen, es ist nicht mehr auszuhalten. Was sollen wir nur machen?"

„Am besten wäre es, wenn wir hier wegziehen würden. Irgendwohin, wo uns niemand kennt", beantwortete Ursel Severin mit kraftloser Stimme die Frage ihrer Tochter und wandte sich dann an Kai. „Glauben Sie, daß Mike das getan hat? Ich meine, daß er diesen Polizisten erschossen hat, einen Vater von vier Kindern?"

„Nein, Frau Severin, das kann ich mir beim besten Willen nicht vorstellen. Aber genau das müssen wir beweisen. Und das geht erst, wenn wir die Bande gefaßt haben. Ich möchte Sie daher um eines bitten: Wenn Mike sich bei Ihnen melden sollte, und irgendwann wird er das sicherlich tun, dann sagen Sie ihm bitte, er möchte unbedingt Kontakt mit mir aufnehmen."

8

Der Resthof lag in einer waldreichen Gegend im südlichen Teil des Landkreises. Früher gehörten zu dem Anwesen Wiesen und eine ansehnliche Ackerfläche. Es wurden Kühe, Rinder und Schweine gehalten und überwiegend Zuckerrüben und Weizen angebaut. Doch nach der Jahrhundertwende konnte der Bauer aus gesundheitlichen Gründen den Hof nicht mehr bewirtschaften, und da er keine geeigneten Erben hatte, verkaufte er das Vieh und die Ländereien an seine Berufskollegen. Die renovierungsbedürftigen Gebäude wurden im Auftrag eines Geschäftsmannes von einem Anwalt erworben. Seitdem hatte der neue Eigentümer viel Geld in den Resthof investiert. Er hatte das Anwesen zum Schutz gegen Einbrecher mit einer Alarmanlage ausgestattet und mit einem hohen Zaun eingefriedet.

Der Landwirt zog nach dem Verkauf seines Anwesens in eine Seniorenresidenz in die Nähe von Göttingen und hatte sich geschworen, nie mehr seine alte Heimat zu besuchen. Er konnte natürlich nicht ahnen, daß er das Anwesen nach den Umbaumaßnahmen ohnehin nicht mehr wiedererkannt hätte – und sicherlich wäre er auch nicht mit dem einverstanden gewesen, was sich dort in den Innenräumen seines früheren Wohnhauses abspielte.

Nach langer Zeit hatte von Waltershofen sie wieder einmal in das Justizzentrum an der Kaiserstraße gebeten, oder besser gesagt, dorthin zitiert. Wie immer mußten sie auch heute warten, weil er im Nebenraum noch einige wichtige Arbeiten erledigen und ein dringendes Telephonat mit irgendeinem Ministerium führen mußte.

Kai ließ ihre Blicke gelangweilt durch das Dienstzimmer des Oberstaatsanwaltes gleiten, während Heinz Ossenkopp interessiert die Bilder an den Wänden betrachtete. Etwas wehmütig dachte Kai an die letzte Besprechung in diesem Raum, an der noch Mike Severin teilgenommen hatte. Nach einer Weile schaute sie genervt auf die Tür des Nebenzimmers und fragte sich, ob von Waltershofen sie absichtlich so lange warten ließ, um damit wieder einmal deutlich zu machen, daß die Polizisten, nicht nur nach seinem Weltbild, sondern auch nach den bestehenden Vorschriften lediglich die Hilfsorgane der Staatsanwaltschaft waren und daher nach seiner Pfeife zu tanzen hatten.

Ossenkopp hatte nun genug von den Bildern, seufzte und schaute dabei demonstrativ auf seine Armbanduhr. „Verdammt, es ist gleich elf Uhr. Jetzt sitzen wir hier schon zwanzig Minuten völlig sinnlos rum. Wenn er uns wenigstens einen Kaffee angeboten hätte und ..."

Er sprach nicht weiter, weil die massige Gestalt des Oberstaatsanwalts im Türrahmen erschien – schnaufend und wie immer in Eile. Er nickte ihnen flüchtig zu, ließ sich ächzend auf seinen Schreibtischstuhl fallen, stöhnte über die viele Arbeit und dachte im Traum nicht daran, sich bei ihnen auch nur ansatzweise für seine Verspätung zu entschuldigen. Dann angelte er sich die auf einem Nebentisch liegende Zeitung und deutete mit seinem dicken Zeigefinger auf irgendeinen Artikel, den Kai von ihrer Sitzposition nicht sehen konnte. „Frau Sommer, was sagen Sie dazu?"

„Tschuldigung, Herr Oberstaatsanwalt, ich habe das Blatt noch nicht gelesen."

Er warf ihr wortlos die Zeitung in den Schoß, stand auf, drehte den beiden Kriminalbeamten den Rücken zu und trat an das Fenster.

Kai schaute genervt auf ihren Kollegen und ließ ihre Blicke über die großflächige Seite der Boulevardzeitung gleiten. Dann entdeckte sie den Artikel, um den es ihm scheinbar ging: Er stand zwischen dem Bericht über einen erneuten Fleischskandal und dem Interview mit einer barbusigen Schönheit und fiel durch die etwas größere Überschrift ins Auge. *Leitende Kriminalbeamtin ist von der Unschuld Mike Severins überzeugt!*

Obwohl Heinz Ossenkopp sie ungläubig von der Seite anschaute und ihr eine Hitzewelle in den Kopf stieg, las Kai weiter: *Wie unsere Recherchen ergeben haben, besucht die Erste Kriminalhauptkommissarin Kai Sommer in regelmäßigen Zeitabständen die Familie des Einbrechers und mutmaßlichen Mörders Mike Severin. So hat sie bei ihrem gestrigen Besuch gegenüber einem Mitarbeiter dieser Zeitung wieder einmal betont, daß die Schuld Severins noch keinesfalls bewiesen sei, obwohl seine Fingerabdrücke bei zwei Überfällen gefunden wurden. Wie schon mehrfach berichtet, handelt es sich bei Severin um einen ehemaligen Kriminalbeamten, der offensichtlich die Seiten gewechselt hat und im Verdacht steht, als Mitglied der berüchtigten Hammerbande zwei Menschen getötet zu haben. Wir fragen uns natürlich, warum die Kommissarin ihre Fürsorge nicht denen zuteil werden läßt, die der mutmaßliche Mörder zu Witwen und Waisen gemacht hat. Wir fragen uns aber auch, ob zwischen Severin und seiner ehemaligen Vorgesetzten womöglich eine Verbindung bestand, die über das rein Dienstliche hinausging. Da wir uns der Wahrheit verpflichtet fühlen, wären wir für jeden Hinweis dankbar, der auf Wunsch auch vertraulich behandeln werden kann.*

„Also, Frau Sommer, was sagen Sie dazu?" Unbemerkt hatte sich von Waltershofen wieder an seinen Schreibtisch gesetzt und sah sie nun mit hochgezogen Augenbrauen an.

Nur mühsam konnte Kai ihren Ärger verbergen. „Dieser Artikel ist, gelinde gesagt, eine bodenlose Unverschämtheit!"

„Ja, Frau Sommer, das sehe ich auch so, und ich kann Ihren Ärger gut nachvollziehen. Hier will Sie jemand ganz offensichtlich fertigmachen. Kennen Sie den Schreiberling?"

Kai war erstaunt, daß er ihre Partei ergriff und ihr scheinbar den Rücken stärken wollte – eine Unterstützung, die sie nicht für möglich gehalten hätte. Sie warf noch einmal einen Blick auf den Artikel und wandte sich dann wieder an den Oberstaatsanwalt: „Ja, Stefan Burger, ein junger Reporter. Vielleicht erinnern Sie sich, auf der letzten Pressekonferenz stellte er diese provozierenden Fragen ..."

Von Waltershofen unterbrach sie und schlug mit der flachen Hand heftig auf den Tisch. „Frau Sommer, er wird sich das ja nicht alles aus den Fingern gesogen haben. Was ist dran an dem, was da steht?" Bei den letzten Worten stand er erneut auf und lehnte sich ärgerlich mit dem Rücken gegen das Fensterkreuz.

Zuckerbrot und Peitsche, dachte Kai und warf Ossenkopp einen flüchtigen Blick zu, der sich über das sprunghafte Verhalten des Oberstaatsanwalts sicherlich auch wunderte. Aber so kannte sie ihn, und es hätte sie auch gewundert, wenn er sein Verhalten ihr gegenüber auf Dauer geändert hätte. Sie wiederholte seine Frage noch einmal: „Ja, was ist dran? Also, absolut falsch ist zunächst die Vermutung, daß zwischen Severin und mir ein Verhältnis bestanden hätte, das über das Dienstliche hinausgegangen sei. Das ist völliger Blödsinn, wie sicherlich auch Herr Ossenkopp bestätigen kann." Bei den letzten Worten schaute sie auf ihren Kollegen, der leicht mit dem Kopf nickte. Verdammt, warum kommt das bei ihm so zögerlich? schoß es Kai durch den Kopf. Dann wandte sie sich wieder an den Oberstaatsanwalt. „Falsch ist auch, daß ich gesagt haben soll, Severin sei unschuldig. Ich habe nur gesagt, es müsse noch bewiesen werden, ob die tödlichen Kugeln auch tatsächlich aus seiner Waffe abgefeuert wurden. Nicht mehr und nicht weniger. Richtig ist allerdings, daß ich bei der Familie war und versucht habe, Trost zu spenden. Und ich frage mich, was daran falsch sein soll?"

„Nun, Frau Sommer, es ist in diesem Fall einfach nicht ratsam und auch taktisch völlig unklug. Als erfahrene Kriminalbeamtin hätten Sie das eigentlich wissen müssen. Besonders jetzt, wo die Emotionen hochkochen, seit diesem letzten Tötungsdelikt. Nach allem kann ich Ihnen nur den guten Rat geben, sich von der Familie fernzuhalten."

„Ich frage mich, was Severins Mutter und seine Schwester dafür können. Ich dachte immer, es gäbe bei uns keine Sippenhaft. Aber wie es aussieht, muß ich mich da wohl geirrt haben."

„Frau Sommer, das ist hier nun wirklich nicht angebracht und entbehrt jeder Grundlage. Denken Sie bitte an die Opfer, die dieser Kriminelle getötet hat." Von Waltershofen stand ärgerlich auf – damit war die Besprechung beendet.

Als sie fünf Minuten später in ihrem Dienstwagen saßen, meinte Ossenkopp: „Was ist das doch für ein Arschloch!"

„Ja, aber der wird nichts besseres zu tun haben, als sich bei Hundertmark zu beschweren. Mein Gott, ich finde das alles so ungerecht. Du hättest sie sehen sollen, Carolin und ihre Mutter ..."

Als Kai an diesem Abend ihre Dienststelle verließ, ging sie gedankenversunken zu ihrem Mountainbike, das sie auf dem Hof der Polizeiinspektion abgestellt hatte und schwang sich auf den Sattel. Um zwanzig Uhr hatte sie mit Thomas eine Verabredung. Sie wollten bei ihr zu Hause eine Kleinigkeit essen, trinken, plaudern und wenn ihnen danach war, auch noch einiges mehr. Gegen Mittag hatte sie noch bei ihm in der Redaktion anrufen und vorschlagen wollen, die Verabredung wegen ihrer starken Arbeitsbelastung zu verschieben. Doch dann hatte sie sich gesagt, daß es auch bei ihr so etwas wie ein Privatleben geben müsse.

Während ihrer kurzen Fahrt zur Wohnung dachte sie wieder an das am Vormittag geführte Gespräch mit dem Oberstaatsanwalt. Genau genommen hatte er sie wieder einmal vorgeführt. Nein, mit diesem Menschen würde sie nie warm werden. Wieso konnte er sie nicht wenigstens einmal in Schutz nehmen und ihr den Rücken stärken? Schließlich verfolgten sie doch alle das gleiche Ziel und brauchten endlich einen Ermittlungserfolg. Sie konnte nicht verstehen, warum er ihr immer dieses Mißtrauen entgegenbrachte. Wahrscheinlich glaubte er nach wie vor, daß das, was dieser schmierige Reporter da zu Papier gebracht hatte, der Wahrheit entsprach. Warum konnte man nicht vertrauensvoll zusammenarbeiten und sich ergänzen? Besonders in den letzten Tagen hatte sie sich immer wieder die Frage gestellt, was das für Kriminelle waren, hinter denen sie nun schon seit Wochen her waren und die immer wieder dort zuschlugen, wo sie es nicht vermuteten. Gehörten sie zu den Typen, die glaubten, bis in alle Ewigkeit so weitermachen zu können? Fühlten sie sich womöglich wie Stecknadeln im Heuhaufen, die man auch bei noch so intensiver Suche nicht finden konnte? Aber diese Vorstellungen waren sicherlich zu naiv. Viel wahrscheinlicher schien es, daß sie hier in Hildesheim vielleicht noch einige Male zuschlugen und sich dann für ihre Raubzüge eine andere Region aussuchten.

Das Hupen eines Autos riß Kai aus ihren Überlegungen. Sie war von der Nikolaistraße nach rechts in den Bergsteinweg abgebogen, ohne den von links kommenden Verkehr vom Dammtor zu beachten. Vor der Kreuzung zu ihrer Wohnung stieg sie vom Fahrrad, ging in den Supermarkt und kaufte Wurst und Käse für die Schnittchen, die sie gleich zubereiten wollte. Sie schaute auf die Uhr. Sicherlich würde Thomas bald kommen. Vielleicht suchte er gerade einen Parkplatz, der vor ihrer Wohnung um diese Zeit nur schwer zu finden war.

Während Kai ihr Fahrrad die Bergstraße hinaufschob, hielt sie Ausschau nach ihrem Nachbarn. Als sie ihn nirgends erblickte, beeilte sie sich, schnell im Haus zu verschwinden. Obwohl Kawilü sie ständig nervte, stellte sie mit Erstaunen fest, daß sie sich gleichzeitig aber auch Sorgen um ihn machte. Sie hatte ihn schon ein paar Tage nicht mehr gesehen, was daran lag, daß sie in letzter Zeit immer erst sehr spät von ihrer Dienststelle nach Hause gekommen war.

Als sie dann in der Küche stand und gerade die Schnittchen auf eine Platte legte, klopfte es. Thomas! Sie mußte lächeln, denn obwohl es eine Klingel gab, pochte er auch dieses Mal gegen die Wohnungstür, da er das persönlicher fand und er den seiner Meinung nach schrillen und nervtötenden Klingelton nicht ausstehen konnte. Auch heute brachte er ihre Lieblingsblumen mit, umarmte und küßte sie. Sein Kuß war zärtlich und fordernd zugleich. Sie spürte, daß er diese Nacht bei ihr bleiben wollte.

Kai öffnete eine Flasche 2001er Beaujolais Village, der zu ihren bevorzugten Weinen gehörte. Danach aßen sie die Schnittchen, tranken und plauderten. Und obwohl Kai es nicht wollte, mußte sie wieder an den Artikel in der Boulevardzeitung denken, der sie doch mehr beschäftigte, als sie erwartet hatte. „Sag mal, kennst du einen Stefan Burger? Der ist doch bei deiner Zeitung beschäftigt, oder?"

Thomas' Antwort kam zögernd. „Ja, schon. Er ist der ausgesprochene Liebling des Chefredakteurs. Ah, jetzt verstehe ich, du spielst auf den Artikel an, der heute morgen erschienen ist und ..."

„Und der eine bodenlose Unverschämtheit ist", fuhr Kai fort und wiederholte das, was sie am Vormittag schon zu ihrer Rechtfertigung dem Oberstaatsanwalt gesagt hatte. „Der Artikel zeigt auch schon gewisse Auswirkungen, denn wie ich mitbekommen habe, glauben einige Kollegen doch tatsächlich, was in diesem Schmierblatt steht – entschuldige bitte, daß ich eure Zeitung so nenne. Sie sind davon überzeugt, daß Mike Severin Mitglied dieser Bande und somit auch für den Tod unseres Kollegen Bodo Himstedt verantwortlich ist."

„Was ja auch nicht ganz von der Hand zu weisen ist."

„Das mag ja auf den ersten Blick so scheinen, zumindest bei den Leuten, die Mike nicht kennen, aber das ist eine Vorverurteilung und eine Rufschädigung meiner Person. Allein diese bescheuerte Vermutung, ich hätte was mit Mike gehabt. Unglaublich! Der ganze Artikel ist eine bodenlose Frechheit!"

Thomas zuckte mit den Schultern. „Wie schon gesagt, der Chefredakteur steht voll hinter ihm. Meine Meinung zählt bei dem Blatt nicht mehr, seit bekannt ist, daß ich ab Oktober bei der Allgemeinen anfange. Allenfalls könnte man eine Gegendarstellung bringen, die dann ..."

„... klein und unauffällig in einer Ecke abgedruckt wird und kein Schwein liest. Vielleicht sollte ich mir ein dickeres Fell zulegen, mich nicht so wichtig nehmen und alles gelassener sehen. Diese Überfälle zerren ganz schön an meinen Nerven, besonders seit es die beiden Toten gegeben hat."

Thomas nickte mitfühlend. „Aber ist es nicht ganz ungewöhnlich und auch äußerst selten, daß Einbrecher so was tun und sich den Weg freischießen?"

„Auch darüber habe ich mir schon Gedanken gemacht, denn irgendwie paßt dieses Tötungsdelikt nicht zu dem Profil eines Einbrechers. Auch nicht zu einer Bande, die Geschäfte ausraubt. Zumindest einer muß unter ihnen sein, der unglaublich brutal vorgeht. Vielleicht ein Psychopath."

„Kannst du dir denn wirklich vorstellen, daß Mike sich diesen Leuten angeschlossen hat?"

„Nein, eigentlich nicht. Aber da gibt es seinen Fingerabdruck, der eindeutig beweist, daß er dabei war. Zumindest bei zwei der Überfälle."

„Das stimmt schon. Aber vielleicht war er ja nur so was wie ein Mitläufer und wurde dazu gezwungen."

„Nein, das kann ich mir nun überhaupt nicht vorstellen, zumal es da ja auch noch die Heckler & Koch gibt, die vielleicht ihm gehört. Du kannst dir gar nicht vorstellen, wie mich das alles nervt. Manchmal bin ich völlig durcheinander und verunsichert. Es kommt mir so vor, als würde ich im Nebel herumstochern und täglich auf etwas Neues und Ungereimtes stoßen. Jedes Mal wird meine Meinung wieder über den Haufen geworfen."

„Habt ihr schon einmal darüber nachgedacht, ob es in euren Reihen eine undichte Stelle gibt? Denn wie konnte die Bande bei dem vorletzten Überfall wissen, welche Geschäfte ihr überwacht und welche nicht?"

„Jetzt fängst du auch schon damit an, erst bei der letzten Pressekonferenz hat einer deiner Kollegen diese Möglichkeit in Erwägung gezogen und damit meinen Vorgesetzten ganz schön in Verlegenheit gebracht."

„Aber denkbar wäre es doch, oder?"

„Natürlich. Alles ist möglich, aber ich kann es mir nicht vorstellen." Kai wechselte das Thema. „Mich interessiert seit einigen Tagen immer mehr die Frage, wo die Bande sich zwischen den Überfällen aufhält. Treffen sie sich immer erst kurz davor und verschwinden nach der Tat wieder in alle Himmelsrichtungen – was natürlich taktisch klug wäre –, oder kommen sie danach an einem zentralen Ort zusammen?"

„Ich nehme an, daß sie sich danach auf jeden Fall treffen, denn schließlich muß ja die Beute aufgeteilt werden."

„Das ist nicht zwingend notwendig. Ich meine, das mit der Beute. Die könnte auch bei einem Hehler deponiert werden. Aber du hast recht, ich tendiere auch dazu zu glauben, daß sie sich nach den Überfällen treffen, um dann auch das weitere Vorgehen zu besprechen. Die Frage ist nur, wo sie das tun."

„Vielleicht leben sie in einer Art Wohngemeinschaft oder einer Kommune und gehen tagtäglich einer normalen Beschäftigung nach, verdienen ihr Geld als Schlosser, Soldat oder Polizist."

„Oder auch als Journalist. Aber Spaß beiseite. Wenn du der Chef der Bande wärst, wo würdest du dich mit deinen Leuten treffen?"

„Ich würde ein abseits liegendes Haus anmieten. Allerdings wäre das natürlich auch sehr riskant. Denn vor neugierigen Nachbarn ist bei unserer Wohndichte wohl niemand ganz sicher."

„Es müßte schon ein abgelegener Bauernhof sein, oder etwas Ähnliches."

Wie von Geisterhand öffnete sich das Tor und schloß sich danach wieder geräuschlos, nachdem das Auto auf das Grundstück gefahren war. Als der Fahrer nun aus dem geräumigen Kombiwagen ausstieg und von der spärlichen Hofbeleuchtung erfaßt wurde, konnte man erkennen, daß er glatzköpfig und grobschlächtig war. Zudem hatte er eine rote Narbe über dem linken Auge und ein vogelartiges Gesicht, was sicherlich ein Geschenk für jeden Karikaturisten gewesen wäre. Das jedoch hatte ihm noch keiner zu sagen gewagt. Der Grobschlächtige, den seine Freunde Dicki nannten, blieb eine Weile lauschend stehen, versuchte mit seinen Blicken die Dunkelheit des vor ihm liegenden Areals zu durchdringen und konzentrierte sich dann auf das seitwärts stehende Wohngebäude, das einmal Teil eines landwirtschaftlichen Betriebes gewesen war.

Als der Mann aus dem Haus Gläserklingen und gedämpftes Lachen hörte, ging er äußerst behende um den Kombiwagen herum, öffnete die hintere Tür und machte so etwas wie eine Verbeugung. „Bitte, meine Damen, wir sind da." Als er das sagte, reichte er ihnen mit übertriebener Höflichkeit seine fleischigen Hände und half ihnen beim Aussteigen, was den jungen Frauen mit den kurzen und engen Röcken offensichtlich Schwierigkeiten bereitete. Die drei Damen waren deutlich unter zwanzig und von jener zarten Fülligkeit, wie viele Männer es lieben. Sie schienen bester Laune zu sein und sich auf das zu freuen, was sie erwartete, zumal es ihnen mehr einbrachte als ihr Job im Nachtlokal Osmani. Sie folgten kichernd dem Grobschlächtigen, der auf den Eingang des Wohnhauses zuwatschelte und dann in einem bestimmten Rhythmus die Türglocke betätigte. Man hatte ihn erwartet. Als er mit den Damen im Schlepp die geräumige Wohndiele betrat, wurde er von den teilweise schon beschwipsten Männern und Frauen klatschend begrüßt. Doch bevor er sich noch weiter mit den Anwesenden beschäftigen konnte, wurde er mit sanfter Gewalt von einem Mann, der offensichtlich das Sagen hatte, in einen Nebenraum gedrängt. „Hast du neue Infos vom Boß?"

Er nickte, doch bevor er sich äußerte, tupfte er sich mit einem Taschentuch kleine Schweißperlen von Stirn und Glatze. „Ja, allerdings. Er meint, das mit dem Bullen wäre nicht nötig gewesen, hätte zu viel Staub aufgewirbelt."

„Verdammt, wir mußten das tun, sonst wäre einer von uns draufgegangen. Wir können froh sein, daß wir jemanden haben, der mit dieser verfluchten Polizeikanone so gut umgehen kann – sag ihm das! Aber wie geht es nun weiter?"

„Der Boß meint, ihr sollt euch für die nächste Woche bereithalten. Genaue Daten bekommt ihr noch, denn alles hängt von der Mitteilung unseres neuen Informanten ab." Er sprach nicht weiter, sondern fing meckernd an zu lachen. „Ich hätte gern die Gesichter der Bullen gesehen, als ihr bei Köhler & Sohn zugeschlagen habt, während sie bei den anderen Geschäften Wache gehalten haben." Er lachte kurz auf, wollte noch etwa hinzufügen, wurde dann aber unterbrochen.

„Wenn du willst, kannst du hierbleiben. Ich nehme doch an, daß die im Osmani auch ohne dich auskommen."

Der Glatzkopf zog sich die Jacke aus und grinste süffisant.

9

Um sich auf andere Gedanken zu bringen – vielleicht aber auch aus Frust und Verzweiflung – war Kai heute morgen in die Kantine gegangen, um ein zweites Frühstück einzunehmen, obwohl sie keinen Appetit hatte. Mit dem Kaffeebecher in der Hand trat sie an die breite Fensterfront, schob den gelbblauen Vorhang zur Seite und genoß das einzigartige Panorama. Ihr Blick wanderte vom Förderzentrum zum Berghölzchen und blieb dann am barocken Turm von Sankt Mauritius hängen, der sich majestätisch hinter der Gelben Schule aus dem Moritzberg erhob und von hier den Eindruck erweckte, als wäre er ein fester Bestandteil des Schulgebäudes. Darunter, an der Bergstraße, befand sich ihr Zuhause. Ein Geräusch riß Kai aus ihren Betrachtungen, sie zuckte leicht zusammen und drehte sich um.

„Mein Gott, Heinz, mußt du immer so rumschleichen?"

„Tut mir leid, aber ich habe Neuigkeiten."

„Hoffentlich mal was Erfreuliches."

„Nein, ganz und gar nicht. Zumindest wird es dir nicht gefallen, wohl aber dem Oberstaatsanwalt."

„Bitte mach es nicht so spannend."

„Laut Gerichtsbeschluß haben wir uns heute morgen die Konten von Mike vorgenommen. Oder besser gesagt, sein Gehaltskonto, denn er hat nur dieses eine."

„Ja, und?"

„Er ist mit seinem Geld immer so über die Runden gekommen, zumindest in den meisten Fällen."

„Aber Heinz, das ist ja nun wirklich nichts Außergewöhnliches, auf meinem Konto sieht es ähnlich aus."

„Am 30. März, also am Tag seines Verschwindens, hatte er nach Eingang seines Aprilgehaltes einen Minusbetrag von achtzig Euro auf seinem Girokonto, was ja vorkommen kann."

„Heinz, bitte!"

„Aber jetzt kommt es: knapp eine Woche später, das war der Gründonnerstag, wurden ihm zehntausend Euro überwiesen – und keiner weiß, wo das Geld hergekommen ist. Komisch, nicht?"

„Vielleicht war es eine Erbschaft, der Gewinn aus einem Preisausschreiben, die vorzeitige Auszahlung seiner Lebensversicherung oder was weiß ich? Sicher kann seine Mutter dazu was sagen."

„Die habe ich vorhin schon angerufen. Sie war dermaßen aufgewühlt, daß ich sie nicht verstehen konnte. Carolin hat mir dann quasi das mitgeteilt, was ihre Mutter mir hatte sagen wollen. Um es abzukürzen: Nein, es gibt keine Erbschaft, keinen Lottogewinn und keine Auszahlung einer Versicherungssumme. Ich habe auch noch mit dem Onkel gesprochen, diesem Apotheker. Aber der weiß von nichts. Er hat mir nur ganz nebenbei zu verstehen gegeben, daß er keinen Neffen mehr habe, da er sich so was als Geschäftsmann nicht leisten könne."

„Schließlich besteht doch auch die Möglichkeit, daß ihm das Geld versehentlich überwiesen wurde, vielleicht aufgrund eines Zahlendrehers."

Ossenkopp schaute genervt gegen die Decke und schüttelte den Kopf. „Du glaubst das wirklich, oder? Verdammt Kai, wach endlich auf! Bei aller Solidarität gegenüber unserem Kollegen und allem Verständnis, das wir nun schon seit Wochen aufbringen. Aber irgendwann muß Schluß sein. Ich glaube, du machst dir was vor, und man könnte wirklich glauben, du hättest was mit ..."

„Heinz, das ist wohl die Höhe, glaubst du das wirklich? Daß ich und Mike ... Nein, es ist nicht zu fassen!"

Ossenkopp dämpfte seine Stimme, da gerade einige Kollegen in die Kantine kamen und sich am Nebentisch niederließen. „Kai, beruhige dich, ich habe nur gesagt, daß man diesen Eindruck gewinnen könnte, besonders als Außenstehender."

Kai winkte ab. „Ist ja schon gut. Aber findest du nicht auch, daß alles zu gut zusammenpaßt? Als würde hier jemand Regie führen? Da reiht sich ein Puzzleteil an das andere, und schließlich erscheint Mike vor unseren und den Augen der Öffentlichkeit als skrupelloser Krimineller oder gar Killer, der Geschäfte überfällt und mit seiner Dienstwaffe wild durch die Gegend ballert – und dann ist er auch noch so bescheuert und läßt an den Tatorten seinen Fingerabdruck zurück. Findest du das nicht auch komisch? Glaube mir, da hat jemand seine Finger im Spiel."

„Und ... wer ... sollte ... das ... sein? Nein, Kai, das wäre zu phantastisch und entspricht, entschuldige bitte, lediglich deinem Wunschdenken."

Kai ersparte sich eine Antwort, zuckte nur mit den Schultern und wechselte das Thema. „Ich habe vorhin mit dem Kollegen Fuchs vom FK 2 gesprochen. Er hat die ganze Nacht mit einem Dutzend Kollegen auf der Lauer gelegen. Er ist zwar müde, aber froh, daß alles ruhig geblieben ist."

Ossenkopp grinste. „Vielleicht hängt es damit zusammen, daß gestern der 1. Mai war und die Mitglieder der Bande ein verlängertes Wochenende hatten. Aber Spaß beiseite. Das kann natürlich auch bedeuten, daß sie ihre Aktivitäten in eine andere Region verlagern oder sich ganz zurückziehen."

„Das kann ich mir nun wirklich nicht vorstellen. Ich vermute eher, daß sie uns in Sicherheit wiegen wollen, um dann plötzlich, wenn die Wachsamkeit nachläßt, völlig überraschend wieder zuzuschlagen. Nein, wir müssen nach wie vor auf der Hut sein und uns überlegen, wie wir die Geschäfte am besten schützen können. Ich bin gerade dabei, mit Fuchs einen entsprechenden Plan zu entwickeln."

„Ich verstehe nur nicht, warum sie immer in Hildesheim zuschlagen? Gibt es hier etwas, was andere Städte nicht haben? Wenn ich die kulturellen Aspekte, das Weltkulturerbe und so einmal außen vor lasse, wohl kaum. Und warum immer nur mittwochs? Das ist doch ein zusätzliches Risiko, oder?"

„Heinz, das sind die Fragen, mit denen auch ich mich beschäftige und mir darüber das Hirn zermartere – aber ich habe bisher noch keine halbwegs vernünftige Antwort gefunden."

Es war eine Beerdigung, wie sie auf dem Südfriedhof schon lange nicht mehr stattgefunden hatte. Obwohl es nach der Traueranzeige nur ein kleiner Kreis werden sollte, waren doch einige hundert Menschen gekommen, um hier am offenen Grab von ihrem Kollegen, Nachbarn oder Freund Bodo Himstedt Abschied zu nehmen.

Etwas abseits stand Kai mit Ossenkopp und Hundertmark, der heute den Inspektionsleiter vertrat. Kai ließ ihre Blicke über die Trauergemeinde schweifen und erkannte einige Kollegen aus den anderen Kommissariaten, Mitarbeiter der Verwaltung und auch die Geschäftsführer mehrerer Schmuckgeschäfte – aber die meisten Trauergäste konnte sie nicht einordnen. Allerdings war sie erstaunt, auch von Waltershofen hier zu sehen, der nur wenige Meter neben Frau Himstedt stand, die gerade tröstend den Arm um ihre älteste Tochter legte. Kai nahm an, daß sie die anderen Kinder zu Hause gelassen hatte.

Von der Trauerrede bekam Kai nur wenig mit, da der Ostwind die Worte des Seelsorgers von ihr wegtrieb, als seien sie nicht für ihre Ohren bestimmt. Nur als er zum Schluß der Beerdigungszeremonie etwas lauter sprach und dabei seine Stimme hob, konnte sie halbwegs verstehen, was er sagte. „Wir können den Tod nicht begreifen, besonders dann nicht, wenn er durch Mörderhand einen Menschen aus unserer Mitte holt. Einen Menschen, der noch voll im Leben stand, stets nur Freund und Helfer seiner Mitmenschen sein wollte und noch viele glückliche Jahre mit seiner Frau und den vier Kindern vor sich hatte." Ein lautes Schluchzen unterbrach den Pastor, und auch Kai konnte nicht verhindern, daß ihre Augen feucht wurden. „Liebe Trauergäste, wir können nur ahnen, daß in allem, was im menschlichen Leben geschieht, ein höherer Sinn waltet, der uns hier auf Erden nicht zugänglich ist." Danach trat er noch einmal zum Gebet an das offene Grab und warf mit einer kleinen Schaufel Erde auf den Deckel des schlichten Holzsargs. „Erde zu Erde, Asche zu Asche ..."

Obwohl Kai und Heinz Ossenkopp den Verstorbenen nur flüchtig gekannt hatten, waren sie hier, um der Familie zu kondolieren und den Kollegen auf seinem letzten Weg zu begleiten. Sie waren aber auch aus dienstlichen Gründen gekommen. Da sie unter Erfolgszwang standen und der Druck der Staatsanwaltschaft und der von den Medien aufgeheizten Öffentlichkeit zunehmend größer wurde, mußten sie jede sich bietende Gelegenheit nutzen. Auf Anordnung von Hundertmark hatte Kai daher den Kollegen Meiberg vom Erkennungsdienst gebeten, sich möglichst unauffällig ein Bild von der Trauergemeinde zu machen. Als sie verstohlen zur Seite schaute, entdeckte sie hinter einem Busch einen seiner Leute mit dem Teleobjektiv im Anschlag. Hundertmark, der ihrem Blick gefolgt war, nickte zufrieden. In diesem Augenblick mußte Kai wieder einmal daran denken, daß die, die für die Toten verantwortlich waren, hin und wieder auch zu den Beerdigungen ihrer Opfer kamen, sich unter die Trauergäste mischten oder in Sichtweite an der Zeremonie teilnahmen. Kai konnte sich nicht vorstellen, daß der Einbrecher, der Bodo Himstedt erschossen hatte, diesen Tätern zugeordnet werden konnte. Nein, hier ging es um zynische und eiskalte Typen, wie ja die beiden letzten Morde gezeigt hatten.

Auch Hundertmarks anderer Vorschlag, für einige Tage das Grab Himstedts zu observieren, in der Hoffnung, daß der Mörder dort vielleicht auftauchen würde, ging in die gleiche Richtung und war für Kai nur eine unsinnige Zeitverschwendung. Nein, das waren alles Fantasien und Wunschvorstellungen, die aus der bisherigen Erfolglosigkeit heraus geboren wurden, oder auch so etwas wie eine Alibifunktion erfüllen sollten. Aber Kriminaldirektor Hundertmark war der Boß und hatte auf seiner Anordnung bestanden.

Als Kai zusammen mit Heinz Ossenkopp den Friedhof verließ, wäre sie fast mit einem Mann zusammengestoßen, der ihr irgendwie bekannt vorkam. Auch Ossenkopp schien es so zu ergehen, denn nach einigen Schritten fragte er: „Weißt du, wer der Dicke war?"

Kai schüttelte den Kopf, doch plötzlich blieb sie stehen. „Das war doch dieser Geschäftsführer des Nachtclubs Osmani ..."

„Stimmt! Die Narbe über dem Auge, die dünnen Lippen und dieses Vogelgesicht. Ja, kein Zweifel! Aber was tut der hier?"

Kai zuckte die Schultern und ging weiter. „Ich kann mir nicht vorstellen, daß es zwischen ihm und dem biederen Bodo Himstedt irgendeine Verbindung gab."

Ossenkopp grinste. „Fragen wir ihn doch einfach."

Doch als sie sich umschauten, war er verschwunden.

Diese ständigen Schließgeräusche gingen ihm auf die Nerven. Das war schon während der Untersuchungshaft so gewesen, aber Mustafa Menderes bildete sich eine, daß die jetzigen Geräusche anders klangen und auch eine andere Qualität hatten, zumal sie ihn ständig an seine augenblickliche Situation erinnerten. Und alles nur wegen eines Callgirls und einer Tat, für die er nicht verantwortlich gemacht werden konnte. Daher hatte er auch nach dem Prozeß mit einem Freispruch gerechnet. Möglichst wegen erwiesener Unschuld. Doch dann kam alles anders, und er fragte sich, wen er am meisten hassen und verachten sollte: seinen Anwalt Roxfeld, der zu wenig für ihn getan hatte, oder die gekauften Zeugen, die nicht vor Gericht erschienen waren. Die zentrale Figur in diesem Justizskandal war jedoch dieser verdammte Polizist, der etwas gesehen haben wollte, was so nicht stattgefunden hatte. Aber seine Aussage stand damals gegen seine, und es war vorauszusehen, daß diese spießigen Richter einem Polizeibeamten, der einen untadeligen Ruf hatte, mehr Glauben schenken würden als ihm, dem Eigentümer eines zwielichtigen Etablissements. Doch für ihn sah die Zukunft keinesfalls so dunkel aus, wie Staatsanwalt und Richter sie zu sehen glaubten. Denn er würde nicht die vorgesehene Freiheitsstrafe verbüßen, keine zehn und auch keine sechs Jahre, wie sie bei guter Führung vorgesehen waren, nicht einmal einen Bruchteil dieser Zeit. Denn nun wurden die Karten neu gemischt. Dieser feine Kriminaloberkommissar hatte seinen Job an den Nagel gehängt, die Seiten gewechselt und sich an Überfällen beteiligt, bei denen Tote zu beklagen waren. Sein Ruf war völlig ruiniert, und es gab erhebliche Zweifel an der Glaubwürdigkeit dieses Polizisten. Zudem lag es auf der Hand, daß dieser Hauptbelastungszeuge das Gericht damals getäuscht und eine Falschaussage gemacht hatte, nur um ihn in den Knast zu bringen – so oder so ähnlich würden seine Anwälte beim Wiederaufnahmeverfahren argumentieren. Menderes grinste zynisch – er hatte hoch gepokert, aber dennoch gewonnen. Gern würde er diesem Severin noch einmal in die Augen blicken und seine Rache genießen, aber dazu würde es in diesem Leben wohl keine Möglichkeit mehr geben. Warum mußte dieser kleine Polizist sich auch mit ihm anlegen?

Er warf sich auf die Liege und ließ seine Blicke zum wiederholten Male über die Dinge gleiten, die ihn zumindest noch für eine kurze Zeit begleiten würden: ein Tisch, ein Stuhl, ein Eckregal, einen Schrank, die separate Naßzelle mit Waschbecken und Toilette, sein privater Fernseher und natürlich die harte Liege, die er unter sich spürte. Alles verteilt auf zehn Quadratmeter.

Stark zu schaffen machten ihm tagsüber dieses stupide und stumpfsinnige Einerlei des Knastalltags und des Nachts die Einsamkeit zwischen dem Einschluß und der morgendlichen Lebendkontrolle. Er nahm sich vor, das Beste aus diesen Unannehmlichkeiten zu machen und nur noch an das Positive zu denken, zumal es ja nicht mehr allzu lange dauern würde. Wichtig war, daß auch während seiner Abwesenheit alles seinen gewohnten Gang ging. Aber da konnte er ganz beruhigt sein, denn dafür hatte er seine Leute, die von ihm bezahlt wurden, die ihm verpflichtet waren und alles für ihn taten. Auch hier in der JVA standen einige auf seiner Lohnliste, die dafür sorgten, daß es ihm gut ging und er mit seinen Leuten ungestört telephonieren konnte, wann immer er wollte. Zu der positiven Seite seines Hierseins gehörte aber auch, daß er Zeit und Muße hatte, über seine Vergangenheit nachzudenken. Obwohl er nun schon über fünfundzwanzig Jahre, die Hälfte seines Lebens, hier in der Bundesrepublik lebte, war er in seinem Denken und Fühlen immer ein Türke geblieben. Er konnte sich noch gut an seine Familie erinnern, die damals zu der radikalen politischen Opposition des Landes gehörte. Die Zeit der Verfolgung, Bedrohung und Erniedrigung hatte er bis heute nicht vergessen. Zu einer regelrechten Treibjagd auf ihn und seine Familie war es gekommen, als er auf einer Veranstaltung der „Föderation der Gewerkschaft revolutionärer Arbeiter" einen Polizisten mit einem Dolch lebensgefährlich verletzte. Als dieser Kretin dann einige Tage später starb, war er mit seiner Familie über Umwege in die Bundesrepublik Deutschland geflohen. Viele Jahre waren dann noch vergangen, bis er sich in Hannover und nun auch hier in Hildesheim ein kleines, aber sehr lukratives Imperium aufgebaut hatte. Mustafa Menderes seufzte. Es war immer wieder schön, an die Vergangenheit zu denken. Als in diesem Augenblick das Vibrieren des Handys ihn aus seinen Gedanken riß, war er fast ein wenig verärgert – aber die Geschäfte gingen vor.

An diesem Donnerstagmorgen hatte sie Kriminaldirektor Hundertmark zu einer Besprechung in sein Dienstzimmer gebeten. Als Kai den Raum betrat, waren neben ihrem Vorgesetzten der Kollege Ossenkopp und erstaunlicherweise auch der Oberstaatsanwalt schon anwesend. Die Herren unterhielten sich angeregt über das Training beim Handball-Zweitligisten Eintracht Hildesheim in der Sparkassenarena.

Als Hundertmark die Kriminalbeamtin erblickte, meinte er: „Frau Sommer, schön daß Sie da sind. Wir haben gerade einen kleinen Ausflug in die Welt des Sports gemacht. Aber setzen wir uns doch", und mit Blick auf den Oberstaatsanwalt: „Ich habe Herrn von Waltershofen gleich dazugebeten, damit er aus erster Hand den neuesten Ermittlungsstand erfährt, denn immerhin sind seit dem letzten Überfall und dem bedauerlichen Tod des Kollegen Himstedt schon wieder vierzehn Tage vergangen, und da wird es nun langsam Zeit ..." Er ließ den Satz in der Luft hängen, doch Kai wußte auch so, was er sagen wollte. Aber da sprach er schon weiter. „Nach allem schlage ich vor, daß Sie uns zunächst eine Zusammenfassung geben."

„Meine Herren, ich wäre froh, wenn ich Ihnen auch nur ansatzweise etwas Erfreuliches berichten könnte. Aber trotz intensiver Ermittlungsarbeit haben wir immer noch nichts Greifbares in den Händen, geschweige denn eine brauchbare Spur. Es ist wie verhext."

„Ich begreife das nicht", unterbrach sie der Oberstaatsanwalt mit seiner typischen Handbewegung, „Ihr Kollege, oder besser gesagt, Ihr ehemaliger Kollege ist nun schon seit fünf Wochen spurlos verschwunden, was ja eigentlich nicht korrekt ist, denn seine Spur, die er hinterläßt, ist ja wohl nicht zu übersehen. Auch wenn er sich dieser Bande angeschlossen hat, woran ja keine Zweifel mehr bestehen dürften, muß er doch noch Kontakte zu ehemaligen Bekannten und Freunden haben, die nach wie vor von seiner Unschuld überzeugt sind. Ihn vielleicht sogar unterstützen." Er hielt inne, warf Kai einen längeren Blick zu und fuhr dann dozierend fort: „Und da ist ja auch noch seine Familie, zu der er, wie wir gehört haben, ein ausgesprochen gutes Verhältnis zu haben scheint. Es ist daher lebensfremd und völlig abwegig, nun anzunehmen, er habe zu seiner Mutter und Schwester sämtliche Kontakte abgebrochen. Nein, ich bin davon überzeugt, daß es derartige Kontakte gibt. Wir sollten daher umgehend einen richterlichen Beschluß erwirken, damit das Telephon der Familie überwacht werden kann. Da er nun schon zwei Wochen nicht mehr in Erscheinung getreten ist, könnte es natürlich sein, daß er sich ins Ausland abgesetzt hat. Aber auch in diesem Fall müssen wir wohl oder übel davon ausgehen, daß er sich beim nächsten Überfall wieder aktiv beteiligen wird."

„Wir haben überhaupt keine Erkenntnisse darüber, ob er bei dem letzten Überfall in der Schuhstraße dabei war", gab Kai zu bedenken, was ihr einen ärgerlichen Blick des Oberstaatsanwalts einbrachte.

„Vergessen Sie nicht die Heckler & Koch, mit der Bodo Himstedt erschossen wurde", konterte von Waltershofen, „wobei ..."

„... wobei bis heute nicht feststeht, ob sie Severin gehört. Denkbar ist doch auch, daß sie ihm gestohlen wurde."

Von Waltershofen lachte hart auf. „Oh Frau Sommer, ist das jetzt eine ganz neue Version, die Sie uns da auftischen wollen? Sie geben wohl nie auf!"

Hundertmark mischte sich ein und schüttelte genervt den Kopf. „Herrschaften, ich glaube, so kommen wir nicht weiter. Wir drehen uns ständig im Kreis, und da hilft es auch nicht, wenn wir das schon Bekannte immer wieder neu auffrischen."

Von Waltershofen schaute mokiert auf den Kriminaldirektor. „Lassen Sie mich nur noch abschließend ein paar Worte zu den angeblich nicht vorhandenen Spuren sagen. Ich erinnere hier an den mittlerweile berühmten Ausspruch eines französischen Kriminologen – der Name fällt mir im Augenblick leider nicht ein. Auf jeden Fall hat er gesagt, daß jeder Täter etwas zurückläßt – irgend etwas, wie klein es auch sein mag – und auch immer etwas vom Tatort mitnimmt. Vielleicht sollten Sie darüber einmal nachdenken und in diesem Sinne auch einmal mit den Leuten von der Spurensicherung ein ernstes Wort sprechen. Ich will damit zum Ausdruck bringen, daß die Täter ja nicht mit Schutzanzügen in die Geschäfte eingestiegen sind, und es daher immer irgendwelche Spuren und Anhaltspunkte gibt – ja geben muß!"

In Kai rumorte es. Diese arrogante, unsensible und oberlehrerhafte Art, gepaart mit Zynismus und Selbstherrlichkeit, konnte sie jedes Mal auf die Palme bringen. Aber irgendwann, das nahm sie sich vor, würde sie es diesem Kotzbrocken, der mit Sicherheit keine Zierde seines Berufsstandes war, so richtig heimzahlen. Sie atmete einige Male tief durch, wollte etwas sagen, war dann aber doch froh, daß sich nun Hundertmark in das Gespräch einmischte und ironisch meinte: „Die große Kunst besteht allerdings darin, diese Anhaltspunkte auch zu erkennen. Aber Sie können sicher sein, daß unsere Leute das Menschenmögliche tun – und zwar äußerst gewissenhaft und professionell. Vielleicht sollten wir jetzt Frau Sommer die Möglichkeit geben, daß sie uns die wesentlichen Punkte dieser unschönen Angelegenheit noch einmal erläutert. Wenn möglich, ohne Unterbrechung. Bitte, Frau Sommer."

Kai versuchte ein Lächeln, was ihr aber nicht so recht gelang, und begann noch einmal dort, wo sie unterbrochen worden war. „Also, das mit der Schußwaffe haben wir ja nun schon mehrfach erörtert. Fest steht lediglich, daß bei den beiden Überfällen aus einer Heckler & Koch gefeuert wurde – mehr können wir dazu nicht sagen. Etwas anders sieht es allerdings bei den Fingerspuren aus, die eindeutig Severin zugeordnet werden können, insofern müssen wir wohl davon ausgehen, daß er an den Überfällen beteiligt war. Zudem belasten ihn auch die zehntausend Euro, die ohne Begründung und ohne Angabe eines Absenders eine Woche nach seinem Verschwinden auf sein Girokonto eingezahlt wurden. Ferner spricht gegen ihn, was Kollege Ossenkopp und ich im Nachtclub Osmani erfahren haben: Einmal die Aussage, daß bei dem Undercovereinsatz seine Identität bereits von Anfang an bekannt gewesen sei, und zum anderen die Äußerung, er wolle seinen Polizeijob an den Nagel hängen. So, ich glaube, das sind die wesentlichen Dinge, die ihn belasten. Nun aber auch zu den Punkten, die ihn entlasten."

Von Waltershofen mischte sich erneut ein: „Frau Sommer, ich glaube, darauf können wir verzichten, zumal das, was Sie jetzt vortragen wollen, sicherlich auch viele subjektive Aspekte enthält."

Kai wollte aufbrausen, doch da ergriff Hundertmark das Wort. „Vielen Dank, Frau Sommer, ich meine, was Sie uns da vorgetragen haben, war fachlich fundiert und objektiv dargestellt. Aber nun konkret zu den Überfällen. Ich nehme an, daß Sie mit Ihrem Kollegen Fuchs vom FK 2 das weitere Vorgehen bereits besprochen haben. Vielleicht können Sie uns darüber kurz ins Bild setzen?"

„Ja, Herr Fuchs und ich haben zusammen einen Plan entwickelt, der unserer Meinung nach den besten Schutz für die Geschäfte bietet."

„Da bin ich aber gespannt", warf von Waltershofen skeptisch ein, lehnte sich entspannt zurück und schlug die Beine übereinander.

Unbeirrt fuhr Kai fort. „Jeweils nachts von ein bis drei Uhr, das ist die Zeit, in der die Bande immer zugeschlagen hat, werden wir mehrere zivile Fahrzeuge und auch eine Fahrradstreife einsetzen, die in diesen zwei Stunden die gefährdeten Geschäfte anfahren. Nach unserem Plan kommen wir dann alle sechs bis acht Minuten an den jeweiligen Objekten vorbei. Ich meine, diese Abstände müßten ausreichen."

Hundertmark nickte. „Die Idee ist gut. Aber wie lange wollen Sie das durchhalten? Eine Woche, zwei Wochen?"

„Ich meine, wir sollten das zunächst eine Woche durchziehen." Kai hielt inne und schaute auf ihren Taschenkalender. „Also, bis einschließlich dem 15. Mai – Ihr Einverständnis natürlich vorausgesetzt."

Von Waltershofen blickte skeptisch. „Ich frage mich natürlich, ob die von Ihnen vorgesehenen Kontrollzeiten eng genug gefaßt sind. Wie wir alle wissen, benötigt die Bande für ihre Überfälle nicht mehr als vier Minuten. Das könnte also bedeuten, daß sie dann zuschlägt, wenn das Kontrollfahrzeug gerade an dem betreffenden Objekt vorbeigefahren ist – rein rechnerisch wäre das ja denkbar. Ich möchte das nur zu bedenken geben."

Kai nickte und beugte sich vor. „Herr Oberstaatsanwalt, das ist natürlich möglich, zumindest theoretisch. Aber das würde nur funktionieren, wenn die Bande unseren Plan kennt. Sie müßte also genau wissen, wie unsere zivilen Fahrzeuge aussehen und zu welchen Zeitpunkten sie die verschiedenen Objekte anfahren."

Von Waltershofen ersparte sich eine Antwort, stand auf und wandte sich im Hinausgehen an den Kriminaldirektor. „Ach ja, Herr Hundertmark, bevor ich es vergesse: Ab morgen bin ich für zwei Wochen im Urlaub. Meine Vertretung übernimmt in dieser Zeit Herr Dr. Weisenau."

10

Nach langer Zeit hatte Kai wieder einmal gut geschlafen und war ausgeruht, leise pfeifend und in bester Laune zu ihrer Dienstelle gefahren. Allerdings endete dieser euphorische Zustand, als sie auf den hinteren Eingang des Inspektionsgebäudes zusteuerte und ihr Blick auf drei uniformierte Polizisten fiel, die miteinander flüsterten, sich dann aber demonstrativ abwandten, als sie sich ihnen näherte. Mein Gott, was hatte das zu bedeuten? Die Antwort auf diese Frage bekam Kai, als sie den Kollegen hinter dem Servicepoint begrüßte und dieser wortlos auf die Boulevardzeitung deutete, die aufgeschlagen auf dem Tresen lag. Die Schlagzeile war nicht zu übersehen: *„Was verschweigt die Kripobeamtin Kai Sommer?"* stand da in auffälligen Großbuchstaben. Kai spürte, wie Wut in ihr aufstieg. Doch dann zwang sie sich, auch das zu lesen, was unter dem Aufmacher stand: *Der Fall Severin wird immer geheimnisvoller und undurchsichtiger! Wie sich jetzt herausgestellt hat, wurden dem Kriminalbeamten Mike Severin eine Woche nach seinem Verschwinden aus einer bisher unbekannten Quelle zehntausend Euro überwiesen. Wir fragen uns, warum das seinen früheren Kollegen erst nach vier Wochen aufgefallen ist. Wir fragen uns aber auch, welche Gegenleistung Severin für die Geldsumme erbracht hat und warum sich der Betrag immer noch auf seinem Konto befindet. Kann es sein, daß er auf diese Summe nicht angewiesen ist, weil er inzwischen andere, lukrativere Einnahmequellen hat? Eine zentrale Rolle spielt in dieser undurchsichtigen Affäre seine ehemalige Vorgesetzte Kai Sommer. Wie wir an dieser Stelle schon mehrmals berichtet haben, scheint sie immer noch nicht von der Schuld ihres ehemaligen Kollegen überzeugt zu sein, obwohl die Indizien und Beweise erdrückender nicht sein können. Kann es sein, daß es für ihr zögerliches und uneinsichtiges Verhalten einen besonderen Grund gibt, der vielleicht im zwischenmenschlichen Bereich zu finden ist? Ein Schelm, der Schlechtes dabei denkt. Höchst sonderbar erscheint uns aber auch die Tatsache, daß die Kriminalbeamtin nach wie vor die Familie ihres verschwundenen Kollegen besucht, nicht aber die des ermordeten Polizisten, der vor über vier Wochen mit einer Heckler & Koch, einer Polizeiwaffe, erschossen wurde und eine Frau und vier schulpflichtige Kinder hinterläßt.*

Kai hörte auf zu lesen und schob die Zeitung angeekelt zur Seite. Doch dann warf sie noch einen Blick auf das Kürzel: Natürlich wieder dieser

Schmierfink Stefan Burger. Verdammt, was hatte der Kerl gegen sie? Oder lag es gar nicht an ihrer Person?

Vielleicht hielt er das für guten Journalismus und glaubte allen Ernstes, das seinem Job und seinen Lesern schuldig zu sein. Sicher, die im Grundgesetz verankerte Pressefreiheit war im Rechtsstaat eine wichtige Sache, das sah sie ein, aber doch nicht so. Hier wurden doch eindeutig die Grenzen einer fairen Berichterstattung überschritten und ihre Persönlichkeitsrechte verletzt. Wenn ihre Dienststelle hier nichts unternahm, würde sie sich wohl selbst einen Anwalt nehmen müssen. Sie lehnte sich seitwärts gegen den Tresen des Servicepoints und bekam zunehmend das Gefühl, daß sämtliche Bedienstete der Inspektion die Zeitung gelesen hatten und das glaubten, was in dem Artikel stand. Kai riß sich zusammen. Sie mußte aufpassen, daß sich ihre Gedanken nicht selbständig machten, sie Wahnvorstellungen bekam und sich womöglich alles noch zu einer ausgewachsenen Paranoia entwickelte. Am liebsten würde sie sich auf der Stelle krankmelden, sich zu Hause die Bettdecke über den Kopf ziehen und einige Runden heulen. Nein, verdammt, das würde sie nicht tun! Warum sollte sie auch? Schließlich hatte sie sich nichts vorzuwerfen.

Als sie einige Minuten später hinter ihrem Schreibtisch saß, mußte sie komischerweise an den Oberstaatsanwalt denken, an sein ironisches, anzügliches und triumphierendes Grinsen, wobei sie sich fragte, ob er an seinem Urlaubsort auch die Boulevardzeitung las. Kai schüttelte den Kopf und rieb sich heftig die Schläfen. Was war nur los mit ihr? Konnte es sein, daß das schon die ersten Anzeichen einer Wahnerkrankung waren? Krampfhaft versuchte sie, ihre Gedanken in andere Bahnen zu lenken: Staatsanwalt Peter Weisenau, den sie bisher nur vom Sehen kannte, tauchte vor ihren Augen auf – sie war gespannt auf die Zusammenarbeit mit ihm. Kai konnte nicht weiter darüber nachdenken, da sie Besuch von ihrem Vorgesetzten bekam, der sie erstaunlicherweise nicht auf diesen widerlichen Artikel ansprach, sondern ihr etwas mitteilte, mit dem sie überhaupt nicht gerechnet hatte.

„Frau Sommer, Ihre Aktion können Sie sofort einstellen."

„Welche Aktion?"

„Na, Sie wissen schon, die Sache mit der Überwachung der Geschäfte. Sagen Sie, geht es Ihnen nicht gut?" Die Anteilnahme in seiner Stimme war nicht zu überhören.

„Gibt es einen besonderen Grund für die Einstellung der Aktion?"

„Allerdings! Ich habe gerade einen Anruf von einem Kollegen aus der Polizeidirektion Hannover bekommen, Ihrer früheren Dienststelle. Stellen Sie sich vor, die Bande hat heute morgen gegen zwei Uhr in der Innenstadt von Hannover ein Schmuckgeschäft überfallen!"

„Und Sie meinen, das war unsere Bande?"

„Ganz eindeutig die gleiche Handschrift. Auch bei diesem Überfall wurde geschossen. Die Kerle scheinen immer brutaler zu werden, glücklicherweise wurde niemand verletzt. Aber ich frage mich natürlich, warum sie heute, an einem Freitag, zugeschlagen haben? Etwas ungewöhnlich, finden Sie nicht auch? Na ja, vielleicht haben die Kerle ihre Taktik geändert. Und noch etwas: Das Landeskriminalamt hat sich eingeschaltete und wird künftig diese Serienüberfälle zentral bearbeiten."

„Sollen wir uns darüber jetzt freuen?"

„Frau Sommer, ich bitte Sie! Wir können doch froh sein, daß wir diese Fälle bald los sind. Soll sich doch künftig das LKA damit rumärgern. Aber so richtig glücklich scheinen Sie darüber nicht zu sein, oder?"

„Nein, bin ich auch nicht. Ich hätte gerne die Kerle hier in Hildesheim gefaßt, zumal wir nun schon seit Wochen, wenn auch ergebnislos, hinter ihnen her sind. Wer sagt uns, daß sie das nächste Mal nicht doch wieder hier nach Hildesheim kommen, vielleicht schon morgen?"

„Frau Sommer, malen Sie bitte den Teufel nicht an die Wand! Aber wenn es dennoch passieren sollte, haben wir sofort die Kollegen des Landeskriminalamtes mit im Boot. Sie sollten das positiv sehen, denn durch die Verlagerung der Zuständigkeit kommen Sie endlich auch aus dem Schußfeld und damit aus den Schlagzeilen der Presse. Ich habe den heutigen Artikel gelesen und kann sehr gut verstehen, wie es in Ihnen aussieht. Aber zurück zu Ihrer Aktion. Wie schon gesagt, wir sollten sie einstellen, die beteiligten Beamten werden es Ihnen danken."

Kai fiel es schwer, ihm zu widersprechen, zumal er ihr gerade den Rücken gestärkt hatte, was ihr ausgesprochen gut tat, aber dennoch sagte sie: „Herr Hundertmark, lassen Sie uns die Aktion doch bitte zu Ende führen, also bis Dienstag, es sind ja nur noch ein paar Tage. Ich habe nämlich ein komisches Gefühl, das ich nicht erklären kann. Nennen Sie es meinetwegen weibliche Intuition."

Erstmals nahm Weisenau an der Dienstbesprechung teil. Obwohl Kai ihn vom Sehen her kannte, beobachtete sie ihn verstohlen, wie er gerade in irgendwelchen Unterlagen blätterte, die ihm der Oberstaatsanwalt wahrscheinlich noch vor seinem Urlaubsantritt auf den Tisch geknallt hatte. Weisenau machte einen sehr umgänglichen und sympathischen Eindruck. Er war wohl das, was man landläufig einen gutaussehenden Mann nannte – aber die erste Wahrnehmung konnte täuschen, Kai hatte es schon einige Male erlebt. Sie hoffte nur, daß er nicht von Waltershofen nacheiferte und sich zu einem Ekelpaket entwickelte.

Hundertmark kam etwas verspätet und entschuldigte sich. Er begrüßte den Staatsanwalt mit Handschlag, nickte den anderen Mitgliedern der Sonderkommission freundlich zu und gab einen kurzen Überblick über den in Hannover stattgefundenen Überfall, von dem Kai schon am Freitag erfahren hatte. „Ich habe gerade noch einmal mit meinem hannoverschen Kollegen telephoniert – deshalb auch die Verspätung. Also, auch bei diesem Überfall wurde aus einer Heckler & Koch geschossen – es ist die gleiche Pistole, die hier in Hildesheim benutzt wurde. Herr Dr. Weisenau, ich nehme an, Sie sind mit den Vorkommnissen vertraut?"

Der Angesprochene nickte und klopfte mit der flachen Hand auf die vor ihm liegende Akte. „Ja, ich glaube schon. Aber lassen Sie bitte bei Ihrer Anrede den Doktor weg, Weisenau reicht völlig aus – das gilt natürlich für alle Anwesenden."

Der Mann wurde Kai immer sympathischer, und sie nahm an, daß es auch den anderen Kollegen so ging. Kein Vergleich mit diesem Kotzbrocken von Waltershofen. Aber dennoch: Für eine abschließende Einschätzung war es wohl noch ein bißchen zu früh. Wie ihr Hundertmark vor ein paar Tagen vertraulich mitgeteilt hatte, würde Weisenau wohl die Nachfolge von Waltershofens antreten. Kai hoffte nur, daß das nicht wieder eines dieser Gerüchte war. Hundertmark riß sie aus ihren Gedanken. „Frau Sommer, wollen Sie noch ein paar Worte zu Ihrer Aktion sagen, die Sie zum Schutz der Geschäfte mit Ihrem Kollegen Fuchs durchführen, die aber nun allerdings ausläuft?"

„Da gibt es nicht viel zu berichten. Wie abgesprochen wird die Aktion nun nach einer Woche eingestellt. Eine Verlängerung ist nicht vorgesehen und aufgrund der jetzigen Entwicklung wohl auch nicht mehr zwingend erforderlich."

„Aber die Idee war gut, das möchte ich hier noch einmal ausdrücklich betonen, denn es hätte ja auch ganz anders kommen können. Auf jeden Fall möchte ich allen Beteiligten, die daran mitgewirkt haben, danken."

109

„Von der Aktion habe ich nur am Rande etwas erfahren. Wenn ich Sie richtig verstanden habe, wird sie nun mit Ablauf des morgigen Tages eingestellt, mit der Folge, daß die Geschäfte ab Mittwoch dann wieder ohne Schutz sind. Ist das so richtig?" fragte Weisenau.

Der will das aber genau wissen, ging es Kai durch den Kopf. „Ja, so ist es!"

Hundertmark packte seine Unterlagen zusammen und schob geräuschvoll den Stuhl nach hinten. „Ich glaube, die wesentlichen Punkte haben wir besprochen, alles andere dann morgen früh. Oder gibt es noch Fragen?"

Als sich niemand meldete, stand er auf und wandte sich im Hinausgehen an Kai. „Ich möchte noch etwas mit Ihnen besprechen. Wenn es Ihre Zeit erlaubt, dann bitte gleich."

Kai stand wortlos auf, folgte ihm in sein Dienstzimmer und setzte sich erwartungsvoll auf den Besucherstuhl.

„Frau Sommer, wir müssen uns langsam nach einem Nachfolger für Herrn Severin umsehen. Ich war am Freitag schon mal in der Personalabteilung."

„Muß das denn jetzt schon sein? Ich bin ja für jede Unterstützung dankbar, aber in dieser besonderen Situation ..."

„Auf was wollen Sie denn noch warten? Severin ist seit sechs Wochen spurlos verschwunden, die Stelle ist vakant und ..."

„Sie haben ja recht. Aber an wen haben Sie denn da gedacht?"

„Das wollte ich ja gerade mit Ihnen besprechen. Schließlich müssen Sie mit dem neuen Kollegen auskommen, die Chemie muß stimmen, aber wem sage ich das? Ich habe da jemanden, der gern in Ihr Fachkommissariat kommen würde. Aber vielleicht sollten Sie sich mit ihm zunächst einmal unterhalten und dann eine Entscheidung treffen. Ist das so in Ordnung?" Als Kai zögernd nickte, wechselte Hundertmark das Thema: „Wie gefällt Ihnen der Staatsanwalt?"

„Ausgesprochen gut. Zumindest was den ersten Eindruck angeht. Ich hoffe nur, er bleibt uns lange erhalten – vielleicht als Nachfolger vom jetzigen?"

Hundertmark schwieg einige Sekunden. „So sieht es wohl aus." Als Kai ihn verwundert anschaute, fuhr er fort: „Mir ist da was zugetragen worden, was mir ganz und gar nicht gefällt – uns aber eigentlich auch gar nichts angeht. Frau Sommer, ich bitte Sie, das, was ich Ihnen jetzt sage, absolut vertraulich zu behandeln. Mir ist zugetragen worden, daß er einige Male in diesem Nachtclub Osmani gesehen wurde, der ja, wie wir alle wissen, nicht gerade den allerbesten Ruf hat. Man munkelt sogar, daß da Drogen umgeschlagen werden. Aber das nur am Rande. Ich meine, ganz abgesehen davon, daß in Hamburg eine Ehefrau auf ihn wartet, ist es auch aus dienstlicher Sicht höchst unklug und könnte unter Umständen sogar zu einem Problem werden. Denn wie es aussieht, wird es wohl im Tötungsfall Swetlana Koslow zu einem Wiederaufnahmeverfahren kommen, was ja im Hinblick auf das jetzige Erscheinungsbild des damaligen Hauptbelastungszeugen nicht verwunderlich ist, zumal auch das Gericht mittlerweile davon ausgeht, daß es bei der Urteilsfindung von Mike Severin getäuscht und hinters Licht geführt wurde. Ich kann natürlich nicht einschätzen, wie die Staatsanwaltschaft dazu steht. Gerade deswegen ist es äußerst unklug, wenn sich ein Vertreter der Anklagebehörde in diesem Nachtclub häufig sehen läßt. Einem Etablissement, das immerhin dem Mann gehört, gegen den unser Staatsanwalt womöglich in einigen Wochen die Anklage vertreten muß, wobei die Frage der Befangenheit hier nur das kleinere Übel sein dürfte. Aber, wie schon gesagt, eigentlich geht uns das nichts an."

Als Kai wieder in ihrem Dienstzimmer war, lehnte sie sich zurück, legte die Hände hinter ihren Kopf und schloß die Augen. Dann hatte sie also doch den Staatsanwalt gesehen, als sie mit Ossenkopp in diesem Nachtclub war – und kein Gespenst, wie ihr Kollege steif und fest behauptet hatte. Aber das bedeutete zunächst einmal nicht viel, denn schließlich konnte er in seiner Freizeit tun und lassen, was er wollte. Doch so einfach konnte man das wohl nicht abtun, da mußte sie Hundertmark völlig recht geben. Denn abgesehen von der moralischen Seite, für die sich allenfalls seine Frau in Hamburg interessieren könnte, wenn sie nicht gerade das führten, was man eine offene Ehe nannte, gab es da auch noch die dienstliche Seite und seine möglichst unangreifbare Stellung als Vertreter der Anklagebehörde.

Der Funkspruch der Zentrale erreichte die beiden Polizisten, als sie sich mit ihrem Streifenwagen auf der Kaiserstraße in Richtung Schützenallee befanden. Es war genau ein Uhr dreißig.

Der auf dem Beifahrersitz dösende Polizeioberkommissar Rainer Diesterberg schreckte auf und gab mit schläfriger Stimme ihre Position durch, während seine Kollegin Silvia Lösecke vorsorglich das Blaulicht einschaltete. Die quäkende Stimme aus dem Funkgerät war schlecht zu verstehen. „Verdächtige Geräusche aus der Almsstraße, in der Nähe der Wache. Seht mal nach, was da los ist ... Kommen!" „Verstanden, wir übernehmen. Ende!" Polizeioberkommissar Diesterberg gähnte verhalten und fluchte, während er umständlich nach seiner Mütze auf dem Rücksitz angelte. „Halt an! Das dauert ne Ewigkeit, bis wir da mit dem Wagen hinkommen. Ich springe schnell über den Zaun und sehe mal nach, was da los ist. Das ist ja nur ein Katzensprung."

„Soll ich nicht mitkommen?"

„Nee, laß man! Fahr lieber auf die andere Fahrbahnseite, damit ich gleich einsteigen kann, wenn ich zurückkomme. Wenn ich dann noch nicht wieder da sein sollte, kommst du einfach nach."

Silvia Lösecke versuchte noch einmal ihren Kollegen umzustimmen, doch der hatte schon die Fahrbahn überquert, sprang gerade über den etwa einen Meter hohen Metallgitterzaun und verschwand mit schnellen Schritten in Richtung Commerzbank. Silvia zuckte mit den Schultern, ließ den Wagen bis zur Kreuzung rollen, wendete dort und fuhr auf der Gegenseite wieder zurück. Scharf hinter der Dresdner Bank hielt sie, stieg aus und folgte ohne Hast dem Kollegen, der sich irgendwo vor ihr befinden mußte. Sie nahm an, daß wieder einmal ein paar Chaoten lärmend durch die Straßen gezogen waren, Mülltonnen umgestoßen und mit leeren Bierdosen geworfen hatten. Wie praktisch wäre es bei diesen Vorfällen, wenn die sich ganz in der Nähe befindliche Wache auch nachts besetzt wäre, statt schon um neunzehn Uhr dichtzumachen, ging es Silvia durch den Kopf, als sie jetzt stehenblieb und lauschte – doch sie hörte nichts. Sicherlich hatte Diesterberg schon für Ruhe gesorgt, was bei seiner Größe von fast zwei Metern und einem Gewicht von bestimmt zwei Zentnern keine besondere Herausforderung für ihn sein dürfte. Sie dachte daran, daß es manchmal ganz angenehm war, mit solch einem Berg von Kollegen Streife zu fahren. Wenn er nur nicht immer diese Machosprüche drauf hätte. Sie lauschte erneut ... nichts ... Wahrscheinlich spielte sich alles weiter oben ab, vielleicht auf der Jakobistraße oder direkt vor dem Kaufhof. Es konnte natürlich sein, daß inzwischen Ruhe eingetreten war, auch ohne ihr Eingreifen – doch dann hörte sie etwas. Es klang wie ein im Befehlston ausgestoßener Ruf, der ganz offensichtlich von ihrem Kollegen stammte. Typisch Diesterberg. Plötzlich knallte es, und danach hallte ein Schrei durch die Straße. Verdammt, das war ein Schuß! Rainer mußte geschossen

haben. Während sie hektisch ihre Pistole aus dem Holster zerrte und los-
sprintete, hörte sie die Geräusche von schweren Schuhen oder Stiefeln, die
sich schnell entfernten. Scheinbar suchten da irgendwelche Chaoten vor
ihrem Kollegen das Weite. Obwohl Silvia Seitenstechen bekam, steigerte
sie das Tempo. Sie wollte endlich wissen, was da vorn los war. Doch dann
hörte sie auf zu laufen und mußte sich zwingen weiterzugehen, zögernd
und wie im Zeitlupentempo, Schritt für Schritt – und schließlich erstarrte
sie, blieb stehen und hatte Mühe zu begreifen, was sich ihren Augen im
spärlichen Licht einer Straßenlaterne bot.

„Verflucht, wie konnte das passieren?" Der ruhige, ausgeglichene und be-
sonnene Kriminaldirektor, der seine Gefühle stets unter Kontrolle hatte,
war völlig außer sich. Wie ein Stier lief er durch das Besprechungszimmer, gestikulierte mit beiden Händen, blieb stehen, ging weiter und schüttelte immer wieder den Kopf. „Wie oft habe ich meinen Beamten gesagt,
niemals allein zu gehen, sondern immer ihren Partner mitzunehmen, mein
Gott, das lernt man doch schon auf der Polizeischule! Diesterberg war
doch kein Anfänger. Ich begreife es einfach nicht, zumal in letzter Zeit
hier schon so einiges passiert ist – die Überfälle, zwei Tote. Und nun so
was. Es ist unglaublich!"

Die Mitglieder der Sonderkommission hockten bedrückt und still auf
ihren Stühlen und starrten mit leeren Augen auf die eichenfurnierte Tischplatte oder in irgendeine Ecke des Besprechungsraumes. Sie konnten
Hundertmark gut verstehen und teilten seine Empörung: Polizeioberkommissar Rainer Diesterberg, ein erfahrener Kollege, hätte es wissen müssen
– und Silvia Lösecke, die erst vor ein paar Tagen zur Polizeikommissarin
ernannt worden war, ebenfalls. Doch die Beamtin war lediglich seiner
Anweisung gefolgt. Sie hätte sich ihm zwar widersetzen und remonstrieren
können, wie es so schön heißt, aber das war blanke Theorie.

Hundertmark schien sich etwa beruhigt zu haben. Doch die roten Flecken in seinem Gesicht waren untrügliche Zeichen dafür, daß sein Ärger
noch nicht verflogen war. Aber immerhin hatte er nun sein hektisches
Umhergelaufe eingestellt und sich ächzend auf einen Stuhl niedergelassen.
Er zerrte ein Taschentuch hervor, ließ seine Blicke über die Anwesenden
gleiten und wiederholte das, was er schon einmal gesagt hatte: „Wie konnte das passieren?"

113

Kai fühlte sich angesprochen und zuckte mit den Schultern. „Die entscheidende Frage ist für mich: Warum gerade heute, einen Tag, nachdem wir unsere Aktion zur Sicherung der Geschäfte eingestellt haben?"

„Was wollen Sie damit sagen?"

„Ich meine, das alles kann doch kein Zufall sein. Schließlich stand von der Einstellung der Aktion ja nichts in der Zeitung. Wir müssen uns daher wohl ernsthaft mit der Frage beschäftigen, ob es hier nicht doch eine undichte Stelle gibt, die vertrauliche Informationen weitergibt." Als sie die ungläubigen und teilweise auch empörten Gesichter ihrer Kollegen sah, fügte sie beschwichtigend hinzu: „Ich möchte hier wirklich keinem zu nahe treten. Aber findet ihr das nicht auch seltsam, einen Tag nach Einstellung unserer Aktion? So was Ähnliches haben wir ja schon mal bei dem zweiten Überfall auf das Schmuckgeschäft Köhler & Sohn erlebt. Wir waren in der fraglichen Nacht überall präsent, nur nicht dort, wo die Kerle zugeschlagen haben. Seltsam, nicht? Damals habe ich noch an einen dummen Zufall geglaubt, aber heute sehe ich das anders."

Hundertmark mischte sich ein. „Allerdings möchte ich für die, die hier anwesend sind, meine Hand ins Feuer legen."

„Das muß ja nicht unbedingt einer von unseren Leuten sein", gab Heinz Ossenkopp zu bedenken.

„Sondern?"

„Nun, es könnte auch jemand aus dem Umfeld der Staatsanwaltschaft sein."

Ungläubig schüttelte Hundertmark den Kopf. „Also, Herr Ossenkopp, ich muß schon sagen ... Glauben Sie das wirklich?"

„Ich meine nur, daß auch von dort was durchsickern könnte, nicht mehr und nicht weniger."

„Diese Vermutungen bringen uns im Augenblick nicht weiter", bemerkte Hundertmark und wechselte das Thema. „Frau Sommer, in welchem Zustand befindet sich Polizeikommissarin Lösecke?"

„Sie stand unter Schock, zumindest in den ersten Stunden, aber jetzt geht es ihr schon wesentlich besser."

„Was ist mit den Kollegen vom Landeskriminalamt?" wollte Ossenkopp wissen. „Die müßten doch eigentlich schon hier sein?"

Hundertmark winkte ab. „Das mit dem LKA können wir vorerst vergessen, die haben zur Zeit einen personellen Engpaß. Sie meinen, wir sollten die Ermittlungen zunächst noch eine Weile in eigener Regie weiterführen." Und mit Blick auf Kai. „Aber das dürfte ja auch in Ihrem Sinn sein, oder?"

Kai sparte sich eine Antwort und kam noch einmal auf Silvia Lösecke zu sprechen. „Also, ich konnte vorher nur kurz mit ihr sprechen, werde sie aber heute nachmittag noch intensiv befragen. Ich hoffe, wir können dann auch den Tatablauf rekonstruieren. Außerdem, so hoffe ich zumindest, werden wohl bald auch die Ergebnisse der kriminaltechnischen Untersuchung vorliegen. Schließlich haben die Kerle bei ihrer Flucht einen Hammer und eine Pistole zurückgelassen und ..."

„Und wieder einen toten Kollegen", vollendete Ossenkopp den Satz und nahm seinen Kopf in beide Hände.

„Der aber in diesem Fall nicht erschossen, sondern erschlagen wurde", bemerkte Kai mit tonloser Stimme.

11

Auch an diesem Morgen, dem Himmelfahrts- oder auch Vatertag, wie er landläufig genannt wird, kamen die Mitglieder der Sonderkommission nicht zur Ruhe. Der Tod des Kollegen Rainer Diesterberg lag ihnen schwer im Magen. Den meisten war zwar bekannt, daß er nicht erschossen worden war. Doch die näheren Einzelheiten seines Todes und das, was sich gestern in den ersten Morgenstunden ereignet hatte, waren ihnen bisher nicht bekannt. Doch das sollte sich nun ändern, denn jetzt lagen die Ergebnisse der kriminaltechnischen Untersuchung und der Bericht des Rechtsmediziners Dr. Brecht vor.

Durchgesickert war allerdings, daß Diesterberg, entgegen den bestehenden Vorschriften, im Alleingang die Täter stellen wollte, während er seine Kollegin Silvia Lösecke im Wagen zurückgelassen hatte. Mit gemischten Gefühlen wurde auch über mögliche, undichte Stellen innerhalb der Polizeiinspektion diskutiert – so wie Kai Sommer es zum Thema gemacht hatte. Aber wer sollte so etwas tun? Welche Motive konnte es geben, vertrauliche Vorgänge preiszugeben und womöglich einer kriminellen Vereinigung zuzuleiten? Denkbar wäre, daß jemand in Geldschwierigkeiten steckte, erpreßt wurde oder um sein oder das Leben seiner Familie fürchtete. Bei diesen Diskussionen tauchte auch immer wieder der Name des verschwundenen Mike Severin auf. Konnte es sein, daß er seine Finger im Spiel hatte und von seinen ehemaligen Kollegen vertrauliche Informationen erhielt? Und wo kamen die zehntausend Euro her? Konnte das womöglich nur ein Geldbetrag von vielen sein, den er erhalten hatte? Fragen über Fragen, auf die keiner eine Antwort wußte, über die man aber vortrefflich diskutieren konnte. Da die Gerüchteküche regelrecht brodelte, blieb auch Kai Sommer nicht unbehelligt, besonders weil erst kürzlich wieder in einem Artikel der offensichtlich gut informierten Boulevardzeitung die Vermutung geäußert wurde, daß zwischen Kai Sommer und ihrem ehemaligen Untergebenen nach wie vor eine Verbindung bestehen könne, zumal die Kriminalbeamtin – trotz allem, was passiert war – auch immer wieder den Kontakt zur Familie Severin suchte. Die Vermutungen und Recherchen der Reporter konnten nicht völlig aus der Luft gegriffen sein. Denn wenn das der Fall gewesen wäre, würde Kai Sommer sich das nicht gefallen lassen, und die Zeitung hätte eine Gegendarstellung abdrucken müssen. Aber das war nicht geschehen. Außerhalb der Sonderkommission gab es sogar Kollegen, die den Faden noch weitersponnen und in ihren Vorstellungen zu unglaublichen Ergebnissen kamen.

All diese Gedanken und Gerüchte schwirrten den Kollegen durch die Köpfe, als Kai jetzt mit Hundertmark den Besprechungsraum betrat. Während sie sich zu den Mitgliedern der Sonderkommission setzte, blieb Hundertmark stehen, atmete einige Male tief durch und versuchte, seiner Stimme einen sachlichen und emotionslosen Ton zu geben. „Nach eingehender Befragung der Polizeikommissarin Silvia Lösecke und den vorliegenden Ergebnissen des Erkennungsdienstes sowie dem Bericht der Rechtsmedizin stellt sich der Tatablauf des gestrigen Überfalls wie folgt dar: Polizeioberkommissar Diesterberg und Polizeikommissarin Lösecke wurden um ein Uhr dreißig per Funk aufgefordert, zur Almsstraße zu fahren, um dort oder auch auf dem Hohen Weg nach dem Rechten zu sehen. Anlaß war der zwei Minuten zuvor eingegangene Anruf eines Anwohners der Arnekenstraße, der verdächtige Geräusche aus der nahen Almsstraße gehört hatte – so die Aufzeichnungen unserer Zentrale. Anzumerken ist, daß die beiden Kollegen sich zu diesem Zeitpunkt mit ihrem Dienstwagen auf der Kaiserstraße in Richtung Schützenallee befanden, also jenseits des Metallgitterzaunes und unmittelbar vor der Abzweigung zur Speicherstraße."

Hundertmark kam dann auf das zu sprechen, was Silvia Lösecke am Tatort vorgefunden hatte. „Nach unseren Recherchen ist Frau Lösecke ungefähr um Viertel vor zwei am Tatort eingetroffen. Das Bild, das sich ihr bot, sah wie folgt aus: Rainer Diesterberg lag leblos auf dem Bauch, etwa hier." Hundertmark hielt inne, ging zum Flipchart, skizzierte mit schnellen Strichen die Straße, das Geschäft in Form eines Rechteckes und mit einem länglichen Kreuz den Ort, an dem Diesterberg aufgefunden wurde. Danach malte er mit einem dicken Filzstift die Großbuchstaben H und P auf das Papier.

„Ja, und hier lagen die Gegenstände, die am Tatort sichergestellt werden konnten, also ein Hammer, und, etwa vier Meter vor dem toten Kollegen entfernt, eine Pistole. Seine eigene Waffe, aus der er wahrscheinlich einen Warnschuß abgegeben hatte, lag verdeckt unter seinem Körper. Nach allem muß sich das Geschehen demnach wie folgt abgespielt haben: Als Diesterberg am Tatort eintraf, hatten einige der Bandenmitglieder das Geschäft bereits verlassen und befanden sich offensichtlich seitwärts hinter Diesterberg, einem Bereich, den der Kollege nicht einsehen konnte. Als er sich dann mit der Waffe im Anschlag dem Geschäft näherte, galt sein Augenmerk denen, die sich noch im Geschäft befanden oder gerade im Begriff waren, dieses durch die zerstörte Schaufensterscheibe zu verlassen. Allerdings könnte es auch nur einer gewesen sein, der den Rückzug sicherte – also eine ähnliche Situation wie damals im Fall Bodo Himstedt. Wahrscheinlich hat Diesterberg auch in diesen Sekunden den oder die Einbrecher lauthals aufgefordert, sich zu ergeben und danach dann den Warnschuß abgegeben. Die Rekonstruktion des Tatgeschehens stützt sich hier im Wesentlichen auf die Angaben von Lösecke, die das eben Gesagte akustisch verfolgen konnte, als sie noch etwa fünfzig Meter vom Tatort entfernt war. Wir müssen zudem davon ausgehen, daß nach Abgabe des Warnschusses der von Diesterberg angesprochene Einbrecher seine Waffe fallen ließ und zeitgleich ein Bandenmitglied ihm den Vorschlaghammer auf den Hinterkopf schmetterte. Wir können nur mutmaßen, daß derjenige mit der Pistole bei diesem Überfall ein anderer war, als der im Fall Bodo Himstedt, denn der hätte umgehend von der Waffe Gebrauch gemacht. Die weiteren Einzelheiten erfahren Sie nun von Frau Sommer."

„Ich glaube, den Bericht der Rechtsmedizin können wir uns sparen. Vielleicht nur so viel: Der Täter hat mit großer Wucht zugeschlagen, was zum sofortigen Tod des Kollegen geführt hat. Da Polizeioberkommissar Diesterberg fast zwei Meter groß war, geht die Rechtsmedizin aufgrund des Aufschlagwinkels davon aus, daß der Täter etwa einsachtzig groß gewesen sein muß, auf keinen Fall kleiner. Auf dem Stiel des relativ neuen Vorschlaghammers wurden mehrere Fingerspuren gefunden, die wir bisher noch keiner Person zuordnen konnten, allerdings werden einige noch ausgewertet. Gleich nach dieser Besprechung werde ich einige Kollegen bitten, in den nächsten Tagen die Baumärkte der Umgebung abzuklappern – vielleicht kann sich jemand an eine Person erinnern, die einen derartigen Hammer gekauft hat. Ich glaube, die Chancen stehen gut, hier etwas zu erfahren, zumal dieser Hammer der Firma Etop mit einem Gewicht von zehn Kilogramm in den meisten Baumärkten nicht vorrätig ist und im Regelfall immer erst bestellt werden muß. Außerdem könnten wir mit dieser Information auch an die örtliche Presse gehen, aber das sollten wir erst dann tun, wenn wir mit der Befragung nicht weiterkommen. Nun zu der zurückgelassenen Pistole: Wie erwartet oder auch befürchtet handelt es sich um eine Heckler & Koch P 2000. Unsere Fachleute haben herausgefunden, daß aus dieser Waffe die Projektile abgefeuert wurden, die den Rentner

Walter Klose und unseren Kollegen Himstedt getötet haben." Kai stockte, ließ ihre Blicke über die Kollegen schweifen und fügte mit belegter Stimme hinzu: „Anhand der Waffennummer konnten wir die Pistole Mike Severin zuordnen."

Am nächsten Tag in Hundertmarks Dienstzimmer.

„Frau Sommer, die Schlinge um den Hals des ehemaligen Kollegen zieht sich immer mehr zusammen. Ich glaube, das letzte Hoffen auf seine Unschuld oder eine Nichtbeteiligung an diesen Überfällen können wir nun wohl endgültig begraben. Es ist seine Pistole. Eine Waffe, mit der zwei Menschen getötet wurden, damit müssen wir uns und auch seine Familie sich wohl abfinden – ob wir nun wollen oder nicht."

„Wissen Sie, Herr Hundertmark, was mich an dieser Sache stört? Es irritiert mich, daß wir auf der Waffe, dem Magazin und den sich darin befindlichen Patronen zwar jede Menge Fingerabdrücke gefunden haben, nicht aber die von Mike Severin. Können Sie mir das vielleicht erklären?"

„Darauf gibt es nur eine Antwort: Wie alle Bandenmitglieder hat natürlich auch er Handschuhe getragen – so einfach ist das, und die Abdrücke können von weiß Gott woher stammen." Hundertmark wechselte das Thema. „Ich möchte mit Ihnen noch etwas besprechen. Unsere Leute von der Spurensicherung konnten am Tatort noch zwei Sachen sicherstellen, die einem der Täter bei der Flucht aus der Tasche gerutscht sein müssen. Es handelt sich um ein benutztes Taschentuch und Zündhölzer – so ein Heftchen, wie es oft für Reklamezwecke verwandt wird. Interessant dürfte für uns der goldgeprägte Aufdruck sein: ‚Vergessen Sie den eintönigen Alltag – kommen Sie zu uns in den Nachtclub Osmani!' Ich habe das gestern ganz bewußt verschwiegen, es wissen davon nur Ihr Kollege Peter Meiberg vom Erkennungsdienst, ich und jetzt auch Sie. Ich möchte auf keinen Fall, daß die Presse davon Wind bekommt und die Bande durch eine Veröffentlichung gewarnt wird."

„Und, gibt es Spuren?"

„Ja, auf dem Heftchen befinden sich Fingerspuren und am Taschentuch DNA-fähiges Material, das aber noch ausgewertet werden muß. Ich hoffe, wir haben die Ergebnisse spätestens Montag auf dem Tisch."

„Das bringt uns sicherlich einen Schritt weiter", seufzte Kai und lächelte. „Endlich haben wir Spuren. Es müßte doch mit dem Teufel zugehen, wenn wir hier nicht zu brauchbaren Ergebnissen kommen. Das ist wie

Ostern und Weihnachten zugleich. Entschuldigung, aber diese Bemerkung ist im Hinblick auf den getöteten Kollegen sicherlich völlig daneben."

„Ich verstehe Sie, Frau Sommer", beruhigte sie Hundertmark und wollte noch etwas hinzufügen, doch Kai kam ihm zuvor: „Vielleicht sollten wir in diesem Nachtclub früher oder später mal eine Razzia durchführen?"

„Mit welcher Begründung?"

„Natürlich haben wir nichts Konkretes in der Hand, allenfalls nur einen Anfangsverdacht."

„Woran denken Sie?"

„Nun, wie Sie wissen, vermuten unsere Kollegen vom Drogendezernat ja schon seit Monaten, daß da Kokain, Heroin und Designerdrogen umgeschlagen werden. Das ist das eine, und dann haben wir ja auch dieses Heftchen mit den Zündhölzern, woraus wir schließen können, daß zumindest einer dieser Typen eine Verbindung zu diesem Laden hat, der ja nun mal unserem Freund Mustafa Menderes gehört."

„Allein der Besitz dieser Streichhölzer sagt ja nun wohl gar nichts, allenfalls in Verbindung mit der Tatsache, daß sie als Spurenträger am Tatort gefunden wurden. Ich kann mir vorstellen, daß wir die Heftchen oder noch andere Werbeträger auch bei unserem Staatsanwalt finden und vielleicht auch in den Taschen prominenter Hildesheimer Bürger."

„Das mag ja alles sein. Aber trotzdem kommt es mir so vor, als würden in dem Club sämtliche Fäden zusammenlaufen, zumal Severin sich dort im Einsatz befand und dann plötzlich von der Bildfläche verschwand. Aber noch einmal zu der angesprochenen Durchsuchung. Ich meine, wir sind da äußerst zurückhaltend, in anderen Städten geht man da viel rigoroser vor."

Hundertmark runzelte die Stirn. „Ich glaub nicht, daß das, was wir haben, einen Durchsuchungsbeschluß rechtfertigt und der Richter da mitspielt. Da müßten wir schon etwas mehr auf den Tisch legen. Und stellen Sie sich vor", fügte er grinsend hinzu, „wir treffen bei der Razzia auf unseren Staatsanwalt, der sich gerade in einem Separée – natürlich kann das nicht passieren, denn er müßte uns ja für die Aktion vorher grünes Licht geben. Aber ich kann ihm das ja mal vorschlagen, ich meine, das mit der Razzia – auf seine Reaktion bin ich jetzt schon gespannt."

Der Triumph in Hundertmarks Stimme war nicht zu überhören. „Die sichergestellten Spurenträger, ich spreche hier von dem benutzten Taschentuch und einem Heftchen mit Zündhölzern, haben uns auf die Spur eines der Täter geführt, der schon mehrfach erkennungsdienstlich in Erscheinung getreten ist. Sein Name: Ingo Brockhaus, dreißig Jahre alt, ledig, vorbestraft wegen Autodiebstahls, Einbruchs, Hehlerei und noch anderer Delikte. Brockhaus wurde vor elf Monaten aus der Justizvollzugsanstalt Hannover auf Bewährung entlassen und ist seitdem mit Hauptwohnsitz in Hannover gemeldet – die genaue, ladungsfähige Anschrift liegt vor."

Hundertmark schwieg eine Weile, um die Neuigkeiten wirken zu lassen und wandte sich dann an den Staatsanwalt: „Ich habe das Landeskriminalamt um Unterstützung gebeten, das ja ohnehin diese überregionalen Serieneinbrüche an sich ziehen will. Ich gehe davon aus, daß die Kollegen ihn nun schon festgenommen haben und sich mit ihm bereits auf dem Weg nach Hildesheim befinden, falls sie Brockhaus in seiner Wohnung angetroffen haben. Wenn alles gutgeht, können wir schon heute nachmittag mit dem Verhör beginnen." Hundertmark wandte sich aufgeräumt an Kai: „Ich möchte Sie bitten, daß Sie das übernehmen."

„Frau Sommer, wenn es Ihnen nichts ausmacht, würde ich gern dabei sein", bat Weisenau mit belegter Stimme. Er war in den letzten Sekunden auffällig blaß geworden und versuchte, sich verstohlen kleine Schweißperlen von der Stirn zu tupfen.

Kai streifte Ossenkopp und ihren Vorgesetzten mit einem verwunderten Blick und wandte sich dann an den Staatsanwalt. „Herr Weisenau, warum sollte ich etwas dagegen haben? Ich bin für jede fachliche Unterstützung dankbar, und außerdem ist die Staatsanwaltschaft ja ohnehin Herrin des anstehenden Verfahrens. Also, sobald sich der Festgenommene hier in Gewahrsam befindet und ich ihn zur Vernehmung hochbringen lasse, rufe ich Sie an. Ist das in Ordnung?"

Weisenau nickte, schaute auf seine Armbanduhr und stand hektisch auf – er schien es plötzlich eilig zu haben. „Entschuldigen Sie, ich hätte fast einen wichtigen Termin vergessen."

Als er die Tür hinter sich ins Schloß gezogen hatte, meinte Kai: „Scheinbar geht es ihm heute nicht so gut, und irgendwie wirkt er überarbeitet und bedrückt. Na ja, vielleicht hat ihm von Waltershofen zu viele unerledigte Sachen auf den Schreibtisch gelegt, bevor er in Urlaub gefahren ist."

Hundertmark zuckte mit den Schultern und wandte sich gutgelaunt an Kai: „Wenn alles so abläuft, wie ich mir das vorstelle, können wir Brockhaus morgen dem Haftrichter vorführen und dann auch umgehend eine

Pressekonferenz einberufen – vielleicht sollte ich vorsorglich schon einen Termin mit dem Haftrichter vereinbaren und auch den Pressesprecher ...“

„Damit würde ich noch etwas warten“, dämpfte Kai seinen Optimismus.

Kai wollte gerade das Dienstzimmer verlassen, als sich ihr Telephon meldete. Ein Beamter vom Polizeigewahrsam war am Apparat. „Frau Sommer, die Kollegen aus Hannover haben soeben Ingo Brockhaus gebracht – wollen Sie ihn heute noch sehen?“

„Auf jeden Fall! Bringen Sie ihn, sagen wir, in einer Stunde zu mir ins Besprechungszimmer. Danke!“ Kai legte auf, rief den Staatsanwalt und Ossenkopp an und versuchte, die Kollegen in Hannover zu erreichen. Da die ersten Versuche fehlschlugen, griff sie zu einem Kugelschreiber und schrieb das auf, was sie den Kollegen fragen wollte und ihr wichtig erschien: Gab es Probleme bei der Festnahme? In welchem Zustand befand sich Brockhaus? Wie ist er eingerichtet? Befinden sich in seiner Wohnung Wertgegenstände, und wenn ja, welche? Fährt er ein Auto, und wenn ja, was für eins? Hat er womöglich eine Garage angemietet? Gibt es im Haus einen Keller oder einen Dachboden? Am liebsten hätte sie das alles selbst überprüft, doch dafür fehlte ihr die Zeit. Kai war froh, daß sie den verantwortlichen Kollegen zehn Minuten später endlich am Telephon hatte. Es wurde ein langes, aber lohnendes Gespräch.

Als Ingo Brockhaus aus dem Gewahrsam nach oben geführt wurde, warteten die, die etwas von ihm wollten, bereits im Besprechungszimmer. Kai sah einen mittelgroßen Mann vor sich, der nur noch wenig Ähnlichkeit mit dem Photo in der Kriminalakte hatte. Fast kam es ihr so vor, als würde eine völlig andere Person vor ihr stehen. Denn früher schien Brockhaus einmal ein gutaussehender Mann gewesen zu sein: blond, mit frischen, sympathischen Gesichtszügen und einem leicht gebräuntem Teint. Aber davon konnte nun keine Rede mehr sein. Jetzt war alle Farbe aus ihm gewichen, und er wirkte nur noch grau und kränklich, wobei seine hervortretenden Backenknochen und die ungepflegten Haare diesen Eindruck noch verstärkten. Am auffälligsten waren jedoch seine buschigen Brauen, unter denen mausgraue Augen blitzten. Sie schienen das einzige an ihm zu sein, das noch mit Leben erfüllt war – zumindest kam es ihr so vor.

Kai stellte die Anwesenden vor und bat den uniformierten Kollegen, dem Beschuldigten die Handfesseln abzunehmen. Danach fixierte sie ihn ungeniert, was ihm offensichtlich äußerst unangenehm war. Er konnte nur wenige Sekunden ihren Blick ertragen und schien regelrecht aufzuatmen, als Kai endlich zur Sache kam. „Herr Brockhaus, sind Sie damit einverstanden, daß unser Gespräch aufgezeichnet wird?" Als der Angesprochen nickte, fuhr Kai fort: „Die Kollegen haben Sie in Hannover über Ihre Rechte aufgeklärt, und als Beschuldigter können Sie jederzeit einen Anwalt hinzuziehen. Zudem weise ich darauf hin, daß Sie Fragen dann nicht beantworten müssen, wenn Sie sich dadurch bei wahrheitsgemäßer Beantwortung selbst oder einen nahen Angehörigen belasten."

Brockhaus sprang auf. „Vielleicht sagen Sie mir endlich mal klar und deutlich, warum ich hier bin, denn mit dem Geschwafel Ihrer feinen Kollegen aus Hannover konnte ich nicht viel anfangen!"

„Herr Brockhaus, setzen Sie sich! Bitte! Sobald die Formalitäten erledigt sind, erkläre ich Ihnen ganz genau, warum Sie hier sind. Kommen wir zunächst zur Abstimmung Ihrer Personalien. Sie heißen Ingo Brockhaus, sind dreißig Jahre alt, wohnen zur Zeit in Hannover und dort im Stadtteil Linden, wo die Polizeibeamten Sie vorläufig festgenommen haben. Vor elf Monaten wurden Sie auf Bewährung aus der Justizvollzugsanstalt Hannover entlassen. Ist das so richtig?" Kai wartete, bis er nickte und fragte dann: „Herr Brockhaus, was sind Sie von Beruf?"

Scheinbar hatte sie da eine empfindlich Stelle angesprochen, denn Brockhaus brauste erneut auf, wollte aufspringen, doch als sich der uniformierte Beamte mit den Handfesseln drohend näherte, beruhigte er sich schnell wieder. „Ich weiß zwar nicht, warum Sie das wissen wollen, aber meinetwegen. Ich bin Werkzeugmacher, habe allerdings nicht ausgelernt und bin zur Zeit arbeitslos." Seine Stimme klang krächzend und heiser, gerade so, als hätte er die vergangene Nacht durchgesoffen.

Wie immer bei ihren Verhören versuchte Kai zunächst so etwas wie ein Vertrauensverhältnis aufzubauen – so, wie es ihr vor vielen Jahren auf der Polizeischule in Psychologie und Vernehmungstechnik beigebracht wurde. Aber manchmal konnte sie dieses theoretische Schulwissen in der praktischen Polizeiarbeit nicht anwenden, besonders dann nicht, wenn sie einem ausgebufftem und durchtriebenem Beschuldigten gegenübersaß, der mit der polizeilichen Vernehmungstaktik bestens vertraut war. Das schien offensichtlich auch hier der Fall zu sein, denn ihre Versuche, mit Brockhaus über seine private Situation und über die Schwierigkeiten der Arbeitsplatzsuche zu sprechen, scheiterten auf ganzer Linie. Kai hatte das

Gefühl, daß ihn das überhaupt nicht interessierte. Warum auch? Sie sah ihn gelangweilt und teilnahmslos dasitzen.

Kai ließ sich Zeit mit ihren Fragen – eine Taktik, mit der sie schon gute Erfahrungen gemacht hatte, zumal sie wußte, wie zermürbend das Warten und die Ungewißheit auch für Ingo Brockhaus waren. Sie konnte sich gut vorstellen, wie ihm in diesen Minuten unzählige Gedanken und Fragen durch den Kopf schossen und marterten. Kai ignorierte das Räuspern Ossenkopps, dem das alles wieder einmal zu lange dauerte. Sie blätterte in der Akte und tat so, als würde sie etwas suchen, verfolgte dabei aber mit Genugtuung, wie Brockhaus auf dem Stuhl hin- und herrutschte und nervös umherschaute.

Doch bevor er seine Ungeduld und Unsicherheit durch neues aggressives Verhalten kompensieren konnte, fragte Kai ihn: „Herr Brockhaus, wo waren Sie am letzten Mittwoch, so kurz vor zwei Uhr? Das war der Tag des letzten Überfalls, den Sie mit Ihren Komplizen begangen haben."

Brockhaus sah sie überrascht an, scheinbar wurde ihm erst jetzt so richtig klar, warum man ihn festgenommen hatte, und Kai fragte sich, was die Kollegen in Hannover ihm als Begründung seiner vorläufigen Festnahme gesagt hatten.

Obwohl seine Antwort schon lange feststand, ließ sich Brockhaus auffällig viel Zeit und tat so, als müsse er intensiv nachdenken. Endlich präsentierte er die Antwort, die Kai erwarten hatte. „Nun, wie die meisten rechtschaffenen Bürger habe ich natürlich gepennt. Und um gleich Ihre nächste Frage zu beantworten: Nein, es gibt dafür keine Zeugen, da ich allein ..."

Kai fiel ihm hart ins Wort. „Dann erklären Sie mir bitte, warum wir dann am Tatort Ihr benutztes Taschentuch gefunden haben?"

Brockhaus schluckte, und sein ohnehin schon farbloses Gesicht schien noch grauer zu werden. Er knetete seine Hände und warf dem Staatsanwalt einen merkwürdigen Blick zu, den Kai nicht deuten konnte. Kai schickte sich an, ihre Frage zu wiederholen, doch da mischte sich Ossenkopp ein, der sich wieder einmal mit der Verhörmethode seiner Vorgesetzten nicht anfreunden konnte. „Herr Brockhaus, das war eine ganz einfache Frage, die ich gern noch mal wiederhole: Wie kommt Ihr verdammtes Rotztuch an den Tatort?"

Kai streifte ihren Kollegen mit einem tadelnden Blick, hielt sich aber zurück.

124

Brockhaus schien sich wieder gefangen zu haben. „Dafür gibt es eine ganz einfache Erklärung: Ich gehe gern in der Domstadt spazieren, und da kann es natürlich sein, daß ich auch mal durch diese Straße gegangen bin. Wissen Sie, die Stadt gefällt mir, es ist da alles so überschaubar, viel persönlicher, wenn Sie verstehen, was ich meine. Und dann die Sehenswürdigkeiten, die Kirchen, besonders der Dom, das Weltkulturerbe und ...“

„Herr Brockhaus, Sie sollten sich in Hildesheim als Fremdenführer bewerben, dann bräuchten Sie künftig keine Geschäfte mehr zu überfallen.“

„Heinz, bitte!“ raunte Kai kaum hörbar ihrem Kollegen zu, sagte dann aber laut und freundlich. „Herr Brockhaus, das ehrt Sie. Es ist immer wieder begrüßenswert, wenn sich Bürger für diese kulturellen Dinge interessieren, besonders in der heutigen Zeit. Es ist eine schöne und befriedigende Freizeitbeschäftigung. Ich nehme an, Sie machen diese Ausflüge häufig allein, sicher aber auch mit alten Freunden und Bekannten, und stets natürlich nur dann, wenn es hell ist und man die Sehenswürdigkeiten so richtig genießen und auch gut sehen kann – um sie hin und wieder dann auch zu photographieren. Sehe ich das richtig?“

Ingo Brockhaus entspannte sich, die letzten Worte der Kriminalbeamtin gefielen ihm, da sie ihn so beschrieb, wie er gern gewesen wäre. Kai seufzte, lächelte versonnen und übersah dabei die verwunderten und verständnislosen Blicke des Staatsanwaltes und ihres Kollegen. Sodann wiederholte sie ihre Frage, und Brockhaus nickte. „Genau so ist es! Das geht ja nur am Tage, ich meine, das Photographieren. In der Nacht schlafe ich natürlich, aber das hatte ich schon gesagt, und deswegen habe ich auch mit diesem verdammten Überfall nichts zu tun, den Sie mir da anhängen wollen.“

Doch dann kam die nächste Frage, schneidend, kalt und kompromißlos, begleitet mit einem Schlag auf die Tischplatte. „Verdammt, Herr Brockhaus! Dann erklären Sie mir, warum der Rotz auf Ihrem Taschentuch noch frisch war? Und auf keinen Fall alter als eine Stunde!“

Erneut schaltete sich Ossenkopp ein. „Vielleicht wäre es nun an der Zeit, ein Geständnis abzulegen“, und mit Blick auf den Staatsanwalt. „Das würde sich bestimmt auch strafmildernd auswirken. Herr Brockhaus, begreifen Sie endlich, hier geht es nicht nur um einen Einbruch, sondern auch um ein vorsätzliches und kaltblütiges Tötungsdelikt. Ich nehme an, Sie wissen, daß Sie hier bei der Mordkommission sind. Nennen Sie uns die Namen Ihrer Komplizen, besonders der Hintermänner. Wir können Sie schützen und – wenn Sie mit dem Mord an unserem Kollegen nichts zu tun haben – auch eine andere Identität geben. Besonders interessiert uns die Verbindung zum Nachtclub Osmani. Wir wissen inzwischen ...“

Weisenau, der die ganze Zeit still auf seinem Stuhl gesessen hatte, unterbrach Ossenkopp laut und heftig: „Vielleicht sollten wird dem Beschuldigten jetzt eine kleine Pause gönnen, damit er sich sammeln und auch das obligatorische Gespräch mit seinem Anwalt führen kann.“

Ärgerlich schaute Ossenkopp auf Kai, die genervt an die Decke schaute. „Gut, dann machen wir jetzt ne Pause. Bitte die Handfesseln anlegen und wieder runter in den Gewahrsam.“

„Ist das denn notwendig?“ fragte Weisenau.

„Ja, ist es, Herr Staatsanwalt! Oder wollen Sie die Verantwortung übernehmen?“ Kai war erstaunt, wie schnell ihre sympathischen Gefühle für den Staatsanwalt schwanden.

12

Immer noch verärgert folgte Ossenkopp Kai in ihr Dienstzimmer und lehnte sich fluchend gegen den furnierten Eichenschrank. „Kannst du mir mal erklären, was das eben sollte? Ich begreife es nicht! Warum muß sich der Idiot gerade in diesem Augenblick einmischen? Nur noch ein paar gezielte Fragen, und wir hätten ihn soweit gehabt."

„Heinz, wie redest du von unserem Staatsanwalt?"

„Ist doch wahr! Was der sich da geleistet hat, grenzt ja schon fast an Sabotage. Auf jeden Fall ..."

Ossenkopp kam nicht mehr dazu, sich noch weiter aufzuregen, da Kriminaldirektor Hundertmark im Türrahmen erschien. „Na, wie ist es gelaufen?"

„Gut", meinte Kai.

Und Ossenkopp ergänzte: „Oder genauer gesagt, bis zu dem Zeitpunkt, an dem uns der Herr Staatsanwalt in die Quere gekommen ist und das Verhör abgebrochen hat."

„Das müssen Sie mir schon etwas näher erklären."

Ossenkopp berichtete es kurz und schloß mit den Worten: „Nach allem finde ich sein Verhalten äußerst verwunderlich, zumal es nicht den geringsten Anlaß gab, das Verhör abzubrechen. Der Beschuldigte war weder erschöpft noch übermüdet. Bei von Waltershofen wäre so was nicht passiert."

„Vielleicht fehlt ihm einfach nur die Erfahrung, denn ich kann mir nicht vorstellen, daß Weisenau schon bei vielen Verhören dabei war", nahm Kai den Staatsanwalt in Schutz.

„Ein Grund mehr, sich zurückzuhalten", bekräftigte Ossenkopp seinen Standpunkt.

Das Telephon schrillte. Kai hob ab und reichte den Hörer an Hundertmark weiter. „Ein Gespräch für Sie "

„Ja, hier Hundertmark, was ..." Er preßte seine geöffnete Hand auf die Sprechmuschel, flüsterte „Roxfeld!" und sagte betont freundlich: „Herr Anwalt, ich freue mich, von Ihnen zu hören. Ich bin gerade in einer wichtigen Besprechung, und wenn Sie nichts dagegen haben, werde ich den Lautsprecher einschalten, damit meine Mitarbeiter gleich mithören können. Also, was kann ich für Sie tun?"

Kai staunte wieder einmal, wie überzeugend ihr Vorgesetzter lügen konnte, wo sie doch wußte, wie wenig auch er diesen verdammten Strafverteidiger ausstehen konnte, der immer noch bei den Gerichten zugelassen war, obwohl ihn die Anwaltskammer schon vor Jahren ausschließen wollte. Was hatte ihr dieser Winkeladvokat schon für Schwierigkeiten bereitet, besonders, als sie noch bei der Polizeidirektion in Hannover tätig war und Roxfeld den mehrfachen Frauenmörder Steinberg vertreten hatte – einen Arzt, der in den Diensten von Mustafa Menderes stand.

Da kam seine nervende Stimme klar und deutlich aus dem Lautsprecher. „Herr Kriminaldirektor, ich glaube, diese Höflichkeitsfloskeln können wir uns sparen, gehen wir lieber gleich in medias res. Wie ich gehört habe, wurde heute Herr Ingo Brockhaus auf brutale Weise und völlig unbegründet von Ihren Ermittlern festgenommen. Glauben Sie mir, das wird noch ein Nachspiel haben! Ach ja, ich möchte hiermit kundtun, daß der Festgenommene mich nach dieser willkürlichen Polizeimaßnahme mit seiner Vertretung beauftragt hat. Wie ich Sie und Ihre diensteifrige Frau Sommer kenne, stehen Sie schon in den Startlöchern, um Herrn Brockhaus zu verhören und mit unlauteren Mitteln ... Aber lassen wir das! Ich möchte Sie dringend ersuchen, mit Ihrer Befragung erst dann zu beginnen, wenn ich mit meinem Mandanten gesprochen habe."

„Herr Dr. Roxfeld, es wundert mich ein wenig, warum der Beschuldigte bisher noch nicht nach einem Anwalt verlangt hat, obwohl wir es ihm angeboten haben. Können Sie mir das vielleicht erklären?"

„Hören Sie, Herr Kriminaldirektor, das kann sich nur um ein Mißverständnis handeln. Wie dem auch sei, ich wiederhole mit aller Deutlichkeit: Beginnen Sie mit der Befragung meines Mandanten erst dann, wenn ich mit ihm gesprochen habe. Ich hoffe, daß Sie sich daran halten werden, denn sonst werde ich gegen Sie ..."

„Ich weiß, ich weiß, Herr Dr. Roxfeld, Sie werden sonst eine Dienstaufsichtsbeschwerde gegen mich einleiten. Zuvor verraten Sie mir aber noch, wann Herr Brockhaus Sie mit der anwaltlichen Vertretung beauftragt haben soll? Ich nehme an, er hat das erst in der letzten halben Stunde getan, oder? Und wenn das der Fall sein sollte, dann wissen Sie auch ganz genau, daß wir mit dem Verhör bereits vor über einer Stunde begonnen haben."

Als ein klickendes Geräusch aus dem Lautsprecher kam, hörte Hundertmark auf zu reden, schaute verdattert auf den Hörer und schüttelte den Kopf. „Na, das kann ja heiter werden."

Der Haftprüfungstermin begann pünktlich in einem Besprechungszimmer der Staatsanwaltschaft im Justizzentrum an der Kaiserstraße. Eine Stunde vorher hatte Roxfeld ein längeres Gespräch mit Ingo Brockhaus geführt, das aber – seinem Gesichtsausdruck nach zu urteilen – nicht in seinem Sinne verlaufen war. Als er jetzt zusammen mit seinem Mandanten in Begleitung von zwei uniformierten Polizisten den Besprechungsraum betrat, schaute er mißbilligend auf Kai und auffallend freundlich auf den Haftrichter und den Staatsanwalt, was sicherlich ein weiterer Versuch von ihm war, sein ziemlich angeschlagenes Image etwas aufzupolieren. Nach wie vor genoß Roxfeld in Justiz- und Anwaltskreisen nicht gerade einen guten Ruf, da seine Kunden ausschließlich aus dem Rotlichtmilieu und dem Kern der organisierten Kriminalität kamen und er seine Mandanten oft mit zweifelhaften Methoden verteidigte. Dies führte dazu, daß er immer wieder Schwierigkeiten mit seiner Standesvertretung bekam.

Nach den allgemeinen Formalitäten bat der Haftrichter um die Stellungnahmen der Parteien, wobei Kai auf Wunsch von Weisenau den Part der Staatsanwaltschaft übernahm, da sie, wie er meinte, besser mit dem Fall vertraut sei. Nach Darstellung des Sachverhaltes referierte sie abschließend. „Die Tatbeteiligung sehen wir insbesondere darin, daß der Beschuldigte für die Zeit des Überfalls kein Alibi vorweisen kann, gleichzeitig aber ein ihn belastendes Taschentuch am Tatort zurückgelassen hat. Das Ergebnis der DNA-Analyse läßt hier keinen anderen Schluß zu. Die Argumentation ..."

Roxfeld unterbrach sie. „Das zur Diskussion stehende Taschentuch kann mein Mandant auch schon einen Tag vorher an der besagten Stelle verloren haben. Schließlich ist er oft in Hildesheim und erfreut sich an den dort gebotenen Sehenswürdigkeiten!"

Der Haftrichter wandte sich fragend an Kai. „Frau Sommer?"

„Nein, das ist völlig ausgeschlossen, die Gebrauchsspuren am Taschentuch waren noch frisch und nach Auffassung der Rechtsmediziner nicht älter als sechzig Minuten."

„Auch diese Herren können sich täuschen", zischte Roxfeld, schwieg dann aber, so daß Kai fortfahren konnte.

„Ein weiterer belastender Punkt ist die Tatsache, daß Herr Brockhaus in seiner Wohnung sehr teure Geräte stehen hat – Fernseher, Stereoanlage, eine Photoausrüstung und viele andere Dinge – die einen Gesamtwert von über zwanzigtausend Euro haben. Herr Brockhaus konnte bisher noch keinen Beweis dafür liefern, aus welchen Mitteln er diese Gegenstände finanziert hat."

Der Haftrichter wandte sich fragend an den Anwalt. „Herr Roxfeld, können Sie oder Ihr Mandant dazu etwa sagen?"

„Auch dafür gibt es eine einfache und wie ich meine, auch einleuchtende und überzeugende Erklärung. Mein Mandant hat in den letzten Jahren, auch vor seiner wie ich meine nicht gerechtfertigten Verurteilung sehr sparsam, ja fast spartanisch gelebt und sich so im Laufe der Zeit einiges zusammengespart. Außerdem hat er Geld von seinen Eltern bekommen, die dieses aber nicht mehr bestätigen können, da sie leider verstorben sind."

„Frau Sommer?"

„Herr Richter, wir halten das für eine Schutzbehauptung, zumal ja auf dem Konto des mehrfach vorbestraften Beschuldigten nur Minusbeträge festgestellt wurden."

Roxfeld antwortete: „Ich meine, das gehört hier nicht her. Zudem gibt es immer noch Bürger, die den Banken nicht trauen. Außerdem ist es ja auch jedem freigestellt, ob er sein schwer verdientes Geld nun zu einer Bank bringt, es zu Hause deponiert oder guten Freunden anvertraut."

Der Haftrichter schmunzelte. „Aufgrund der allgemeinen Lebenserfahrung ist das doch ein bißchen weit hergeholt und weltfremd, finden Sie nicht auch, Herr Roxfeld?"

„Nein, durchaus nicht. Aber vielleicht noch einige Bemerkungen zur Person meines Mandanten. Ich möchte hier mit Nachdruck darauf hinweisen, daß sich Herr Brockhaus in den letzten Jahren vorbildlich geführt hat und es nun sein erklärtes Ziel ist, nie wieder straffällig zu werden", und mit beschwörendem Blick auf Haftrichter und Staatsanwalt: „Glauben Sie etwa, mein Mandant würde das alles aufs Spiel setzen? Er hat für seine Verfehlungen gebüßt und ist nun ein anderer, besserer Mensch geworden, interessiert sich für Photographie, Kunst und kulturelle Dinge – und er sucht dringend eine Arbeit. Um es noch einmal auf den Punkt zu bringen: Er möchte künftig ein straffreies Leben führen und ein wertvolles Mitglied der Gesellschaft werden. Dazu muß man ihm jedoch auch die Möglichkeit geben."

Kai fragte sich, ob Roxfeld wirklich glaubte, was er da sagte. Aber dennoch, er verstand es, Menschen mit Worten zu beeindrucken und auf die Tränendrüse zu drücken. Der Anwalt kam danach auf die zwingend notwendige Wiedereingliederung seines Mandanten in das tägliche Leben und den Arbeitsprozeß zu sprechen und appellierte eindringlich, ihm seine Zukunft nicht zu verbauen.

Als Roxfeld dann noch einmal seine Entlastungsargumente zusammenfassen wollte, bremste ihn der Haftrichter. „Herr Roxfeld, dadurch, daß Sie Ihre Argumente ständig wiederholen, werden sie nicht glaubwürdiger, zumal Sie mich in keiner Weise überzeugen können." Der Haftrichter schwieg eine Weile, schrieb etwas in die vor ihm liegende Akte und gab seine Entscheidung bekannt. „Aufgrund der Beweislage ordne ich für Herrn Ingo Brockhaus Untersuchungshaft an."

Roland Wolf war froh gewesen, daß seinem Antrag auf Versetzung nach Sehnde damals vor drei Jahren stattgegeben worden war und er seine Arbeit in der neuerbauten Justizvollzugsanstalt am Schnedebruch aufnehmen konnte. Davor hatte er mit seiner Frau Anita und den zwei Kindern in der Innenstadt von Celle gewohnt – die Kinder waren in dieser Stadt am Rande der Lüneburger Heide auch eingeschult worden, und er hatte in der dortigen Anstalt im Vollzugsdienst gearbeitet. Obwohl sie sich im Laufe der Jahre einen kleinen Freundeskreis aufgebaut und sich heimisch gefühlt hatten, war ihnen der Abschied nicht schwergefallen, weil sie sich in Sehnde den Traum vom eigenen Haus erfüllen wollten. Das Vorhaben schien von Anfang an auch unter einem guten Stern zu stehen, weil Anitas Eltern in Sehnde wohnten und im Besitz eines kleinen Grundstücks waren, das bebaut werden konnte. Da sie eine lange Bauphase vermeiden und sich Ärger mit den Handwerkern ersparen wollten, hatten sie sich für ein schlüsselfertiges Haus entschieden, ohne Keller, aber mit ausgebautem Dachgeschoß. Allerdings gab es bei der Finanzierung zunächst einige Schwierigkeiten, da die Hausbank der Vergabe eines größeren Kredits kritisch gegenüberstand, weil nur sehr wenig Eigenmittel und auch keine größeren Sicherheiten vorhanden waren. Doch schließlich bewilligte die Bank das beantragte Darlehen. Ganz entscheidend für die Kreditvergabe war, daß die Eheleute schon vor einigen Jahren einen bald zuteilungsreifen

Bausparvertrag abgeschlossen hatten. Ferner aber auch die Tatsache, daß Roland Wolf als Justizvollzugsbeamter über einen sicheren Arbeitsplatz verfügte und seine Frau Anita im naheliegenden Klinikum Wahrendorff eine Anstellung in ihrem erlernten Beruf als Krankenschwester gefunden hatte. Da Anitas Eltern nur wenige Minuten von ihnen entfernt wohnten, brauchten sie sich auch um die Betreuung ihrer zwei schulpflichtigen Kinder keine Sorgen zu machen.

Bis zwei Jahre nach dem Einzug lief dann auch alles so, wie die Bank und die Eheleute sich das vorgestellt hatten. Die Zins- und Kreditzahlungen erfolgten regelmäßig, und auch die sonstigen finanziellen Verpflichtungen lagen im Rahmen des Familienbudgets. Doch dann begannen die Probleme, als Anita wegen eines Bandscheibenvorfalls ihre Arbeit im Klinikum aus gesundheitlichen Gründen aufgeben mußte und alle Bemühungen, die Laufzeit des Darlehens zu verlängern und damit die monatliche Tilgungsrate zu verringern, am Widerstand der Bank scheiterten. Da neben den laufenden Verpflichtungen auch noch offenstehende Rechnungen beglichen werden mußten, konnte die drohende Zwangsvollstreckung nicht mehr aufgehalten werden. Sie hing wie ein Damoklesschwert über der vierköpfigen Familie und ließ sie verzweifeln.

Doch etwa vier Wochen vor der Anberaumung des Versteigerungstermins trat ein Ereignis ein, das die finanziellen Probleme der Familie mit einem Schlag zu beseitigen schien. Ein Mann meldete sich bei Roland Wolf und teilte ihm mit, daß er von seinen finanziellen Schwierigkeiten gehört habe und er ihm unter gewissen Umständen aus der Misere helfen könne. Um weitere Einzelheiten zu besprechen, schlug er einen Termin in einem Hildesheimer Nachtlokal vor. Obwohl Roland Wolf diesen Treffpunkt für etwas ungewöhnlich und auch nicht gerade seriös hielt, stimmte er in seiner Not und Verzweiflung der Verabredung zu.

Auf dem Weg vom Justizzentrum zu ihrer Dienststelle ging Kai das passive Verhalten Weisenaus nicht mehr aus dem Kopf. Obwohl der Haftprüfungstermin aufgrund der Beweislage das erwartete Ergebnis erbracht hatte, schien sich der Staatsanwalt nicht so recht darüber zu freuen, aber Kai konnte sich da auch täuschen. Dennoch fragte sie sich, warum er sie kein einziges Mal unterstützt hatte? War das etwa seine persönliche Note, sich zurückzuhalten und alles den Ermittlungsbeamten zu überlassen, nur weil sie besser in der Materie steckten? Sie hätte ihn gern einmal vor Gericht in der Rolle des Anklagevertreters erlebt. Möglicherweise kam diese Gelegenheit ja früher als erwartet und vielleicht schon, wenn dem Wiederaufnahmeverfahren im Tötungsfall Swetlana Koslow zugestimmt wurde. Kriminaldirektor Hundertmark war davon überzeugt, daß das bereits im übernächsten Monat passieren könnte. Wenn dann tatsächlich ein anderes Gericht das bisherige Urteil aufheben würde, wäre Mustafa Menderes voll rehabilitiert – und Mike Severin das, was er für Presse, Öffentlichkeit und einige Kollegen ohnehin schon war: ein korrupter Kriminalbeamter, der mit der skrupellosen Hammerbande in Verbindung stand, für den Tod mehrerer Menschen, darunter Swetlana Koslow, verantwortlich war.

Kai nahm sich vor, nur kurz ihr Dienstzimmer aufzusuchen und dann gleich in ihre Wohnung zu fahren. Sie wurde wieder einmal von ihrem schlechten Gewissen geplagt, da sie schon lange nicht mehr mit ihren Eltern in Heidelberg telephoniert hatte. Denkbar war auch, daß Thomas sich heute noch meldete. Doch daraus sollte vorerst nichts werden, denn als sie einen Blick auf ihren Schreibtisch warf, lag da ein Zettel ihres Vorgesetzten mit dem kurzen Hinweis, sie möge sich umgehend bei ihm melden. Kai warf sich auf ihren Schreibtischstuhl und griff zum Telephonhörer.

Hundertmark hob sofort ab. „Frau Sommer, ich bin gleich bei Ihnen!" Er wartete ihre Antwort nicht ab, sondern legte sofort auf – offensichtlich hatte er es eilig. Doch bis er endlich in ihr Dienstzimmer kam, vergingen noch mehr als zehn Minuten, was ihre Stimmung nicht gerade hob.

„Frau Sommer, ich komme noch einmal auf unser kürzlich geführtes Gespräch zurück. Ich meine die Sache mit der angedachten Razzia in dem Nachtclub."

„Ja, und?"

„Unsere Leute vom Drogendezernat haben dort am letzten Wochenende einen Kleindealer aufgegriffen, den die Kollegen vorher schon einige Tage observiert hatten. Der Mann wurde schon mal wegen Drogenbesitzes verurteilt und hat, da er auf Bewährung entlassen wurde und wir ihn unter Druck gesetzt haben, ein wenig geplaudert. Dabei hat er den Geschäftsführer des Nachtclubs, einen gewissen Dietrich Derringer, stark belastet. Im Grunde genommen hat er durch seine Aussage nur das bestätigt, was unsere Kollegen vom Rauschgiftdezernat schon seit längerer Zeit vermutet hatten. Ich habe dann einen Tag später Weisenau angerufen und aufgrund dieser Verdachtsmomente eine Durchsuchung des Clubs vorgeschlagen ..."

„... die er sicherlich abgelehnt hat", vollendete Kai den Satz ihres Vorgesetzten.

„Woher wissen Sie das?"

„Ich weiß es nicht, aber ich kann es mir gut vorstellen – es paßt zu ihm." Kai schilderte den Ablauf des Haftprüfungstermins. „Er hat kein einziges Wort gesagt – und das als Vertreter der Staatsanwaltschaft! Können Sie sich das vorstellen?"

„Nur schwerlich, Frau Sommer, nur schwerlich."

Kai hob beide Hände. „Der Haftrichter scheint sich auch darüber gewundert zu haben, zumindest kam es mir so vor. Bei von Waltershofen bin ich bei derartigen Terminen kaum zu Wort gekommen und habe mich oft gefragt, warum er mich überhaupt mitgenommen hat."

„Apropos von Waltershofen. Frau Sommer, wenn ich recht informiert bin, ist er morgen wieder im Dienst, oder?"

Kai blätterte in ihrem Kalender, nickte und grinste. „Dann würde ich doch vorschlagen, ihn gleich wegen der Razzia anzusprechen, denn sicherlich ist er nach seinem Urlaub voller Tatendrang."

„Genau das werde ich tun."

Fuchs aus dem Fachkommissariat Diebstahl und Betäubungsmittelkriminalität hatte Kai nach Rücksprache mit Hundertmark gebeten, an der Razzia teilzunehmen. Als sie dann mit einem Dutzend uniformierter Kollegen im Nachtclub Osmani auftauchten, war es genau zehn Uhr abends. Das Servicepersonal im großen Clubraum sah mehr erstaunt als erschrocken auf die massige Gestalt des Oberstaatsanwaltes, der mit einem Blatt Papier herumwedelte, gerade so, als wolle er sich frische Luft zufächeln.

Kai schob sich an ihm vorbei und ließ ihre Blicke über die etwa zwanzig männlichen Gäste gleiten, die mit tief dekolletierten Damen plaudernd und trinkend an den Tischen saßen, jetzt aber ihre ganze Aufmerksamkeit den Störenfrieden schenkten.

Als der Oberstaatsanwalt sich mit einigen Polizisten der runden Theke näherte, kam ihnen mit empörtem Gesichtsausdruck der entgegen, dem ihr Besuch in erster Linie galt: Dietrich Derringer, Geschäftsführer des Osmani und Vertrauter des inhaftierten Mustafa Menderes. Kai konnte sich noch gut an sein vogelartiges Gesicht erinnern, als Ossenkopp und sie den Nachtclub in der Hoffnung besucht hatten, hier etwas über Mikes Verschwinden zu erfahren. Ja, und dann war er ihnen bei der Beerdigung von Bodo Himstedt noch einmal über den Weg gelaufen.

Bevor er protestieren konnte, sagte von Waltershofen, während er ihm das vom Richter unterschriebene Stück Papier unter die Nase hielt: „Herr Derringer, das ist eine Anordnung, die uns ermächtigt, die Räumlichkeiten Ihres Etablissements zu durchsuchen. Ich bin Oberstaatsanwalt Dr. von Waltershofen und leite diese polizeiliche Maßnahme. Ich möchte Sie bitten, uns bei der Arbeit nicht zu behindern!"

Derringer stieg die Röte ins Gesicht, er kam einen Schritt näher, griff zu dem amtlichen Schriftstück, studierte es ausgiebig und baute sich dann drohend vor dem Oberstaatsanwalt auf. „Das können Sie mit mir nicht machen! Wieso gerade jetzt, wo mein Boß unschuldig im Knast sitzt? Das ist alles eine Intrige! Ich werde ihn jetzt ..." Er stockte, als hätte er es sich anders überlegt und begann noch einmal, aber in leicht geänderter Form. „Ich werde jetzt unseren Anwalt anrufen, und bis der hier ist, rühren Sie nichts an! Warten Sie mit Ihren Leuten draußen, Sie vergraulen mir nämlich die Gäste. Ich hoffe, wir haben uns verstanden!"

„Herr Derringer, Sie können Ihren Anwalt gern anrufen, ich nehme an, es ist Dr. Roxfeld. Aber wir werden sicherlich nicht warten, bis der hier ist, sondern sofort beginnen. Leute, wir fangen an!" Bei den letzten Worten hatte er sich umgedreht und eine halbkreisförmige Handbewegung gemacht.

Trotz aller Schwierigkeiten, die sie mit dem Oberstaatsanwalt gehabt hatte, mußte Kai hier und heute wieder einmal zugeben, daß er die Aktion voll im Griff hatte und auch mit der erforderlichen Konsequenz und Härte vorging. Sie konnte sich nicht vorstellen, daß Weisenau das auch so hinkriegen würde.

Kai und Jürgen Fuchs schwärmten mit je einer Gruppe uniformierter Kollegen aus, während sich andere auf Weisung des Oberstaatsanwaltes vor dem Ausgang und dem Rundbogen postierten, durch den die anderen Bereiche des Etablissements erreicht werden konnten. Sie durchsuchten alle Räumlichkeiten und Behältnisse, die ihnen verdächtig vorkamen und in denen man Drogen hätte verstecken können – doch sie fanden nichts!

Die Enttäuschung war Kai anzumerken, als sie mit Jürgen Fuchs neben der kleinen Bühne stand und eine junge Serviererin beobachtete. Es war die junge Frau, die sie damals bedient und ihr auch bereitwillig Auskunft über den vermißten Mike Severin gegeben hatte – allerdings nur, weil sie nicht wußte, daß Kai von der Polizei war. Als sich ihre Blicke jetzt trafen, glaubte Kai so etwas wie ein Erkennen in ihren Augen zu sehen, aber sie konnte sich auch täuschen, zumal sie damals ein Kleid angehabt hatte und keine Jeans und Lederjacke.

Derringer hatte sich erstaunlich schnell mit der Situation abgefunden, er hockte auf einem Barhocker, nippte an einem Getränk und schien sich über das Treiben der Polizisten zu amüsieren, besonders seit sie mit leeren Händen aus seinem Büro gekommen waren. Hin und wieder schaute er auf seine protzige Armbanduhr. Kai nahm an, daß er jeden Augenblick mit dem Eintreffen des Anwalts rechnete. Sie wandte sich an Fuchs. „Hast du das vorhin mitbekommen, ich meine, als Derringer spontan sagte, er wolle ihn sofort anrufen, sich dann aber korrigierte?"

„Du meinst, er wollte ..."

„Ja, ich bin sicher, er meinte damit seinen Boß."

„Das würde ja deine Vermutung bestätigen, daß Menderes auch während seiner Inhaftierung ständigen Kontakt zu seinen Leuten hat. Wir sollten nachher auf jeden Fall sein Handy beschlagnahmen. Die rechtlichen Möglichkeiten dazu haben wir ja. Unsere Position wäre natürlich erheblich besser, wenn wir belastendes Material finden würden." Fuchs seufzte. „Aber danach sieht es wohl im Augenblick nicht aus."

Sie schwiegen eine Weile und beobachteten einige der Gäste, die ihre Zeche bezahlten und teilweise verärgert den Club verließen. Jürgen Fuchs schaute auf seine Armbanduhr. „Jetzt sind wir schon fast eine Stunde hier. Wenn ich den grinsenden Derringer da an der Theke sehe, könnte ich fast glauben, daß er einen Tip bekommen hat. Vielleicht hast du ja recht mit deiner Vermutung, ich meine, mit dieser undichten Stelle bei uns oder, wie Ossenkopp meint, vielleicht auch bei der Staatsanwaltschaft."

„Laß das bloß nicht von Waltershofen hören, der geht sofort an die Decke. Denkbar ist doch auch, daß sich dieser Kleindealer nur wichtig machen wollte und euch falsche Infos gegeben hat. Aber bevor wir hier abbrechen, sollten wir uns auf jeden Fall noch einmal in den Räumen des Geschäftsführers umsehen – mir ist da nämlich gerade so ein Gedanke gekommen." Als sie an Derringer vorbeigingen und zielgerichtet sein Heiligtum ansteuerten, verschwand das Grinsen aus seinem Gesicht, was Kai befriedigend zur Kenntnis nahm.

Im luxuriös ausgestatteten Büro wandte Fuchs sich neugierig an Kai. „Was ist dir gerade eingefallen?"

Ohne auf seine Frage einzugehen, ließ Kai ihre Blicke über die Einrichtung gleiten. „Sag mal, wo würdest du etwas wirklich Wertvolles und Wichtiges verstecken?"

„Natürlich in einem Safe, den ich allerdings so einbauen würde, daß er nur schwer oder am besten gar nicht von Unbefugten oder Fremden gefunden werde kann. Vielleicht hinter einer Tapetentür, einem Gemälde, einem Schrank oder im Fußboden unter einem Teppich. Aber Kai, das können wir alles vergessen, wir haben das vorhin mit einigen Kollegen alles schon durchgecheckt. Worauf willst du eigentlich hinaus?"

„Als ich noch bei der Polizeidirektion in Hannover war, standen wir einmal vor einer ähnlichen Frage. Allerdings suchten wir da keinen Safe, sondern etwas anderes. Aber das ist eine lange Geschichte, die ich dir vielleicht ein anderes Mal erzähle. Auf jeden Fall fanden wir den Zugang zu dem Gesuchten über einem Schrank, wie dem dahinten an der Wand, der dem in Hannover verdammt ähnlich sieht." Kai ging auf das Möbelstück zu, öffnete die Flügeltür und schaute auf die wenigen Gegenstände, die sich darin befanden. Auch damals in Hannover war der Schrank fast leer gewesen.

„Diesen Schrank haben unsere Leute genau durchsucht, da gibt es nichts. Auch die Rückwand läßt sich nicht öffnen oder verschieben – wir haben alles sorgfältig abgetastet."

Kai überhörte die etwas vorwurfsvolle Feststellung ihres Kollegen, stieg mit dem rechten Bein in den Schrank, schob eine Golftasche zur Seite und begann die Rückwand systematisch abzutasten, erst vorsichtig, dann mit der ganzen Kraft ihrer Finger. Nichts! Enttäuscht wandte sie sich ab und schlug beim Hinaussteigen mit ihrer geballten Faust noch einmal kraftvoll gegen die Rückwand. Sie erstarrte in ihren Bewegungen, als die Wand wie von Geisterhand geräuschlos zur Seite schwebte und die Sicht auf einen großen Safe freigab. „Mein Gott, genau wie damals", murmelte Kai fast ehrfurchtsvoll und schaute triumphierend über die Schulter auf Fuchs, der mit offenem Mund dastand, was ganz schön bescheuert aussah, wie Kai empfand.

Nach einigen Sekunden hatte er sich jedoch gefangen und schüttelte den Kopf. „Du wirst mir langsam unheimlich." Er streifte sich routiniert die Latexhandschuhe über, drängte sich an Kai vorbei und strich fast liebevoll über das glänzende Zahlenschloß, fast so, als wollte er prüfen, ob

137

das alles real und keine Sinnestäuschung war. „Wie bist du darauf gekommen?"

Kai lächelte spitzbübisch. „Der Mensch ist ein Gewohnheitstier oder, um es mit Goethe zu sagen: Schöne, freundliche Gewohnheit des Daseins und Wirkens."

Fuchs starrte sie verständnislos an, als würde er an ihrem Verstand zweifeln. Er wollte etwas sagen, doch seine Kollegin kam ihm zuvor.

„Oder mit anderen Worten: Wenn ein Mensch sich an eine bestimmte Sache, eine Technik oder an ein Verfahren gewöhnt hat, hält er in den meisten Fällen daran fest – denn warum sollte er sich neu orientieren? Wie schon gesagt, in Hannover befand sich der Zugang zu dem Versteck ebenfalls in solch einem Schrank. Ein junger Kollege von mir entdeckte das damals durch Zufall. Er hatte durch einen heftigen Schlag gegen die Rückwand des Schrankes einen versteckten Mechanismus ausgelöst – genau das, was ich eben gemacht habe. Ich bin daher sicher, daß dieses hier die gleiche komplizierte, aber auch schlaganfällige Technik ist."

„Ja, und was hat dein damaliger Fall nun mit unserem zu tun?"

„Der Schrank in Hannover stand in einem Antiquitätengeschäft und dieser hier in diesem Nachtclub – und beide, Immobilien und Schränke, sind Eigentum von Menderes."

13

Hundertmark hob mehrmals hintereinander den Daumen seiner rechten Hand, eine für ihn ungewöhnliche Geste, die auch nicht so recht zu ihm paßte – weiß der Teufel, wo er die herhatte. „Frau Sommer, meine Herren, alle Achtung, das war ein bemerkenswerter Erfolg. Herr Fuchs, wenn Sie bitte die wesentlichen Punkte noch einmal zusammenfassen, damit wir unser weiteres Vorgehen besprechen können."

Der Leiter des FK 2 wiederholte das, was er Hundertmark schon vor gut einer Stunde stichwortartig als Vorinformation gegeben hatte. Er vertiefte es hier aber noch einmal, zumal einige der Kollegen nicht an der Durchsuchungsaktion teilgenommen hatten. Nach wenigen Sätzen meinte er dann mit Blick auf Kai: „Aber den eigentlichen Erfolg der Aktion verdanken wir unserer Kollegin Sommer, denn nur durch ihren entscheidenden Hinweis sind wir ja erst fündig geworden. Ich bin daher sehr froh, daß ich sie gebeten hatte, an der Razzia teilzunehmen." Seine weiteren Worte gingen in dem heftigen Klopfen und Klatschen der Kollegen unter. Als die Beifallsbekundungen verebbten, meinte Hundertmark: „Frau Sommer, es ist schon erstaunlich, wie Sie darauf gekommen sind. Alle Achtung!"

Kai winkte ab. „Das war reiner Zufall, nichts als Zufall und ein bißchen Glück."

„Da bin ich mir nicht so sicher, bestimmt war da auch so etwas wie eine Inspiration im Spiel oder das, was Sie immer gern der weiblichen Intuition zuschreiben. Wie dem auch sei, es war schon bemerkenswert. Aber nun weiter. Herr Fuchs, ich hatte Sie unterbrochen."

„Wir haben im Safe ein Sammelsurium der unterschiedlichsten Drogen gefunden: Marihuana, Kokain, Crack, Amphetamine, Ecstasy und andere Glückspillen. Aber auch ein mit Edelsteinen besetztes Kollier und verschiedene Schriftstücke wie Kaufverträge, Personalakten und einige verschlossene Umschläge. Der gesamte Inhalt des Safes wurde beschlagnahmt. Die aufgelisteten Drogen und das Schmuckstück sind hier in der Asservatenkammer, und die schriftlichen Unterlagen befinden sich zur Auswertung bei der Staatsanwaltschaft. Der Erkennungsdienst hat zudem von allen Fundstücken Fingerspuren genommen, die allerdings noch nicht ausgewertet sind."

„Der Geschäftsführer des Nachtclubs", ergänzte Kai, „ein gewisser Dietrich Derringer, wurde noch in der Nacht vorläufig festgenommen. Dr.

Roxfeld, der kurz nach der Durchsuchung eintraf, hat zwar heftig dagegen protestiert und darauf hingewiesen, daß bei Derringer keine Fluchtgefahr bestünde, doch darauf hat sich Herr von Waltershofen nicht eingelassen. Wir müssen Herrn Derringer auf jeden Fall heute noch dem Haftrichter vorführen, aber bei der Beweislage dürfte das eine reine Formsache sein, zumal wir in seinen Taschen auch die Safekombination und die entsprechenden Schlüssel gefunden haben – eine Tatsache, über die wir uns sehr gewundert haben. Aber scheinbar hat er sich absolut sicher gefühlt und nicht im Traum daran gedacht, daß wir den Safe jemals finden würden."

„Wichtig erscheint mir auch", sagte Jürgen Fuchs, „daß wir das Handy des Geschäftsführers beschlagnahmen konnten. Unsere Fachleute checken zur Zeit, mit wem er in letzter Zeit telephoniert hat. Auf das Ergebnis bin ich schon jetzt gespannt."

Die Zustimmung der Kollegen hatte Kai gut getan: ein paar anerkennende Worte, ein bißchen Aufmerksamkeit und ermunternder Zuspruch – das war Balsam für ihre Seele. Sie konnte sich nicht erinnern, daß Kollegen jemals in solch einer Situation geklatscht hätten. Nur gut, daß ihr das mit dem Mechanismus eingefallen war. Vielleicht war es ja doch der Schrank, der auch in diesem hannoverschen Antiquitätengeschäft von Menderes gestanden hatte, spätes siebzehntes Jahrhundert, hatte ein Kollege gesagt, der etwas davon verstand. Das Telephon riß sie aus ihren Erinnerungen, nur widerwillig griff Kai zum Hörer. Hundertmark war in der Leitung. Was wollte der jetzt noch von ihr, Freitag vor Pfingsten?

„Frau Sommer, von Waltershofen hat mich gerade angerufen. Er will unbedingt noch heute mit mir sprechen. Es sei äußert wichtig und zudem auch diffizil und problematisch, wie er meinte, was immer er damit auch ausdrücken will. Auf jeden Fall geht es wohl um brisante Unterlagen aus dem Safe. Um es kurz zu machen: Wir treffen uns um vier hier bei mir im Dienstzimmer, und ich habe darauf bestanden, daß Sie an dem Gespräch teilnehmen."

„Hat er denn keine Andeutung gemacht?"

„Nein, er wollte sich darüber am Telephon nicht äußern. Er tat gerade so, als würde es um Leben und Tod gehen. Weiß der Teufel, was ihn da so aus der Fassung gebracht hat."

„Also, dann um vier bei Ihnen. Ich werde pünktlich sein."

Kaum hatte sie aufgelegt, kam Ossenkopp schnaufend in ihr Zimmer und setzte sich ächzend auf den Besucherstuhl. Offensichtlich machte ihm die ungewöhnliche Hitze zu schaffen, seine Stirn glänzte, und unter den Achseln seines Hemdes hatten sich dunkle Flecken gebildet. Kai löste sich von dem nicht gerade schönen Anblick und konzentrierte sich auf das, was er sagte. „Ich komme gerade aus der KTU. Es geht um das Handy des Geschäftsführers und die Fingerabdrücke auf den Fundstücken im Safe."

Kai beuge sich gespannt vor. „Das ging ja fix. Laß mich raten. Derringer hat mehrere Gespräche mit der Justizvollzugsanstalt in Sehnde geführt. Stimmt's?"

„Ja, allerdings! Allein in dieser Woche hat er dort bereits sechsmal angerufen. Die Gespräche waren relativ kurz, dauerten immer nur zwischen einer und drei Minuten und fanden überwiegend nach zweiundzwanzig Uhr statt. Ich bin mir absolut sicher, daß sein Gesprächspartner Menderes war."

„Dann haben wir doch endlich den Beweis dafür, daß er ..."

„Nein, haben wir nicht! Wir konnten zwar die angerufene Handynummer einem gewissen Roland Wolf zuordnen – das ist ein dort beschäftigter Justizvollzugsbeamte. Doch dieser Herr Wolf hat auf Nachfrage der Gefängnisleitung behauptet, man habe ihm das Gerät schon vor einiger Zeit gestohlen. Ich bin mir aber ziemlich sicher, daß das eine Schutzbehauptung ist. Doch das Gegenteil können wir ihm nicht beweisen, zumindest im Augenblick noch nicht."

„Was ist dieser Menderes doch für ein gerissener Hund", entfuhr es Kai.

„Da kann ich dir voll zustimmen. Denn weder im Safe noch am Zahlenschloß oder an der Tür konnten wir Spuren von ihm finden. Fast alle Abdrücke stammen von dem Geschäftsführer und anderen Personen, die aber erkennungsdienstlich noch nicht in Erscheinung getreten sind."

„Sag mal, gibt es Hinweise, die zur Hammerbande führen?"

„Ja und nein. Das Kollier aus dem Safe stammt nachweisbar aus dem Überfall bei Köhler & Sohn, doch dieser Derringer behauptet doch steif und fest, er hätte das Schmuckstück als Geschenk für seine Freundin von einem durchreisenden Geschäftsmann gekauft, der als Gast im Nachtclub gewesen sei. Natürlich konnte er sich an den Namen nicht mehr erinnern, nur daran, daß der Mann auf ihn einen überaus seriösen Eindruck gemacht habe und er daher auch nicht im Traum an Hehlerware gedacht hätte. Also immer die gleiche Masche. Wir kennen das ja."

„Und, gibt es irgendwelche Hinweise auf Mike?"

„Nee, nur das, was wir alle schon wissen, daß er dort so was wie ein Stammgast gewesen ist, was mit dieser Swetlana Koslow gehabt hat, keinen Bock mehr auf seinen Job hatte und so weiter. Deshalb glaube ich immer mehr, daß er sich ins Ausland abgesetzt hat."

„Ohne vorher Kontakt zu seiner Mutter oder Schwester aufzunehmen? Mein Gott, Heinz, glaubst du das wirklich?"

„Wer sagt dir denn, daß die Verbindung nicht schon lange besteht und die Familie uns das mitgeteilt hätte."

„Aber trotzdem hat die Razzia so einiges gebracht. Findest du nicht auch?"

„Schon, aber nichts, was wir in irgendeiner Weise gegen Menderes verwenden können. Er wird Empörung heucheln und behaupten, nichts von dem Inhalt des Safes gewußt zu haben. Seine Weste wird sauberer sein denn je, besonders, wenn das auch noch mit dem Wiederaufnahmeverfahren klappt und alle Welt dann endgültig glaubt, daß ein durchgeknallter und korrupter Kriminalbeamter ihm aus persönlichen Rachegelüsten einen Mord anhängen wollte."

Als Kai pünktlich um vier das Dienstzimmer ihres Vorgesetzten betrat, war sie erstaunt, von Waltershofen schon anzutreffen. Sie nahm an, daß er vorab einige Dinge mit Hundertmark besprochen hatte, die offensichtlich nicht für ihre Ohren bestimmt waren. Irgendwie kam es ihr so vor, als würde auf den Schultern des Oberstaatsanwaltes eine schwere Last liegen, die er trotz seines kräftigen Körperbaus kaum noch tragen konnte. Dabei hatte er doch die gestrige Durchsuchungsaktion mit Bravour geleitet und war mit dem Ergebnis – ohne Kai allerdings ein einziges Mal zu loben – voll zufrieden gewesen. Allein wie er mit dem grobschlächtigen Geschäftsführer Derringer umgegangen war und sich dann auch noch mit dem Anwalt Roxfeld auseinandergesetzt hatte, imponierte ihr. Alle Achtung! Und nun diese Veränderung? Auf jeden Fall schien er schwer angeschlagen zu sein. Dabei hätte sie in dieser Situation eigentlich Schadenfreude empfinden müssen, denn wie oft hatte sie dieser Kotzbrocken vorgeführt und sie mit seiner arroganten und oberlehrerhaften Art zur Weißglut gebracht. Wie oft wollte sie es ihm heimzahlen. Doch diese Rachegelüste gab es auf einmal nicht mehr, schienen wie weggewischt – sie war nicht mehr in der Lage, für diesen Mann, der da geknickt in einem Sessel saß, so etwas wie Häme zu empfinden.

Hundertmark sagte: „Frau Sommer, schön daß Sie da sind. Ich hatte eben schon mit Herrn von Waltershofen ein kleines Vorgespräch, und ich möchte sie vorab schon einmal um absolute Diskretion bitten." Als er Kais leicht gekränkten Gesichtsausdruck sah, fügte er beschwichtigend hinzu: „Ich weiß, ich brauche das bei Ihnen nicht ausdrücklich zu betonen." Hundertmark räusperte sich und schien nicht so recht zu wissen, wie er beginnen sollte. „Ja, dann ... dann gehen wir doch gleich in medias res", und mit Blick auf den Oberstaatsanwalt, „wollen Sie, oder soll ich?" Als von Waltershofen nur müde die Hand hob, kam Hundertmark endlich zur Sache. „Also, in dem Safe wurden Unterlagen gefunden, die Herr von Waltershofen gestern nacht noch gesichtet hat und die einige Brisanz enthalten, wobei die meisten Schriftstücke allerdings erst noch ausgewertet werden müssen. Aber hier und jetzt geht es um eine äußerst pikante, ja wie soll ich sagen, auch leicht anstößige ..."

Von Waltershofen beugte sich vor, wobei die Empörung in seinem Gesicht nicht zu übersehen war. „Entschuldigung, Herr Hundertmark, aber ich glaube, das sind nicht die richtigen Termini. Hier geht es schlicht und ergreifend um den guten Ruf und die Glaubwürdigkeit eines ganzen, bisher untadeligen Berufsstandes! Glauben Sie mir, die Staatsanwaltschaft wird diese Ungeheuerlichkeit, diesen Makel so schnell nicht verkraften und zur Tagesordnung übergehen können! Ich frage mich, wie wir nach bestem Wissen und Gewissen unsere Anklagen erheben sollen, wenn so etwas in unseren eigenen Reihen passiert. Es ist nicht nur ein Skandal, der uns ..."

Beschwichtigend unterbrach ihn der Kriminaldirektor. „Bei allem Respekt, Herr von Waltershofen, aber übertreiben Sie da nicht ein wenig. Ich meine ..."

Kai fühlte sich wie das fünfte Rad am Wagen und fragte sich schon die ganze Zeit, was sie hier überhaupt sollte. „Kann mir vielleicht einer der Herren mal erklären, um was es hier eigentlich geht, ich verstehe nämlich kein Wort."

„Frau Sommer, es geht hier darum, daß Herr Dr. Weisenau ganz offensichtlich erpreßt wurde und der dringende Tatverdacht gegen ihn besteht, vertrauliche Informationen aus der Polizeiinspektion und der Staatsanwalt-

143

schaft einer kriminellen Vereinigung übergeben zu haben. Er hat wahrscheinlich über Mittelsmänner auch der Hammerbande die Einsatzpläne der Ermittlungsbehörden zugeleitet." Hundertmark brach ab, ließ den Satz in der Luft stehen, während von Waltershofen noch tiefer in seinem Sessel zu versinken schien.

Kai brauchte einige Zeit, um zu begreifen, was sie da gerade gehört hatte. Mein Gott, das war ... das war ... so unglaublich, so ungeheuerlich und auf erschreckende Weise auch absurd. Wenn man weiter darüber nachdachte, würde das bedeuten – daß der gutaussehende und freundliche Staatsanwalt, der die Nachfolge von Waltershofens antreten sollte, eine beträchtliche Mitschuld am Tod einiger Menschen trug. Die Gedanken schossen Kai nur so durch den Kopf – und auf einmal gab es Antworten auf viele Fragen: sein ungewöhnlich hohes Interesse an der Einstellung ihrer Aktion zum Schutz der Schmuckgeschäfte und der einen Tag später erfolgte Überfall auf eines dieser unbewachten Geschäfte, sein Schweigen beim Haftprüfungstermin, das seltsame Verhalten bei dem Verhör mit Ingo Brockhaus, und die Blicke zwischen dem Beschuldigten und ihm, dem Staatsanwalt und Herrn des Ermittlungsverfahrens. Vieles wurde jetzt klarer, Puzzleteile fügten sich zusammen und ergaben ein Bild – ein schreckliches Bild.

Ein Rascheln auf dem Tisch unterbrach ihre Gedankengänge. Hundertmark schob ihr Photos über den Tisch, die vor ihm verdeckt unter einem Umschlag gelegen hatten. Profiaufnahmen in bester Farbqualität wie aus einem Pornoheft. Ein Paar in eindeutigen Posen: Ein ihnen allen bekannter Mann und eine schöne junge Frau mit chirurgisch aufgestockten Brüsten, aber mit abgewandtem und nicht erkennbarem Gesicht.

Der Oberstaatsanwalt wiederholte noch einmal das, was Hundertmark im Grunde genommen schon gesagt hatte: „Ich möchte Sie bitten, diese unschöne Angelegenheit – solange es nur irgendwie möglich und vertretbar ist – für sich zu behalten. Es wäre ein furchtbarer Skandal, wenn die Presse das jetzt schon aufgreifen würde. Natürlich können wir das nicht unter den Teppich kehren – das dürfen und wollen wir auch nicht. Zu Ihrer Kenntnisnahme möchte ich noch mitteilen, daß ich vor einigen Stunden mit Herrn Weisenau ein sehr ernstes Gespräch geführt und ihm auch die Konsequenzen seines Handels deutlich gemacht habe – obwohl man sich das bei einem Volljuristen ja eigentlich sparen könnte. Er hat meinen Verdacht bestätigt und seine Verfehlungen in vollem Umfang eingeräumt – al-

144

les andere wäre auch zutiefst unehrenhaft und zudem auch äußerst peinlich gewesen. Bei allem habe ich die stille Hoffnung, daß er sein schändliches Tun auch ehrlich bereut. Im Hinblick darauf, daß ein Kollege von mir gegen ihn ein Ermittlungsverfahren einleiten wird und er auch mit gerichtlichen Konsequenzen zu rechnen hat, habe ich ihm ganz dringend geraten, umgehend seinen Dienst zu quittieren. Ich glaube, das wäre für alle Seiten die eleganteste Lösung. Auf jeden Fall habe ich ihn gleich nach dem Gespräch mit sofortiger Wirkung vom Dienst suspendiert. Ich nehme an, daß er jetzt schon bei seiner Ehefrau in Hamburg eingetroffen ist. Frau Sommer, Herr Hundertmark, das war es, was ich Ihnen noch vor den Pfingstfeiertagen mitteilen wollte."

Von Waltershofen erhob sich schwerfällig, Hundertmark begleitete ihn zur Tür, und Kai folgte dem Oberstaatsanwalt mit ihren Blicken. Sie sah auf den Rücken eines alten Mannes, der scheinbar gerade die größte Enttäuschung seines Lebens erlitten hatte.

Der Pfingsturlaub schien auch Kriminaldirektor Hundertmark gut bekommen zu sein – wie man unschwer seinem energischen Auftreten entnehmen konnte. „Frau Sommer, ich hoffe, Sie sind mit den hiergebliebenen Kollegen ein gutes Stück weitergekommen. Es wäre daher vielleicht sinnvoll und zweckmäßig, wenn Sie uns den letzten Ermittlungsstand mitteilen würden. Ich schlage vor, daß wir zunächst die Aktion im Nachtclub noch einmal kurz anreißen und uns dann mit den Überfällen dieser Bande beschäftigen."

Kai blätterte in ihren Unterlagen. „Okay, so machen wir das." Und mit Blick auf den Leiter des FK 2: „Kollege Fuchs kann dann ja noch ergänzende Hinweise geben, schließlich ist hier ja auch sein Fachbereich betroffen. Auf die Razzia brauche ich wohl nicht mehr näher einzugehen. Nur soviel: Ich freue mich, daß durch die Funde im Safe auch unseren Leuten vom Drogendezernat der Rücken gestärkt wurde, die ja schon lange diesen Verdacht gegen den Geschäftsführer hegten. Gesprochen haben wir noch nicht über die Auswertung der schriftlichen Unterlagen, die dort ebenfalls deponiert waren. Ich denke hier an Kreditverträge, Bankbelege, aber auch über einige Nummernkonten in der Schweiz und noch viele andere, dubiose Dinge. Teilweise sind es sehr undurchsichtige, verklausulierte und komplizierte Vorgänge, deren Auswertung noch einige Zeit in Anspruch nehmen wird, zumal wir hier teilweise auch auf das Know-how der Kollegen des Landeskriminalamtes angewiesen sind. Natürlich konnten wir einige Sachen auch schon selbst auswerten. Darunter war ein notariell beglaubigter Kaufvertrag über den Erwerb eines Resthofes im südlichen Teil des Landkreises Hildesheim, der von Roxfeld abgeschlossen wurde. Es ist anzunehmen, daß er dieses Grundstück im Auftrag eines Strohmannes erworben hat, was an sich ja nicht verboten ist. Das Hauptgebäude, ein ehemaliges Bauernhaus, wurde sehr aufwendig umgebaut und liegt am Rande eines Waldgebietes. Und wir fragen uns natürlich, warum diese einsam gelegene Immobilie erworben wurde und was sich dort abspielt. Ich erinnere daran, daß wir uns schon mehrmals Gedanken darüber gemacht haben, wohin die Bande – die nach der Festnahme von Ingo Brockhaus nur noch aus vier Mitgliedern bestehen dürfte – sich nach den Überfällen zurückzieht und von welcher Örtlichkeit aus sie ihre Überfälle plant. Bislang sind das alles natürlich nur Annahmen, die durch nichts bewiesen sind, aber vieles deutet darauf hin, daß da was dran sein könnte. Noch am Sonnabend vor Pfingsten habe ich daher mit dem zuständigen Revierförster Dieter Dopler Kontakt aufgenommen und ihn gebeten, die Kennzeichen der Kraftfahrzeuge zu notieren, die sich dort auf dem Areal befinden. Ich kann sagen, der Forstbeamte hat gute Arbeit geleistet. Gestern hat er mich angerufen und mir zwei Kennzeichen durchgegeben. Zudem hat er mir ganz nebenbei auch noch erzählt, daß auf diesem Resthof hin und wieder hemmungslose, wilde Feste stattfinden. In der Woche vor Pfingsten ist dem Förster dort auch ein Kombifahrzeug mit den Buchstaben HI-DD aufgefallen – er habe sich das deswegen gemerkt, weil das seine Initialen seien. An die Zahlen konnte er sich allerdings nicht mehr erinnern."

„Frau Sommer, wie ich Sie kenne, haben Sie auch schon die Halter der Fahrzeuge feststellen können."

„Ja, was die Halter der beiden Autos mit den vollständigen Kennzeichen angeht, schon. Das Problem ist nur, daß die Anschriften nicht mehr stimmen. Wir müssen da noch weiter ermitteln. Allerdings sind wir bei dem Kennzeichen mit den Doppelbuchstaben auf eine interessante Spur gestoßen, was allerdings nicht so ganz einfach war. Wir haben herausgefunden, daß es im Landkreis Hildesheim einige Halter gibt, die so einen Kombi fahren und auch in ihrem Kennzeichen das Buchstabenpaar haben. Einer dieser Fahrzeughalter ist der Geschäftsführer Dieter Derringer. Was für ein netter Zufall, oder? Ich nehme an, er ist immer zu dem Resthof gefahren, um der Bande neue Informationen zu bringen. Vielleicht hat er die

Leute dort einige Tage vor seiner unerwarteten Festnahme noch versorgt, mit was auch immer."

„Gute Arbeit, Frau Sommer, jetzt haben wir schon zwei Indizien, die vermuten lassen, daß es zwischen diesem Nachtclub, dem mysteriösen Resthof und wahrscheinlich der Bande eine Verbindung gibt: Das Kollier aus dem Safe im Nachtclub und das Auto des Geschäftsführers, wobei vieles dafür spricht, daß dieser Resthof der Unterschlupf der Bande ist. Das müssen wir allerdings erst noch beweisen."

„Was wir aber möglichst bald tun sollten", warf ein Kollege ein, „denn wenn es tatsächlich diese undichte Stelle bei uns gibt, ist die Bande über alle Berge, wenn wir dort auftauchen."

Kai hätte im Hinblick auf den suspendierten Staatsanwalt gern die Sorgen des Kollegen zerstreut, konnte es aber nicht. „Nach allem gehe ich davon aus, daß das, was wir hier gerade besprochen haben, auch unter uns bleibt und deshalb auch nichts nach draußen dringt." Sie wandte sich an Hundertmark. „Die entscheidende Frage ist allerdings, wie wir jetzt weiter vorgehen. Wir brauchen unbedingt belastendes Material, damit wir für diese Immobilie eine Durchsuchungsanordnung bekommen. Ich schlage deshalb vor, daß wir in Sichtweite des Resthofes Kollegen postieren. Gleichzeitig werde ich Derringer oder Brockhaus in der JVA aufsuchen und ein wenig mit den Herren plaudern – oder hat jemand eine bessere Idee?"

„Machen Sie das. Ich sehe den Fall bei Ihnen in guten Händen. Tun Sie alles, was nur möglich ist. Sie haben meine und auch die Unterstützung des Oberstaatsanwaltes. Aber lassen Sie uns nun noch kurz über die Beweisstücke sprechen, die die Bande beim letzten Überfall zurückgelassen hat."

Fuchs fühlte sich angesprochen. „Bevor ich dazu etwas sage, möchte ich darauf hinweisen, daß der Leichnam von Diesterberg endlich freigegeben wurde und morgen nachmittag um zwei auf dem Südfriedhof beigesetzt wird."

Hundertmark nickte mit ernstem Gesicht. „Vielen Dank für diesen Hinweis."

„Aber nun zu den Beweisstücken. Mit dem Taschentuch, den Zündhölzern und der Pistole haben wir uns ja schon ausgiebig beschäftigt, wobei wir das Taschentuch und die Streichhölzer Ingo Brockhaus und die Heckler & Koch unserem ehemaligen Kollegen Severin zuordnen konnten.

Was noch bleibt, ist dieser zehn Kilogramm schwere Vorschlaghammer der Firma Etop. Auch hier sind wir inzwischen ein Stück weitergekommen. In der Woche vor Pfingsten haben mehrere Teams der Sonderkommission die Baumärkte der näheren Umgebung abgeklappert und sind dabei hier in Hildesheim an der Siemensstraße auf eine vielversprechende Spur gestoßen. Ein Verkäufer konnte sich noch gut an einen Kunden erinnern, der vor einigen Wochen einen derartigen Hammer bestellt hatte, allerdings unter einem falschen Namen, wie wir inzwischen herausgefunden haben. Der Verkäufer konnte sich auch deswegen so gut an den Kunden erinnern, weil ein Hammer dieser Schwere – das übliche Gewicht liegt bei fünf oder siebeneinhalb Kilogramm – nur sehr selten verlangt wird, da er äußerst schwer zu handhaben ist und viele Pflasterer und Straßenbauarbeiter daher eine Ramme bevorzugen. Deshalb war dieser Hammer auch nicht vorrätig. Dem Verkäufer ist auch das Aussehen des Käufers aufgefallen. Er war muskelbepackt, ziemlich groß, und der Verkäufer hat deswegen auch noch gedacht, daß das der richtige Mann für so einen schweren Hammer ist."

Ossenkopp warf ein: „Da Brockhaus kein derartiger Muskelmann ist, wird es sicherlich einer der anderen vier sein, die noch auf unserer Fahndungsliste stehen. Vielleicht haben wir ja Glück und fassen diesen Typen bald, zumal wir ja auch seine Fingerabdrücke auf dem Hammerstiel haben. Denkbar ist doch auch, daß er eines dieser Autos fährt, von denen wir die Kennzeichen haben."

Kai seufzte. „Ja, und wenn wir den erwischen, haben wir wahrscheinlich auch den Mörder von Diesterberg, den wir morgen beerdigen. Leute, ich habe das Gefühl, wir kommen der Bande immer näher."

14

Lange Zeit hatte Kai mit Ossenkopp überlegt, wen sie in der Justizvollzugsanstalt aufsuchen sollten. Ingo Brockhaus, der schon mehrmals straffällig geworden war, oder Dietrich Derringer, den bisherigen Geschäftsführer des Nachtclubs Osmani, ein ebenso übler Typ. Schließlich hatten sie sich für Derringer entschieden, der noch nicht vorbestraft war, oder besser gesagt, bislang immer Glück gehabt hatte. Hoffentlich war er überhaupt bereit, mit ihnen zu sprechen, denn schließlich befand er sich in Untersuchungshaft, war Beschuldigter und konnte daher nicht als Zeuge vernommen werden. Nein, wenn er nicht mit ihnen reden wollte, hätten sie auf das falsche Pferd gesetzt und müßten unverrichteter Dinge wieder abziehen.

Doch ihre Sorge schien unbegründet zu sein – Derringer wollte mit ihnen sprechen. Als sie ihm dann im Besucherraum gegenübersaßen, waren sie wieder einmal erstaunt darüber, wie ein Mensch sich schon nach einer Woche Untersuchungshaft so verändern konnte. Sie hatten das schon oft bei Inhaftierten erlebt, die das erste Mal in ihrem Leben mit der bedrückenden Enge eines Haftraumes in Berührung kamen und dann Zeit und Muße hatten, über das nachzudenken, was hinter ihnen lag und was in nächster Zeit auf sie zukommen würde.

Der einst so kraftstrotzende Derringer machte einen erschöpften und niedergeschlagenen Eindruck. Er hatte dunkle Ringe unter den Augen und schien auch einige Pfunde abgenommen zu haben, was sich besonders im Gesicht bemerkbar machte und sein vogelartiges Aussehen noch verstärkte. Kai sah ihn noch vor sich, wie er bei der Razzia vor gut einer Woche breitbeinig auf dem Barhocker gethront und mit seinem ironischen Grinsen das Treiben der Polizisten beobachtet hatte – besonders, nachdem sie ohne Ergebnisse enttäuscht aus seinem Büro gekommen waren. Als dann allerdings einige Minuten später der Safe gefunden wurde, hatten sich Häme und Grinsen schnell aus seinem Gesicht verabschiedet und waren seitdem auch nicht wieder zurückgekommen. Kai fragte sich, warum er nach allem überhaupt bereit war, mit ihnen zu reden. Was versprach er sich davon? War es nur reine Neugier, verbunden mit der stillen Hoffnung, etwas über den neuesten Ermittlungsstand zu erfahren, oder gab es für sein Entgegenkommen noch andere Gründe?

Wie immer bei derartigen Gesprächen ließ Kai sich – zum Leidwesen von Ossenkopp – viel Zeit, bis sie zum eigentlichen Thema kam. Sie redete zunächst über ganz alltägliche Dinge, erkundigte sich nach seinem Wohlbefinden, sprach über den Knastalltag und das Anstaltsessen. Ossenkopp schaute genervt an die Decke und bekam zunehmend das Gefühl, hier einem guten Bekannten gegenüberzusitzen, dem sie gerade einen freundschaftlichen Besuch abstatteten, und nicht einem hochkriminellen und schmierigen Typen, bei dem sie vor einer Woche noch einen Sack voller Drogen gefunden hatten. Noch erstaunter war Ossenkopp, als Kai, während sie über etwas Belangloses plauderte, mit ihrem gewinnenden Lächeln eine schmale Schachtel mit schwarzen Zigarren aus der Tasche zog – wahrscheinlich seine Lieblingsmarke, die er auch im Nachtclub geraucht hatte.

„Ganz schön raffiniert", entfuhr es Ossenkopp, aber so leise, daß es noch nicht einmal Kai hören konnte. Wo hatte sie diese Glimmstengel her – und war Rauchen im Knast überhaupt erlaubt? Gab es da nicht eine gesetzliche Regelung der Landesregierung, die das Rauchen in öffentlichen Gebäuden untersagte? Ossenkopp dachte nicht weiter darüber nach, weil es ihn als Nichtraucher nur am Rande interessierte. Er konzentrierte sich wieder auf das, was seine Kollegin sagte.

„Herr Derringer, Sie können davon ausgehen, daß es sich auf jeden Fall für Sie auszahlt, wenn Sie mit uns kooperieren. Ich denke hier auch an einen möglichen Deal zwischen der Staatsanwaltschaft und dem zuständigen Richter, wozu es allerdings nur dann kommen kann, wenn Sie uns über Dinge informieren, die wirklich brisant sind."

Derringer rutschte unruhig auf seinem Stuhl hin und her und wischte sich mit dem Ärmel kleine Schweißperlen von der Stirn. „Was glauben Sie wohl, was mir dann hier im Knast passiert? Haben Sie überhaupt eine Vorstellung davon, wenn man täglich um sein Leben fürchten muß?"

„Es ist überhaupt kein Problem, Sie in eine andere Anstalt zu verlegen, nach Hannover, Celle oder in ein anderes Bundesland."

„Und, können Sie mir dann garantieren, daß ich da sicher bin? Natürlich nicht!"

„Ich nehme an, Sie denken hier an Menderes. Aber glauben Sie mir, Herr Derringer, soweit reicht der Einfluß Ihres Bosses nun auch wieder nicht. Es kann doch nicht sein, daß Sie allein für alles den Kopf hinhalten. Wie gesagt, wenn Sie mit uns kooperieren wollen, wird sich das bei der

Strafzumessung ganz erheblich auswirken. Sie müssen sich nur bald entscheiden, denn früher oder später finden wir sowieso alles heraus – und dann können Sie von einer Vergünstigung beim Strafmaß nur noch träumen."

Derringer wiegte bedächtig seinen großen Kopf hin und her, wischte sich erneut mit dem rechten Arm den Schweiß von der Stirn und fuhr sich immer wieder mit der Zunge über die dünnen Lippen.

Kai wußte, er brauchte Zeit und mußte nachdenken. Doch nach einer Weile brach sie das Schweigen. „Herr Derringer, wir wollen fair miteinander umgehen und Sie auch nicht bedrängen. Beantworten Sie uns einfach, sagen wir, zwei kleine und harmlose Fragen, damit wir Ihren guten Willen zur Zusammenarbeit erkennen. Glauben Sie mir, von unserem Gespräch hier wird niemand etwas erfahren. Nach Rücksprache mit der Staatsanwaltschaft werden wir uns dann umgehend wieder mit Ihnen in Verbindung setzen. Natürlich mit einem entsprechenden Angebot. Können wir so verfahren?"

Derringer neigte leicht den Kopf, was Kai als Zustimmung wertete.

„Herr Derringer, wie Ihnen bekannt ist, lag in dem Safe auch ein Kaufvertrag über einen Resthof im Süden des Landkreises. Sie wissen, wovon ich spreche, denn Sie waren mit Ihrem Kombi schon einige Male dort. Ist es richtig, daß sich auf diesem Grundstück so was wie die Einsatzzentrale der Hammerbande befindet?"

Derringer sah sie ungläubig und sprachlos an, bevor er zögernd und unmerklich nickte.

„Gibt es bei den Mitgliedern der Bande einen Mann, der besonders groß und muskelbepackt ist? Und wenn ja, wie ist sein Name?"

Die Antwort kam leise, fast flüsternd: „Das ist dieser Rodeck, Ralf Rodeck."

Kai streifte Ossenkopp mit einem zufriedenen Blick und stellte hoffnungsvoll die nächste Frage. „Was wissen Sie über den ehemalige Kriminalbeamten Mike Severin? Sie kennen ihn ja, er war fast so was wie ein Stammgast in Ihrem Nachtclub. Sagen Sie uns bitte, wo er sich befindet und wie wir ihn erreichen können." Kai und Ossenkopp hielten den Atem an und warteten auf die Antwort, die sie – wie sie sich eingestehen mußten – mehr als alles andere interessierte.

Doch Derringer schwieg, zuckte mit den Achseln und verzog das Gesicht zu einem schiefen Grinsen. „Das wäre dann ja bereits die dritte Fra-

151

ge, die ich Ihnen beantworten würde, aber bevor ich das tue, sind Sie erst mal am Zuge."

Ossenkopp reagierte verärgert und wollte etwas sagen, doch Kai kam ihm zuvor. „Einverstanden, wir werden uns in den nächsten Tagen wieder bei Ihnen melden, entweder allein oder mit einem Vertreter der Staatsanwaltschaft. Ist das okay?"

Derringer nickte und stand schweigend auf.

Kai und Ossenkopp schauten ihm nach, wie er mit dem Justizvollzugsbeamten den Raum verließ. Sie konnten in diesem Augenblick nicht ahnen, daß sie von Derringer keine weiteren Informationen mehr erhalten würden.

Derringers Gedanken spielten verrückt. Seit dem Besuch der beiden Kriminalbeamten mußte er nur noch daran denken, was sie ihm gesagt und in Aussicht gestellt hatten. Sollte er sich auf so einen Deal überhaupt einlassen? Da er bereits A gesagt hatte, mußte er nun wohl auch B sagen. Aber was war, wenn sich der Richter trotz der staatsanwaltlichen Zusage nicht an irgendwelche Absprachen hielt? Dann hatte er mit Zitronen gehandelt und sein brisantes Wissen ohne Gegenleistung preisgegeben. Ständig mußte er an diesen verfluchten Prozeß denken, der zwar erst in ein paar Monaten stattfinden würde, aber unentwegt näherkam und jetzt schon wie ein Damoklesschwert über ihm schwebte. Da er nach der realistischen Einschätzung seines Anwalts nicht mit einer Bewährungsstrafe rechnen konnte, würde er wohl einige Jahre im Knast verbringen müssen. Derringer fragte sich, ob er der Härte des Gefängnisalltags überhaupt gewachsen war. Würde er sich behaupten und in der Hierarchie einen Platz erkämpfen können? Wie sollte er sich schützen, wenn er zum Spielball einiger schmieriger Typen wurde, die alles Mögliche mit ihm anstellten, weil sie ihre Geilheit nicht im Griff hatten? Allein schon deswegen würde er sich auf einen Deal mit der Staatsanwaltschaft einlassen, auch wenn ein Risiko dabei war. Er kam immer mehr zu der Überzeugung, daß er keine andere Wahl hatte.

In den ersten Tagen seiner Haft hatte er noch auf Menderes' Hilfe gehofft. Er dachte da weniger an die Bezahlung eines Verteidigers, sondern mehr an Vergünstigungen im Knastalltag. Aber Menderes wartete auf sein Wiederaufnahmeverfahren und schien sich für ihn nicht mehr zu interessieren. Er war für ihn unbequem und nutzlos geworden. Auf keinen Fall konnte er von ihm Hilfe erwarten. Im Gegenteil. Menderes forderte von ihm absolute Loyalität und Verschwiegenheit. Derringer wußte, daß sein ehemaliger Boß überall seine Leute hatte. Erst gestern wurde ihm mit dem Frühstück ein Kassiber mit den wenigen, aber eindeutigen Worten zugeschoben: Tod dem Verräter! – Natürlich in Druckbuchstaben und ohne Absender- oder Empfängerinformation. Derringer wußte auch so, woher die Botschaft kam. Konnte es sein, daß Menderes etwas über den Inhalt des Gesprächs mit den Kriminalbeamten erfahren hatte? Nein, das war nicht möglich, denn schließlich hatten die Wände des Besucherzimmers keine Ohren, oder doch? Aber was war mit dem Justizvollzugsbeamten, der ihn so merkwürdig angesehen hatte? Langsam sah er überall Gefahren auf sich zukommen. Seine Nerven waren nicht mehr die besten, und er mußte aufpassen, daß sich sein Zustand nicht zu einer Paranoia entwickelte. Die Justiz sollte ihn gefälligst in eine andere Anstalt verlegen, möglichst in ein anderes Bundesland, auf jeden Fall weit weg. Erst dann würde er mit weiteren Informationen herausrücken und sich auf einen Deal einlassen. Das nahm er sich fest vor.

Um Klarheit in seine Gedanken zu bringen, hatte er das schon einmal schriftlich fixiert, was für die Staatsanwaltschaft von Interesse sein könnte, besonders das, was er über Menderes und die Bande wußte. Er hatte es gut versteckt, so daß man es auch bei einer plötzlichen Durchsuchung des Haftraumes nicht finden würde.

Obwohl er von dem vielen Grübeln und Denken müde und erschöpft war, wollte der Schlaf nicht kommen. Derringer starrte gegen die Decke und dachte an das schöne und aufregende Leben, das er als Geschäftsführer des Osmani geführt hatte. Er mußte stets dafür sorgen, daß alles im Überfluß vorhanden war: Alkohol, vornehmlich Champagner und Whiskey, Drogen, besonders Kokain und diese Glückspillen, und jede Menge Frauen, möglichst blond, üppig und hemmungslos. Er hatte auch stets dafür gesorgt, daß der Nachtclub und die anderen Bereiche des Etablissements wie geschmiert liefen. Die Eintracht wurde dann allerdings empfindlich gestört, als diese Swetlana Koslow auftauchte, eine Prostituierte der Extraklasse, die äußerst wählerisch war und ihre Freier nach ihren eigenen Kriterien aussuchte. Er entsprach bei weitem nicht ihren Vorstellungen – eine ernüchternde Feststellung, für die er sie haßte. Er konnte heute nicht mehr sagen, warum er sie damals nicht gleich zum Teufel geschickt hatte, noch bevor es zu dieser unseligen Verbindung mit Menderes gekommen war. Sein Boß hätte jetzt noch als freier Mann seinen Vergnügungen und lukrativen Geschäften nachgehen können. Derringer war sich sicher, daß es dann auch nicht zu dieser verdammten Razzia gekommen wäre. Seine Gedanken schweiften zu der Gerichtsverhandlung, die er an allen Tagen besucht und dort auch seinen Boß das letzte Mal gesehen hatte. Er grinste, als er daran dachte, daß er im Gerichtssaal sicherlich der einzige war, der etwas Licht in das Dunkel hätte bringen können. Aber weder die Bullen noch Roxfeld hatten ihn gefragt. Doch das war nun Vergangenheit, Schnee von gestern. Der Boß war immer mit ihm zufrieden gewesen, zumal er alles für ihn getan hätte. Deswegen verstand er auch nicht, daß Menderes ihn jetzt nicht unterstützte, ihn einfach wie eine heiße Kartoffel fallen ließ und ihn nicht mehr beachtete. Nein, mit einem Dietrich Derringer konnte man so etwas nicht machen.

Ein Laut an der Tür unterbrach seine Überlegungen. Sicherlich hatte er sich getäuscht, hörte auch jetzt wieder Geräusche, die es gar nicht gab. Dennoch stand er auf, wobei der Vollmond für ausreichende Helligkeit sorgte. Vielleicht lag es ja am Mond, daß er nicht schlafen konnte. Derringer schlurfte zum Waschbecken, um sich kaltes Wasser ins Gesicht zu spritzen – doch da war wieder dieses Geräusch. Ein Schlüssel drehte sich im Schloß, er hörte es jetzt ganz deutlich. Um diese Zeit? Derringer hatte auf einmal Angst. Er spürte das Pochen seines Herzens und merkte, wie kalter Schweiß ihm brennend in die Augen lief. Unfähig, sich zu bewegen, starrte er auf die Tür, die sich nun wie von Geisterhand öffnete – lautlos – die Anstalt war neu und die Scharniere geschmiert. Er sah, wie sich langsam zwei Gestalten in den Haftraum schoben, deren Gesichter er trotz des Mondlichts nicht erkennen konnte. Er wich zurück, stieß gegen den Tisch und taumelte, fing sich wieder und schaute dann mit aufgerissenen Augen auf die Männer, die ihn immer weiter zum vergitterten Fenster drängten ...

Besprechung bei der Staatsanwaltschaft, an der auf Wunsch von Waltershofens auch Kriminaldirektor Hundertmark teilnahm. Von Waltershofen machte den Eindruck, als hätte er den Vorfall mit Weisenau gut verkraftet. Zumindest machte er äußerlich diesen Eindruck, gleichwohl ihn diese Angelegenheit sicherlich noch längere Zeit beschäftigen und auch belasten würde. Nach diesem Vorfall hatte Kai jedoch das Gefühl, daß er von seinem hohen Roß etwas heruntergestiegen und ein wenig zu-

gänglicher geworden war. Doch das konnte sich schnell wieder ändern. Er-
freulich war allerdings, daß er sie heute nicht unnötig warten ließ, sondern
ihnen gleich zur Verfügung stand, was durchaus als Indiz einer Verhal-
tensänderung gewertet werden, aber auch daran liegen konnte, daß
Hundertmark an der Besprechung teilnahm.

Von Waltershofen rieb sich die Hände – eine Geste, die Kai bei ihm
noch nicht gesehen hatte – und wandte sich an den Kriminaldirektor. „Herr
Hundertmark, wie ich erfahren habe, wurde gestern von Ihren Leuten ein
weiteres Mitglied dieser Bande festgenommen. Wenn Sie mich vielleicht
kurz ...“

„Herr von Waltershofen, ich bin an dieser Aktion nicht direkt beteiligt
gewesen, wohl aber Frau Sommer. Vielleicht sollte sie uns aus erster Hand
davon berichten.“

Von Waltershofen nickte, und Kai ergriff das Wort: „Den entscheidenden Hinweis zur Festnahme bekamen wir von Herrn Derringer.“

„Einfach so?“ warf von Waltershofen ungläubig ein.

„Ja und nein, Herr Derringer ist bereit, mit uns zusammenzuarbeiten
und noch weitere Informationen zu liefern. Wenn Sie so wollen, war dieser kleine Hinweis von ihm so etwas wie ein Test oder eine Kostprobe, deren Quelle wir aber – um sein Leben nicht unnötig zu gefährden – unter
keinen Umständen preisgeben sollten. Ich bin mir aber sicher, daß er die
meisten unserer Fragen beantworten könnte, ob sie nun Menderes, die
Hammerbande oder den untergetauchten Kollegen betreffen. Hierzu zäh-
len auch die Adressen von Hehlern und noch andere brisante Informationen. Dafür möchte er natürlich, daß sich das in seiner Verurteilung dann
auch positiv bemerkbar macht. Herr Ossenkopp und ich haben ihm allerdings keinerlei Zusagen gemacht. Das möchte ich an dieser Stelle ausdrücklich betonen. Wir haben ihm lediglich gesagt, daß diese Möglichkeit
bestehen würde, wenn das Material unseren Vorstellungen entspräche“,
und mit Blick auf von Waltershofen, „aber das müssen letztlich Sie entscheiden, Herr Oberstaatsanwalt! Auf jeden Fall würden uns weitere Informationen entscheidend weiterbringen, denn der Nachtclub Osmani ist
die zentrale Drehscheibe, der Ort, wo alle Fäden zusammengelaufen sind –
oder besser gesagt, immer noch laufen. Denn auch nach der Festnahme
Derringers läuft der Betrieb unverändert weiter. Inzwischen gibt es einen
neuen Geschäftsführer. Weiß der Teufel, wo die den so schnell herbe-

kommen haben. Aber das System funktioniert, obwohl der Boß im Knast sitzt. Es ist wie bei dieser Seeschlange mit den neun Köpfen."

„Sie meinen die Hydra aus der griechischen Mythologie", bemerkte von Waltershofen.

„Ja, genau die. Wenn man ihr einen Kopf abschlägt, wachsen zwei neue nach."

Hundertmark räusperte sich. „Frau Sommer, ich glaube, wir sind etwas vom Thema abgekommen. Wir sprachen zuletzt über die Festnahme dieses ..."

„Also, wir haben Ralf Rodeck, so heißt der Mann, seit Sonnabend observiert und ihn gestern abend festgenommen, als er gerade aus seinem BMW steigen wollte. Das ging alles blitzschnell, er hatte keine Möglichkeit zur Gegenwehr. Gott sei Dank, kann ich da nur sagen, denn in seiner Tasche befand sich eine Pistole. Ein russisches Modell. Sein Auto wurde übrigens auch vom Forstbeamten Dopler auf diesem Resthof gesehen. Mit der Spurenlage hat sich Herr Ossenkopp beschäftigt. Ich meine, auch da gibt es durchaus Erfreuliches zu berichten – aber vielleicht sollte er uns das selbst sagen."

„Ich kann es kurz machen. Ralf Rodeck entspricht der Beschreibung des Verkäufers aus dem Baumarkt an der Siemensstraße. Er ist der Mann, der den Vorschlaghammer gekauft und am Tatort zurückgelassen hat. Aber das ist sekundär. Viel wichtiger und entscheidender ist die Tatsache, daß seine Fingerabdrücke mit denen auf dem Hammerstiel identisch sind. Mit anderen Worten: Ralf Rodeck könnte der Täter sein, der Rainer Diesterberg hinterrücks erschlagen hat."

Nach der Besprechung war Kai nach langer Zeit wieder einmal während der Mittagspause in den nahen Liebesgrund gegangen. Sie liebte dieses schluchtartige kleine Waldstück, das etwas Geheimnisvolles in sich barg und der richtige Ort zum Ausspannen und auch zum Nachdenken war. Sie setzte sich auf eine Bank und schaute auf zwei Jungen, die im Seniorengraben ihre selbstgebastelten Boote schwimmen ließen. Kai fragte sich, ob die Kinder schon zur Schule gingen oder noch in den Kindergarten. Doch dann waren ihre Gedanken wieder bei ihrem Fall, der ja nun bald abgeschlossen sein dürfte. Aber war er das wirklich? Durch die Festnahmen hatten sie die Bande zwar geschwächt, aber das bedeutete noch lange nicht ihre Handlungsunfähigkeit. Vielleicht war es ja auch bei dieser Bande so wie bei der Hydra, und neue Mitglieder standen bereits in den Startlöchern. Von einem baldigen Abschluß konnte auch deswegen nicht gesprochen werden, weil es einfach noch zu viele Ungereimtheiten und offene Fragen gab. Sie hatten zwar den Mörder von Diesterberg, aber noch nicht den, der für den Tod von Walter Klose und Bodo Himstedt verantwortlich war. Es wurde daher höchste Zeit, endlich diesen schießwütigen Killer aus dem Verkehr zu ziehen, zumal anzunehmen war, daß er sich inzwischen wieder eine neue Waffe besorgt hatte. Vielleicht konnte ihnen ja Derringer bei der nächsten Zusammenkunft einen Tip geben. Kai versprach sich von der Observierung des Resthofes so einiges. Sobald die drei übriggebliebenen Bandenmitglieder dort auftauchten, würden sie die Falle zuschnappen lassen – sie hoffte nur, daß dann auch dieser Schießwütige unter ihnen war. Klären mußten sie allerdings noch die Frage, ob sie das mit ihren eigenen Leuten machen sollten. Alternativ konnten sie die nicht gerade ungefährliche Operation auch dem Spezialeinsatzkommando überlassen, das für derartige Einsätze bereit stand. Hundertmark hatte sich bisher bedeckt gehalten und lapidar gemeint, sie möge das situationsgemäß in eigener Zuständigkeit entscheiden, obwohl das natürlich völliger Blödsinn war, da der Einsatz des SEK insbesondere auch von seiner Entscheidung abhing. Ihre Gedanken schweiften zu Mustafa Menderes. Würde es zu einem Wiederaufnahmeverfahren kommen? Eine andere, wichtige Frage war für Kai aber nach wie vor, wo sich ihr ehemaliger Kollege Mike Severin aufhielt. Sie dachte an Mikes Mutter und Carolin. Sollte sie die beiden – ob es dem Oberstaatsanwalt nun gefiel oder nicht – wieder einmal besuchen? Aber was wollte sie ihnen sagen? Vielleicht, daß sie immer noch nicht so richtig an Mikes Schuld glauben konnte, obwohl alles gegen ihn sprach? War er es, der mit seiner Heckler & Koch die tödlichen Schüsse abgeben hatte? Daß es sich um seine Waffe gehandelt hatte, stand ja nun zweifelsfrei fest. Und wenn er das Unbegreifliche getan hatte, was ging da in seinem Kopf vor? War es vielleicht eine psychische Erkrankung, die sein Wesen so verändert hatte? Unter Umständen brauchte er dringend ärztliche Hilfe, vielleicht die eines Psychiaters, der eventuell zu der Diagnose käme, daß er gar nicht für das verantwortlich gemacht werden könne, was er getan hatte. Auch solche Fälle gab es. Aber wem half das, und war das ein Trost für Mikes Mutter und seine Schwester? Und wie sollten sie mit einer derartigen Diagnose umgehen? Verdammt, um hier Gewißheit zu bekommen, mußten sie umgehend die restlichen drei Mitglieder der Bande aus dem

Verkehr ziehen. Sie würde gleich morgen nachmittag noch einmal Derringer aufsuchen. Wie sie vorhin von Hundertmark erfahren hatte, war von Waltershofen durchaus bereit, sich unter gewissen Umständen auf einen Deal einzulassen. Er wollte aber nicht die Katze im Sack kaufen, sondern vorher wissen, ob das in Aussicht gestellte Material auch die erhoffte Brisanz hatte.

Kai öffnete blinzelnd die Augen und schaute erneut auf den Seniorengraben, suchte die beiden Jungen, die aber mit ihren Booten unter dem Arm schon in Richtung Bischofsmühle liefen. Kai nahm an, daß sie zum Mittagessen mußten. Sie schloß erneut die Augen, streckte ihr Gesicht der Sonne entgegen und genoß die Ruhe, die wenige Minuten später jedoch durch zwei Männer gestört wurde, die auf der nebenstehenden Bank Platz nahmen und sich dabei lautstark unterhielten. Zunächst ärgerlich, dann aber neugierig verfolgte sie die Szene, die sich zwei Meter neben ihr abspielte.

„Das ist erwiesen", raunte der eine dem anderen zu, „wissenschaftlich erwiesen: kein Alzheimer und kein Parkinson!" Sein Banknachbar nickte bedächtig, schaute müde auf das im Seniorengraben schwimmende Entenpaar und wandte sich dann wieder seinem Nachbarn zu, der nun mit kehliger Stimme noch weiter die Vorzüge des Rauchens beschrieb und seine Worte dabei mit der eleganten Hand- und Zigarettenbewegung eines Gewohnheitsrauchers unterstrich, wobei nur sein häufiges Räuspern und das gelegentliche Husten seine Argumentation ein wenig störten.

Kai schmunzelte und dachte in diesem Augenblick an die schwarzen Zigarren, die sie am letzten Freitag Derringer mitgebracht hatte. Sie gähnte und nahm sich vor, noch ein paar Minuten sitzen zu bleiben, zumal die beiden Männer nun aufstanden und diskutierend in Richtung Schützenallee schlenderten. Doch dann meldete sich das Handy in ihrer Tasche, und Kai fragte sich wieder einmal, warum sie das Ding nicht ausgeschaltet hatte – zumindest während der Mittagspause. Hundertmark war dran. „Frau Sommer, es ist etwas passiert, was Sie unbedingt wissen sollten. Die Gefängnisleitung aus Sehnde hat gerade bei mir angerufen. Es geht um Derringer."

„Ja, und?" Kai stand auf und ging mit schnellen Schritten und dem Handy am Ohr den Weg zurück, den sie vorhin gekommen war.

„Den Besuch in Sehnde können Sie sich sparen. Ihr Informant wurde heute morgen bei der Lebendkontrolle erhängt in seiner Zelle aufgefunden – wahrscheinlich Suizid."

15

„Heinz, glaubst du wirklich, daß er sich selbst umgebracht hat? Warum sollte er das getan haben? Mein Gott, wir waren doch bei ihm, haben mit ihm gesprochen. Gewiß, er wirkte ein bißchen müde, hatte vielleicht schlecht geschlafen, aber sonst war bei ihm doch alles in Ordnung, oder? Hast du da vielleicht nur eine Sekunde an so was wie Selbstmord gedacht? Nein, niemals, da hat jemand nachgeholfen." Kai hörte auf, im Zimmer hin- und herzulaufen, blieb stehen, atmete tief ein und aus und warf sich auf ihren Schreibtischstuhl, der bedrohlich unter der plötzlichen Belastung ächzte. „Warum sagst du nichts? Hast du etwa eine andere Meinung?"

„Nein, ganz und gar nicht", beeilte sich Ossenkopp zu sagen. „Aber was sollen wir machen, der Anstaltsarzt hat das nun mal auf dem Totenschein so vermerkt und kein Fremdverschulden feststellen können, ob uns das nun paßt oder nicht. Du weißt ja, nach bestem Wissen und Gewissen. Auf jeden Fall ..."

„Auf jeden Fall hat der keine Ahnung! Heinz, die Leiche muß unbedingt in die Rechtsmedizin!"

„Ich glaube nicht, daß von Waltershofen einer Obduktion zustimmen wird, denn das kostet ja richtig Geld. Und was bringt es uns? Selbst wenn wir Fremdverschulden ..."

„Was ist denn das für eine Frage? Es bringt uns Gerechtigkeit, ein Stück Gerechtigkeit! Ist das etwa nichts? Vielleicht findet ja Dr. Brecht irgendwelche Spuren an Derringers Körper, die uns zu seinem Mörder führen. Denkbar ist doch auch, daß er schon tot war, bevor man ihm die Schlinge um den Hals gelegt hat. Es wäre ja nicht das erste Mal, daß ein potentieller Informant mundtot gemacht wird, bevor er auspacken kann. Das sind echte Mafiamethoden! Dabei hatten wir uns von seinen Informationen so einiges versprochen. Die Mörder – ich nehme an, es waren mehrere – wollten nicht, daß Derringer weitere Dinge ausplaudert. Und wem dieser Tod äußerst gelegen kommt, wissen wir ja beide."

„Dieser Menderes ist uns immer einen Schritt voraus, langsam wird der Kerl mir unheimlich", sagte Ossenkopp.

„Vielleicht hätte man ihn gleich nach unserem Besuch in eine andere Anstalt verlegen sollen."

„Aber Kai, damit konnte doch keiner rechnen. Unterstellen wir einmal, es war kein Suizid, dann kann das doch nur bedeuten, daß man ihn mundtot machen wollte. Und dann sollten wir uns die Frage stellen, ob ursächlich hierfür unser Sechsaugengespräch war."

„Dann müßte von dem Inhalt des Gesprächs etwas nach außen gesickert sein. Allerdings kann ich mir beim besten Willen nicht vorstellen, daß Derringer so blöd war und darüber geredet hat. Nein, dann sollten wir uns schon eher mit diesem Justizvollzugsbeamten beschäftigen, der sicherlich Teile unseres Gesprächs mitbekommen hat, oder? Ich denke in diesem Zusammenhang auch an das verlorengegangene Handy."

„Du meinst, das Handy, welches Derringer immer in der JVA angewählt hat, als er noch Geschäftsführer des Nachtclubs war?"

„Genau! Denkbar ist doch, daß dieser Justizvollzugsbeamte Roland Wolf, dessen Handy angeblich gestohlen wurde, auf Menderes' Lohnliste steht – genau wie der Beamte, der Derringer nach unserem Gespräch aus dem Besucherraum abgeholt hat. Aber das sind im Augenblick nur Hypothesen, die wir allerdings nicht aus den Augen verlieren sollten."

„Aber, wie geht es nun weiter?

„Zunächst spreche ich mit Hundertmark. Ich werde ihn bitten, sich für eine Obduktion einzusetzen, obwohl ich mir davon nur wenig verspreche. In diesem Punkt muß ich dir wohl recht geben. Ich will mir auf jeden Fall die persönlichen Sachen ansehen, die Derringer in seiner Zelle gehabt hat, viel kann es ja nicht sein."

„Kai, das heißt nicht mehr Zelle, sondern seit einiger Zeit Haftraum."

„Meinetwegen auch Haftraum. Vielleicht finde ich ja einen kleinen Hinweis. Doch das muß noch warten, denn wie ich vorhin von Hundertmark erfahren habe, tut sich da auf dem Resthof so einiges."

Als Kai in das Dienstzimmer ihres Vorgesetzten kam, hatte er gerade ein Telephonat beendet und deutete auf den Besucherstuhl. „Frau Sommer, ich habe eben mit Polizeioberrat Tiedemann vom SEK gesprochen. Er ist bereit, mit seinen Leuten die Operation auf dem Resthof zu übernehmen."
Als er Kais skeptisches und auch ein wenig enttäuschtes Gesicht sah, fügte er hinzu: „Ich weiß, ich weiß! Sie hätten das gern in eigener Regie durchgezogen. Aber warum wollen Sie dieses Risiko eingehen? Stellen Sie sich mal vor, bei der Aktion wird einer unserer Leute verletzt oder gar getötet. Dann ist das Geschrei groß. Nein, für solche Einsätze haben wir nun mal unsere Spezialeinheit!"

„Wie soll die Operation ablaufen?"

160

„Da Sie anderweitig beschäftigt waren, habe ich mittlerweile einen ständigen Kontakt zu unseren Leuten aufgebaut, die sich vor Ort befinden."

Kai vernahm einen leichten Vorwurf in seiner Stimme, hörte aber weiter aufmerksam zu.

„Gerade vor zehn Minuten kam die Mitteilung, daß in dem Wohngebäude auf dem Gelände scheinbar so etwas wie eine Party stattfindet – eine Catering-Firma hat Getränke und Verpflegung angeliefert. Zur Zeit sind in dem Gebäude drei Frauen und zwei Männer. Wenn nichts dazwischen kommt, werden wir den Herrschaften dann heute abend um elf einen Besuch abstatten."

„Mich würde brennend interessieren, was die groß zu feiern haben? Zwei Bandenmitglieder befinden sich in Untersuchungshaft, ihr Boß ebenfalls, und der ehemalige Geschäftsführer Derringer hat sich angeblich das Leben genommen. Also, was um alles in der Welt gibt es da zu feiern?"

„Vielleicht gerade deswegen, weil Derringer tot ist und nun nichts mehr verraten kann."

„Dann glauben Sie also auch nicht an einen Suizid, oder?"

„Das habe ich nicht gesagt."

Kai verzichtete darauf, ihn jetzt auf die ihrer Meinung nach dringend notwendige Obduktion anzusprechen – das hatte Zeit bis morgen. Die Operation Resthof ging vor. „Außerdem frage ich mich schon die ganze Zeit, warum sich der Rest der Bande nicht längst abgesetzt hat. Die Kerle müssen doch wissen oder können sich zumindest denken, daß wir den Resthof im Visier haben. Haben Sie auch dafür eine plausible Erklärung?"

„Aus welcher Quelle hätten sie das denn erfahren sollen? Derringer, der wahrscheinlich mit seinem Handy das einzige Verbindungsglied zu Menderes war, ist tot. Auch davor, als er noch lebte, hätte er sein Wissen nicht weitergeben können, weil wir ihm nach der Razzia gleich das Handy abgenommen und ihn verhaftet haben. Allenfalls hätte Menderes die Bande warnen können, aber wie? Sein Außenkontakt war ja durch die Festnahme Derringers gekappt. Ich weiß auch gar nicht, ob er überhaupt schon darüber informiert worden ist, daß wir diese Unterlagen im Safe gefunden haben."

„Allenfalls über seinen Anwalt Roxfeld", warf Kai ein.

„Auch wenn die Informationsweitergabe so gelaufen wäre, glaube ich nicht, daß die Protagonisten in diesem Spiel dann gleich an diesen Kaufvertrag gedacht hätten – der uns ja auf diesen Hof erst aufmerksam gemacht hat. Nein, ich bin fest davon überzeugt, daß die Bandenmitglieder sich dort in der ländlichen Idylle absolut sicher fühlen."

Hundertmark drückte den Sicherheitsgurt nach vorn, der ihn in seiner Bewegungsfreiheit erheblich einengte und schaute über die Schulter nach hinten. „Frau Sommer, da Sie mit dem SEK schon einige Male zu tun hatten, sollten wir noch einmal überlegen, ob wir alles bedacht haben.

„Ich denke schon, zumal Sie die grundsätzlichen Dinge ja bereits mit dem Einsatzleiter Tiedemann am Telephon besprochen haben. Das SEK wird pünktlich um Viertel vor elf – zeitgleich mit uns – am verabredeten Treffpunkt sein. Also dort, wo sich auch unser Beobachtungsteam befindet. Das genaue Vorgehen werden wir dann sicherlich noch vor Ort besprechen, wobei der Grundsatz gilt, daß wir nur in Absprache mit den Kollegen des SEK eingreifen. Ja, ich glaube, wir haben alles bedacht." Kai wandte sich an den Fahrer: „Heinz, kannst du unsere Leute sehen?"

Ossenkopp schaute in den Rückspiegel. „Ja, der Bus ist direkt hinter uns."

„Nach der Aktion werden wir die verdächtigen Personen sofort in die Dienststelle bringen, die Personalien aufnehmen und dann entscheiden, wen von den Herrschaften wir in Gewahrsam nehmen", und mit Blick auf die Uhr im Armaturenbrett, „Herr Ossenkopp, Sie können ruhig langsamer fahren, wir liegen gut in der Zeit."

Danach schwiegen sie. Kai lehnte sich zurück, schloß die Augen und dachte daran, daß sie mit dem Einsatzkommando schon einige Male zu tun gehabt hatte, als sie noch bei der Polizeidirektion Hannover war. Einige Szenen tauchten vor ihrem inneren Auge auf: ein Überfall auf eine Bankfiliale, bei dem die Räuber zwei Personen als Geiseln genommen hatten, sowie eine Wohnung in der Nordstadt, in der ein Mann durchgedreht war, pausenlos aus dem Fenster geschossen hatte und seine Familie umbringen wollte. An andere Einsätze, die schon mehrere Jahre zurücklagen, konnte sie sich nur noch schemenhaft erinnern – sie wußte nur, daß bei allen Operationen Waffen oder Sprengstoffe eine wesentliche Rolle gespielt hatten. In einige Fällen war es zwischen den örtlichen Polizeidienststellen und dem Leiter des Einsatzkommandos zu Mißverständnissen, aber auch zu Kompetenzstreitigkeiten gekommen. Dennoch waren das schon tolle Typen beim SEK, durchtrainiert, knallhart und immer erreichbar, wenn irgendwo die Kartoffeln aus dem Feuer geholt werden mußten. Die Stimme Ossenkopps riß sie aus ihrem leicht schläfrigen Zustand. „Da vorn ist es!" Ossenkopp nahm das Gas zurück.

Der hinter ihnen fahrende VW-Bus kam fast gleichzeitig auf der Wald-lichtung zum Stehen. Sie stiegen aus, drückten leise die Türen in die Schlösser, wobei Hundertmark noch einmal um absolute Ruhe bat. Völlig unnötig, wie Kai meinte. Eine Minute später tauchte das Dienstfahrzeug des SEK neben ihnen auf, stoppte, und fünf Männer in dunklen Kampfan-zügen stiegen aus, die wortlos ihre schußsicheren Westen überzogen und ihre Schutzhelme aufsetzten.

Hundertmark begrüßte den Einsatzleiter und zeigte nach vorn. „Herr Tiedemann, das Areal können wir am besten von dort hinten überblicken, wo sich unser Observierungsteam aufhält. Norbert Tiedemann nickte und schaute etwas skeptisch in den Himmel. „Der Vollmond ist zwar manch-mal hilfreich, erschwert aber heute unser Vorgehen – wir müssen aufpas-sen, daß sie uns nicht zu früh sehen." Er seufzte. „Aber vielleicht schiebt sich ja noch eine Wolke davor und ..."

„Da kann ich Sie beruhigen, die fühlen sich absolut sicher. Viel prob-lematischer erscheint mir, daß sie auch Frauen dabeihaben."

Tiedemann nickte, ging auf die beiden Polizisten zu, die mit Nachtglä-sern das etwa einhundert Meter vor ihnen liegende Anwesen beobachteten, und bat um einen Lagebericht. Zum Schluß meinte einer der Beamten: „Bis jetzt ist dort absolute Ruhe. Die letzte Bewegung gab es um zehn vor zehn, als eine Limousine mit zwei männlichen Personen auf den Hof fuhr – insgesamt befinden sich nun drei Frauen und vier Männer in dem Ge-bäude."

Tiedemann wandte sich fragend an Hundertmark: „Sie sagten, Sie hät-ten einen Grundriß des Wohnhauses?"

Hundertmark zerrte umständlich ein mehrfach gefaltetes Stück Papier aus seiner Tasche und reichte es dem Einsatzleiter. „Er lag als Anlage bei diesem Kaufvertrag, von dem ich Ihnen am Telephon erzählt hatte."

Tiedemann ging zurück zu seinen Leuten, vertiefte sich mit ihnen in den Plan und gab Hinweise zum weiteren Vorgehen. Nach zwei oder drei Minuten hatten sie sich offensichtlich mit der Lage vertraut gemacht und standen nun diszipliniert vor ihrem Vorgesetzten. Dann gab Tiedemann das Zeichen zum Aufbruch. Kai sah ihnen nach, wie sie nun in gebeugter

Haltung – fast wie Raubtiere auf der Jagd – entschlossen und hochkonzentriert seitwärts in der Dunkelheit verschwanden.

Obwohl sich die Beamten der Polizeiinspektion gegenwärtig noch in einer Art Zuschauerposition befanden, war die Anspannung in ihren Gesichtern nicht zu übersehen. Um sich abzulenken, hätte Kai sich am liebsten eine Zigarette angezündet.

Hundertmark schaute auf die Uhr: zehn nach elf, höchste Zeit, dem Einsatzkommando zu folgen. Die Beamten nahmen den gleichen Umweg, den ihre vermummten Kollegen genommen hatten und waren nach wenigen Minuten am Ziel. Sie registrierten, daß während des Zugriffs kein einziger Schuß abgegeben wurde und das Einsatzkommando die Operation offensichtlich schon erfolgreich beendet hatte. Als sie dann die Umzäunung erreichten, sahen sie dahinter ein in Mondlicht getauchtes Szenario, das stark an das Bühnenbild eines Freilichttheaters erinnerte: Vor dem Eingangsbereich des umgebauten Bauernhauses standen drei Frauen und halb verdeckt dahinter drei Männer, die lauthals fluchten und dabei auf einen Mann einredeten, der von der Kleidung her nicht so recht zu ihnen paßte. Kai blickte an den SEK-Leuten vorbei auf die Männer, die Handfesseln trugen, deren Gesichter sie aber im Mondlicht nur schemenhaft sehen und daher nicht genau erkennen konnte – ihr ehemaliger Kollege Mike Severin schien jedoch nicht dabeizusein. Kai atmete auf, wußte aber nicht, warum sie darüber erleichtert sein sollte.

Die SEK-Leute hatten ihre Arbeit getan, standen um die Gruppe herum und folgten mit den Augen ihrem Einsatzleiter, der auf Hundertmark zugegangen war und sich nun mit ihm unterhielt. Derweil blickte Kai eine Weile auf die frierenden Frauen, die die Arme gekreuzt um ihre nackten Schultern gelegt hatten, so, als wollten sie sich selber trösten.

Eine keifende Stimme, die ihnen nicht unbekannt war, lenkte die Aufmerksamkeit auf einen der drei Männer, den sie aber erst genau erkennen und verstehen konnten, als sie etwas näher an die Gruppe heran getreten waren – und den sie weiß Gott hier nicht erwartet hatten. Bevor sie sich allerdings von ihrem Erstaunen erholt hatten, streckte er theatralisch seine gefesselten Hände in den Himmel und schnauzte: „Herr Hundertmark, ich protestiere aufs Schärfste! Was fällt Ihnen ein, Ihre Macht so zu mißbrauchen und mit massivem Polizeieinsatz in den privaten Bereich unbescholtener Bürger einzudringen? Das sind Stasimethoden! Ich werde mich an höchster Stelle über Sie beschweren!"

Hundertmark grinste. „Herr Dr. Roxfeld, das steht Ihnen frei. Aber bevor Sie das tun, verraten Sie mir doch bitte erst einmal, was Sie hier tun – gehören Sie etwa auch zu dieser Bande?"

„Ich weiß nicht, was Sie damit zum Ausdruck bringen wollen. Aber unabhängig davon ist Ihre Frage eine bodenlose Unverschämtheit. Ich bin hier lediglich in meiner Funktion als Anwalt und habe gerade einen Mandanten besucht, der mich um eine rechtliche Beratung gebeten hatte. Nicht mehr und nicht weniger. Und was Sie hier tun, Herr Kriminaldirektor, ist die massive Behinderung meiner anwaltlichen Tätigkeit!"

„Das muß ja eine sehr dringende und äußerst wichtige Angelegenheit sein, jetzt um halb zwölf."

„Wann und wo ich meine Mandanten treffe und berate, geht Sie nun wirklich nichts an. Im Gegensatz zu anderen Kollegen bin ich nämlich rund um die Uhr für meine Klienten da!"

Hundertmark nickte den SEK-Leuten zu und deutete mit dem Kopf auf Roxfeld. „Nehmt ihm die Dinger ab, der Herr ist in seiner Eigenschaft als Anwalt hier."

Kai wandte sich fragend an den Einsatzleiter. „Wo ist denn der vierte Mann?"

Tiedemann zuckte mit den Schultern. „Es waren nur drei männliche Personen. Der Anwalt dort im Anzug und die beiden Typen hier."

„Nein", beharrte Kai, „es müssen ohne den Anwalt drei Männer gewesen sein!"

„Verdammt, dann ist uns einer entwischt!" Der Einsatzleiter runzelte die Stirn und sagte dann mehr zu sich: „Als wir die Nebenräume durchsuchten und zuletzt in der Gästetoilette ankamen, stand dort ein Fenster offen – wenn er zufällig dort gewesen wäre, hätte er eine Minute Zeit gehabt, um zu verschwinden."

Hundertmark schüttelte ärgerlich den Kopf. „Wir hätten mit unseren Leuten das Gelände umstellen sollen."

„Das wäre nur mit einer ganzen Hundertschaft gegangen", beruhigte ihn Kai und gab Norbert Tiedemann die Hand, der sich nun mit seinen Leuten verabschiedete.

„Herr Hundertmark, wenn es Ihnen recht ist, bleibe ich mit zwei Kollegen hier und warte, bis die Spurensicherung eingetroffen ist."

„Einverstanden. Aber das wird eine lange Nacht. Gut, dann fahre ich mit Herrn Ossenkopp zurück zur Dienststelle und kümmere mich um die

165

beiden Festgenommenen. Ich glaube, bei den Damen reicht es, wenn wir die Personalien aufnehmen."

Kai war gerade mit den Kollegen der Spurensicherung von ihrem nächtlichen Einsatz zurückgekommen und zu aufgekratzt, um schlafen zu können. Sie mußte ständig an diesen Mann denken, der sich in letzter Minute dem Zugriff des SEK entzogen hatte. Sie seufzte und schaute auf die Uhr: drei Uhr zwanzig. Um sich abzulenken schaltete sie ihr Fernsehgerät ein und zappte sich durch die Kanäle: eine Gerichtsshow, das Nachtjournal, der Wetterbericht, eine Kultursendung, ein Krimi und dazwischen immer wieder Sexwerbung und das Stöhnen von Frauen, die ihre Brüste streichelten und dringend um einen Anruf baten.

Als sie nun schläfrig wurde, legte sie sich ins Bett, schloß krampfhaft die Augen und versuchte, an etwas Schönes zu denken. An ihren Freund Thomas, an einen gemeinsamen Urlaub und eine Insel, wo ringsherum das Meer rauschte und Möwen kreischten ... Doch dann verschwanden diese Bilder, und in einem Zustand zwischen Wachen und Träumen tauchte plötzlich verschwommen die schlanke Gestalt ihres ehemaligen Kollegen Mike Severin auf. Sie ging auf ihn zu, sprach ihn an, aber er schien ihre Worte nicht zu verstehen, wich erschrocken vor ihr zurück und grinste nur. Doch als sie ihn festhalten wollte, riß er sich los und verschwand in der Dunkelheit eines Waldes ... Kai stand ärgerlich auf und fuhr zur Dienststelle – viel früher, als sie eigentlich wollte.

In ihrem Büro öffnete sie die Fensterflügel weit, atmete tief die frische Morgenluft ein und lauschte eine Weile den Geräuschen, die eine gerade erwachende Großstadt in diesen frühen Morgenstunden produzierte. Sie setzte sich an den Schreibtisch und überlegte, was sie in den nächsten Stunden noch erledigen mußte. Alt würde sie heute hier nicht werden, sie nahm sich fest vor, am frühen Nachmittag nach Hause zu fahren, sich ins Bett zu verkriechen und möglichst bis zum anderen Morgen zu schlafen. Sie mußte schon wieder gähnen und war froh, daß sie Peter Meiberg vom Erkennungsdienst besuchte, der offensichtlich auch nur wenig geschlafen hatte.

„Na Peter, wie ist die Spurenlage? Wie weit seid ihr mit der Auswertung?"

„Wir haben in dem Wohnhaus weit über zwanzig verschiedene Fingerspuren sichern können. Du kannst dir bestimmt vorstellen, daß die Auswertung dauern wird. Wir müssen uns zu Vergleichszwecken noch die Fingerabdrücke der vorläufig Festgenommenen holen."

„Wenn ich dir irgendwie helfen kann, mußt du es nur sagen ... Ich überlege gerade, haben wir Abdrücke von dem toten Derringer und den Bandenmitgliedern Brockhaus und Rodeck. Demnach müßtest du dir die von den drei Frauen und den beiden Typen holen, die sich im Gewahrsam befinden. Ja, und die wir nicht zuordnen können, lassen wir durch das System laufen. Mal sehen, was dabei rauskommt."

„Und von Roxfeld brauchen wir auch die Abdrücke, denn schließlich war er ja auch im Haus."

„Das wird ihm nicht gefallen. Ich nehme an, ohne Gerichtsbeschluß läuft da gar nichts. Aber wie sieht es mit DNA-Analysen aus?"

„Wir haben jede Menge DNA-fähiges Material – es gibt benutzte Taschentücher, Zigarettenkippen, Sperma und Kondome. Aber ich weiß nicht, ob die Auswertung was bringt. Allerdings würde ich gern eine Zigarettenkippe ins Labor bringen, die wir noch qualmend im Aschenbecher der Gästetoilette gefunden haben."

„Du meinst ..."

„Ja, ich bin mir fast sicher. Scheinbar hatte er keine Zeit mehr, die Kippe runterzuspülen, geschweige denn mitzunehmen – der Schreck muß ziemlich groß gewesen sein, als die Jungs vom SEK das Haus stürmten."

„Das mit der DNA sollten wir auf jeden Fall machen, und sag mir bitte gleich Bescheid, wenn das Laborergebnis vorliegt. Vielleicht haben wir Glück und finden unseren Mann mit Hilfe der Analysedatenbank. Vielen Dank, Peter."

Als Meiberg das Zimmer verlassen wollte, hielt Kai ihn noch mit einer Frage zurück. „Sag mal, was für eine Zigarettenmarke war das denn?"

„Ich glaube, eine Marlboro ... ja, eine ganz normale Marlboro."

Verdammt, dachte Kai, das war die Marke, die auch Mike hin und wieder geraucht hatte.

16

Als Wilhelm Waldersee morgens um vier auf seinen Hochsitz kletterte, konnte er nicht ahnen, was heute noch für Aufregungen auf ihn zukommen würden. Als passionierter Jäger liebte er diese frühen Morgenstunden, wenn der Tag gerade erwachte, die Tiere auf Futtersuche gingen und im Wald und auf den Feldern ihren ersten Hunger stillten. Besonders gern beobachtete er mit seinem Fernrohr das Rotwild, wenn es sich mit dem gerade aus dem Boden sprießenden Getreide die Bäuche vollschlug, witternd die Köpfe hob, davonstob, nach einigen hundert Metern dann wieder stehenblieb, um in stoischer Ruhe weiterzuäsen.

Ein besonderes Ärgernis waren nach den Schilderungen einiger Landwirte mehrere Wildschweine, die mit ihren im Mai geborenen Frischlingen die Felder unsicher machten und Kartoffeln aus dem Boden holten. Wilhelm Waldersee konnte das nicht glauben, zumal er einen derartigen Frevel in seiner näheren Umgebung noch nicht gesehen hatte. Deshalb dachte er auch nicht im Traum daran, mit seiner Flinte hinter dem Borstenvieh herzujagen. Aber es gab für seine Zurückhaltung noch einen anderen Grund: Seit drei Tagen beobachtete er eine Rotte Wildschweine, die sich etwa hundert Meter von seinem Hochsitz entfernt so etwas wie eine Futterstelle eingerichtet hatte, was Waldersee ein wenig verwunderte, da sich in der Nähe keine Tümpel, Schlammlöcher oder dergleichen befanden, in denen sich die Schweine hätten suhlen können. Da es in den letzten Tagen stark geregnet hatte und die riesigen Baumkronen der Eichen und Buchen kaum Sonnenstrahlen durchließen, mußte es auch dort ziemlich muddig sein, denn sonst hätte das Borstenvieh nicht so tiefe Spuren im Boden hinterlassen können. Ungewöhnlich war auch, daß er sie so lange beobachten konnte, was ausschließlich daran lag, daß er sich äußerst ruhig verhielt und der Wind schon seit Tagen von den Schweinen zu ihm herüberwehte und nicht umgekehrt. Wie am Tage zuvor, kamen sie auch heute morgen wieder angetrottet: ein Keiler mit mächtigen Hauern, mehrere Bachen und ein Dutzend Frischlinge. Sie grunzten einige Male und begannen sofort wieder mit ihren rüsselartigen Schnauzen in dem weichen Untergrund zu wühlen. Für Waldersee war es immer wieder eine Freude, dieses urwüchsige Schauspiel von seinem Logenplatz aus zu beobachten. Jetzt schienen sie wieder etwas aus dem Boden zu zerren, so wie auch schon gestern. Waldersee stellte sein Fernrohr schärfer, konnte aber leider nichts Genaues erkennen. Sicherlich ein verendeter Hase, ein Kaninchen, Marder oder anderes Getier. Alles schien möglich. Zwar vertilgten die Viecher mit Vorliebe Bucheckern und Eicheln, aber auch sonst waren sie nicht wählerisch und fraßen auch Aas.

Waldersee überlegte, ob er gleich nachsehen sollte, beschloß dann aber, sie beim Fressen nicht zu stören, weil dann die Gefahr bestand, daß sie ihr Revier wechselten. Nach etwa einer Stunde schien das Borstenvieh gesättigt zu sein und trottete davon.

Nun hielt es Waldersee nicht mehr auf dem Hochsitz, er stieg vorsichtig nach unten, schulterte seine Flinte und tappte auf die durchgewühlte und schwarz schimmernde Erde zu, wobei er bedauerte, daß er heute morgen nicht seine langen Gummistiefel angezogen hatte.

Er lehnte seine Flinte sorgfältig gegen eine mächtige Eiche, griff zu einem meterlangen Ast und stampfte über den durchgepflügten Waldboden bis zu dem Ort, wo er das tote Tier zu finden glaubte. Er stocherte mit dem knorrigen Ast in der feuchten Erde herum, doch da war nichts. Lediglich ein paar morsche Bretter, einige Stoffetzen, vielleicht Teil eines Hemdes. Weiß der Teufel, wo das Zeug herkam! Doch dann blieb er wie angewurzelt stehen und starrte mit entsetzten Augen auf das, was er sah, aber nicht begreifen konnte und das seine Vorstellungskraft bei weitem überstieg ...

Es war ungewöhnlich, daß Hundertmark ohne anzuklopfen ihr Zimmer betrat. Kai schob die vor ihr liegende Akte zur Seite, runzelte mißbilligend die Stirn und war gespannt auf das, was er ihr so dringendes zu sagen hatte. „Frau Sommer, es kommt Arbeit auf uns zu – eine unbekannte Leiche am Rande der Sieben Berge. Das erinnert ein wenig an Schneewittchen und die sieben Zwerge, Gebrüder Grimm, Sie erinnern sich?"

„Aber das ist hier sicherlich kein Märchen, sondern Realität?"

Hundertmark nickte stumm, und Kai sah ihn fragend an. „Fremdeinwirkung?"

„Das wissen wir noch nicht. Nähere Einzelheiten erfahren Sie von dem Kollegen des Kommissariats Alfeld, der vor wenigen Minuten hier angerufen hat. So wie ich ihn verstanden habe, muß die Leiche oder das, was von ihr noch übrig ist, wohl sehr übel aussehen. Ein Jäger hat sie gefunden, als er Wildschweine beobachtete, die gerade ... Naja, Sie wissen schon ... Aber das sollte Ihnen der Kollege selber erzählen. Sein Name ist Krüger,

Polizeioberkommissar Willi Krüger. Rufen Sie ihn bitte an und nehmen Sie Rechtsmedizin und Erkennungsdienst gleich mit."

Mein Gott, und das alles heute. Sie hatte kaum geschlafen, war hundemüde, und sicherlich ging es den Kollegen des Erkennungsdienstes ebenso. Auch deren Nacht war kurz gewesen – außerdem waren die Kollegen gerade dabei, die Spuren des letzten Einsatzes auszuwerten, die sie dringend für die Fahndung nach dem entwichenen Bandenmitglied benötigten.

Kai gähnte erneut und vertiefte sich in die Karte des Landkreises. Sieben Berge? Ein Höhenzug zwischen Gronau und Alfeld an der Leine – ziemlich am Rande ihres Zuständigkeitsbereichs. Sie warf einen Blick auf die Straßenkarte und suchte vergeblich nach befestigten Wegen, die durch das Waldgebiet führten. Da gab es offenbar nur Trampelpfade und Wanderwege – offenbar eine Gegend, in der sich Hase und Fuchs gute Nacht sagten. Hoffentlich war der Fundort der Leiche einigermaßen zugänglich. Der Alfelder Kollege würde ihr sicherlich mehr sagen können. Kai griff zum Hörer.

„Hier Krüger, Polizei Alfeld, was kann ich ..."

„Sommer, Polizeiinspektion Hildesheim. Herr Kollege, es geht um die Leiche. Wo ist denn der genaue Fundort?"

„Das ist am Telephon nur schwer zu erklären, das Beste wird sein, wir treffen uns an der Heimberghütte, die ist in der Nähe von Wettensen, wenn Ihnen das was sagt."

„Nein, tut es nicht ... aber Moment ... ja, das ist hier auf der Karte eingetragen."

„Wann können Sie etwa hier sein?"

„So gegen zwölf, aber Rechtsmedizin und Spurensicherung werden schon früher da sein. Auf jeden Fall sollten Sie einen Kollegen an dieser Hütte postieren, der uns von dort zum Fundort führt. Bis dann!"

Ossenkopp kam wie gerufen – er wußte Bescheid, scheinbar hatte er mit Hundertmark gesprochen. Kai deutete auf die vor ihr liegende Karte, erklärte ihm die Lage der Heimberghütte und bat ihn, Rechtsmedizin und Spurensicherung zu informieren. „Heinz, wir sollten in einer Stunde losfahren."

„So spät?"

„Es bringt nichts, wenn wir noch vor den Leuten von der Spurensicherung da sind und dann sinnlos rumstehen. Außerdem geht es hier nicht um eine frische Leiche, sondern um eine, die da schon länger liegt. „Und außerdem habe ich kaum geschlafen und bin hundemüde."

Kaum hatte Ossenkopp das Zimmer verlassen, klopfte es erneut, leise, kaum hörbar und so, wie Kai es von ihren Kollegen nicht kannte. „Das ist ja heute morgen wie im Bienenstock", seufzte Kai und rief „Herein!"

Im Türrahmen erschien ein junger Mann, den sie zwar irgendwo und irgendwann in der Inspektion schon gesehen hatte, aber fachlich nicht so recht einordnen konnte. Kai schätzte ihn auf Ende zwanzig. Er hatte etwa ihre Größe, war dunkelhaarig, drahtig und offenbar südländischer Herkunft, zumindest seinem Aussehen nach. Der Mann kam zögernd einen Schritt näher und sagte, während er sich interessiert umschaute: „Ich bin der Neue!"

Als Kai ihn erstaunt und etwas verständnislos anschaute, ergänzte er: „Entschuldigen Sie, Frau Sommer, mein Name ist Erdal Freiberg. Ich komme aus dem FK 3, Betrug, Unterschlagung, na, Sie wissen schon. Herr Hundertmark schickt mich zu Ihnen, er meint, Sie wüßten Bescheid."

Verdammt, warum hatte ihr Hundertmark nichts gesagt, dachte Kai, er war doch vorhin hier gewesen! So sah er also aus, der Nachfolger von Mike Severin, oder besser gesagt, so sollte er aussehen – aber nur, wenn sie damit einverstanden war. Die Chemie mußte stimmen, wie Hundertmark sich so schön ausgedrückt hatte. Kai stand auf und schüttelte ihm die Hand. „Herr Freiberg, dann versuchen wir es miteinander – willkommen bei der Mordkommission. Sagen Sie, haben Sie heute gut gefrühstückt?" Als Freiberg zögernd nickte, tippte Kai auf ihre Armbanduhr und lächelte spitzbübisch. „Gut, dann kommen Sie gleich mit, wir fahren zu den Sieben Bergen. Allerdings nicht dorthin, wo Schneewittchen wohnt, sondern wo eine Leiche gefunden wurde. Hier auf der Karte habe ich den Ort markiert, wo wir uns mit den Kollegen des Polizeikommissariats Alfeld treffen werden – in genau fünfzig Minuten geht es los. Vergessen Sie Ihre Gummistiefel nicht!"

Erdal Freiberg sah sie sprachlos an, grinste dann aber und dachte daran, daß er sich seinen Einstand in diesem Fachkommissariat etwas anders vorgestellt hatte.

„So eine Fahrt durch das Leinebergland ist doch eine schöne Sache. Endlich mal wieder weg vom Schreibtisch", sagte Kai, als sie Gronau hinter sich gelassen hatten und sich langsam den Sieben Bergen näherten.

„Ich darf dich daran erinnern, daß wir erst gestern nacht in einem Waldgebiet waren", bemerkte Ossenkopp trocken vom Fahrersitz her.

„Aber da war es dunkel und die Luft nicht so gut", schränkte Kai ein.

Hinter der Ortschaft Brüggen nahm Ossenkopp im Rückspiegel Blickkontakt mit Erdal Freiberg auf und schaute dann zu Kai hinüber. „Unser neuer Kollege kennt sich hier bestens aus. Er hat genau beschrieben, wie ich zu fahren habe. Stimmt's?"

Erdal drückte den Sicherheitsgurt von sich und beugte sich vor. „Ja, ich bin hier oft mit dem Motorrad langgefahren, in letzter Zeit aber weniger. Da vorn müssen wir links abbiegen. Ungefähr noch fünf Kilometer, dann sind wir da."

Schon von weitem sahen sie einen uniformierten Polizisten mit seinem Dienstwagen vor der Schutzhütte stehen, der ihnen nun fragend entgegenkam. „Frau Sommer?" Als Kai nickte, stellte er sich vor: „Willi Krüger, wir haben heute morgen miteinander telephoniert."

Sie begrüßten sich mit Handschlag und folgten ihm im Gänsemarsch. Als sie fünf Minuten später an einem Hochsitz vorbeikamen, deutete Krüger nach oben. „Von hier aus hat Herr Waldersee, der Jäger, der uns benachrichtigt hat, die Wildschweine beobachtet. Aber sehen Sie selbst, ist kein schöner Anblick. Da vorn ist es."

Kai folgte seinem ausgestreckten Arm. Die Kollegen der Spurensicherung waren schon emsig bei der Arbeit und ebenso Dr. Brecht, der scheinbar gerade das betrachtete, was er bald auf dem Seziertisch untersuchen und begutachten mußte.

Kai griff zu den plastiktütenartigen Überschuhen, die ihr die Leute von der Spurensicherung reichten, verteilte sie an ihre Kollegen und streifte sich selbst ein Paar über. Sie war froh, daß sie ihre Gummistiefel angezogen hatte – bewußt verzichtete sie auf Handschuhe, sie wollte heute nichts anfassen oder betasten.

Kai stapfte durch die aufgewühlte Erde, die wie Kleister an ihren Überschuhen haftete und ihre Beine immer schwerer werden ließ. Es roch modrig, würzig und nach dem strengen Geruch von Wildschweinen, so glaubte sie zumindest. Sie nickte den Leuten von der Spurensicherung zu, die mit ihren behandschuhten Händen den Waldboden durchwühlten, modrige Bretter aus der feuchten Erde zogen und Reste von irgendwelchen Kleidungsstücken in durchsichtige Plastiktüten steckten. Dr. Brecht machte nicht gerade einen glücklichen Eindruck, was darauf schließen ließ, daß er wieder einmal eine harte Nuß zu knacken hatte. Mit ihren Kollegen im Schlepp kam Kai näher, ging neben dem Rechtsmediziner in die Hocke und fragte, wie immer: „Na Doktor, wie sieht es aus?"

„Sehen Sie selbst, die Schweine haben ganze Arbeit geleistet. Wir müssen erst mal Ordnung in dieses Chaos bringen. Aber das kann dauern." Er machte eine halbkreisförmige Armbewegung und lenkte ihren Blick auf das, was einmal ein Mensch gewesen war. Kai zwang sich, genauer hinzusehen, um zu begreifen, was da vor ihr lag: Ein Körper, dem ein Bein und ein Arm fehlte, der zwar noch den Kopf, aber kein Gesicht mehr hatte. Die zwei fehlenden Gliedmaßen lagen ein paar Schritte entfernt und waren nur schwer als solche zu erkennen, da sie mit einer undefinierbaren Masse überzogen waren, unter der etwas Käsefarbenes durchschimmerte. Kai wußte nicht genau, was das war, nahm aber an, daß es sich um die Reste des Oberschenkelknochens und der Speiche des Unterarms handelte. Am schlimmsten war jedoch der Anblick des Torsos, der aus einem Knäuel schleimigen Gedärms, grauschwarzem Schlamm und kriechenden Insekten bestand. Dazwischen wurden zerfetzte und verfaulte Bekleidungsstücke sichtbar, die sich farblos und fadenscheinig mit den Innereien vermischt hatten. Kai fragte sich, was geschehen wäre, wenn die Schweine hier noch weitere Tage gewütet hätten. Sie wandte sich ab und schaute auf Ossenkopp, der einige Meter entfernt mit den Leuten von den Spurensicherung sprach, die gerade das Umfeld absuchten, sich nun aber in immer enger werdenden Kreisen dem Leichnam näherten.

Als Kai hinter sich ein Würgen hörte, schaute sie über die Schulter und blickte in das blasse Gesicht ihres jungen Kollegen Erdal Freiberg, der gerade ein Taschentuch vor Mund und Nase preßte und sich entsetzt abwandte. Kai konnte sich gut in ihn hineinversetzen, auch ihr Magen rebellierte, und sie hatte Mühe, ihre Fassung nicht zu verlieren. Das hier war der pure Horror! Kai fragte sich, ob es nicht doch besser gewesen wäre, wenn sie Freiberg in der Dienststelle gelassen hätte. Aber wenn der Kollege unbedingt zur Mordkommission wollte, mußte er frühzeitig mit dem konfrontiert werden, was auf ihn zukam. Er konnte sich testen und dann aus eigener Sicht die Entscheidung treffen, ob er sich den Anforderungen und Belastungen gewachsen fühlte. Nein, da mußte er durch!

Kai wandte sich erneut an den Rechtsmediziner. „Doktor, ich nehme an, Sie können noch nicht viel sagen, oder?"

„So ist es. Nur so viel: Die Leiche liegt hier schon einige Wochen –
wie lange, werden uns sicherlich unsere Insektenkundler sagen können.
Erschwert wird natürlich alles durch dieses Chaos und den Schaden, den
die Schweine am Leichnam angerichtet haben. Aber andererseits hätten
wir die Leiche ohne diese Viecher wohl auch nicht gefunden." Der
Rechtsmediziner überlegte eine Weile. „Ja, was könnte ich Ihnen noch sagen? Wahrscheinlich wurde die Leiche in einer Kiste hierhergebracht und
dann eingegraben – aber nicht tief genug, um sie vor den Wildschweinen
zu schützen. Und um Ihre nächste, aber noch nicht gestellte Frage auch
gleich zu beantworten: Nein, über die Todesursache kann ich mich noch
nicht äußern."

„Können Sie denn was über Geschlecht und Alter sagen?"

„Nicht genau. Nach der Struktur des Beckens könnte die Leiche männ-
lich sein und das Alter zwischen dreißig und vierzig Jahren liegen."

Bereits am frühen Morgen saß Erdal Freiberg bei Kai im Dienstzimmer
und beschäftigte sich mit den Vermißtenanzeigen. Kai beobachtete ihn unauffällig und war erstaunt über seinen Eifer und das Interesse, das er an
den Tag legte. Gestern abend hatte sie noch kurz in seine Personalakte gesehen, die ihr Hundertmark zum vertraulichen Gebrauch überlassen hatte.
Seine Zeugnisse und Beurteilungen schwankten zwischen gut und sehr
gut. Kai konnte sich vorstellen, daß er in ihr Team paßte, zumal er auch
mit ihrem Stellvertreter Ossenkopp zurechtkam, der so seine Eigenarten
hatte. Positiv war auch, daß er die türkische Sprache beherrschte, in
Sarstedt geboren und dort im Polizeikommissariat am Bruchgraben tätig
gewesen war. Er kannte sich daher gut in der Hildesheimer Region aus.
Wie sich auch aus der Akte ergab, hatte der fünfundzwanzigjährige Poli-
zeibeamte eine jüngere Schwester und lebte noch bei seinem deutschen
Vater und seiner türkischen Mutter Am Wellweg in Sarstedt. Das einzige,
was noch an seine türkische Abstammung erinnerte, war der Vorname und
sein Aussehen.

Als Erdal zu einer neuen Akte griff, räusperte sich Kai. „Herr Freiberg,
ich habe Ihrer Personalakte entnommen, daß Sie bei Ihren Eltern in
Sarstedt wohnen. Wie kommen Sie hier zur Dienststelle? Doch sicherlich
nicht mit der Bundesbahn. Ich nehme an, es gibt da eine günstige Busver-
bindung. Oder?"

„Das ist viel zu umständlich. Nein, ich fahre mit dem Auto. Für die Strecke brauche ich eine Viertelstunde, höchstens zwanzig Minuten. Es sei denn, mein alter Golf streikt."

„So ein Auto hatte ich auch. Erst kürzlich habe ich mich von dem Wagen getrennt oder besser gesagt, wir wurden getrennt – er kam nicht mehr durch die Hauptuntersuchung. Ja, und nun befindet er sich auf dem Autofriedhof. Es mag sich zwar widersprüchlich anhören, aber ohne Wagen fühle ich mich in Hildeheim freier und ungebundener, allein schon deswegen, weil die tägliche Suche nach einem Parkplatz kein Thema mehr ist. Nein, ein Fahrrad genügt mir vollkommen, zumal meine Wohnung hier ganz in der Nähe ist. Na ja, in Sarstedt sieht das natürlich völlig anders aus. Haben Sie vor, irgendwann nach Hildesheim umzuziehen?"

„Nein, eigentlich nicht. Für mich ist die Wohnung bei meinen Eltern zur Zeit die günstigste Lösung. Ich steuere zur Miete bei und gebe meiner Mutter auch ein paar Euro für Wäsche und Verpflegung. Aber das ist nicht der alleinige Grund."

„Sondern?"

„Nun, ich bin dort geboren, habe da auch meine Freunde und lebe sehr gern in der kleinen Stadt. Waren Sie schon mal in Sarstedt?"

„Im vorigen Jahr, aber nur ganz kurz. Ich hatte dort mit den Kollegen am Bruchgraben zu tun. Aber von der Stadt selbst habe ich kaum was gesehen."

Erdal Freiberg hob beide Arme. „Ja, die Stadt wird oft unterschätzt, was vielleicht daran liegt, daß sie zwischen den Großstädten Hannover und Hildesheim liegt. Aber wir haben dort eine sehr gute Infrastruktur, gute Einkaufsmöglichkeiten, alle Schulformen, ein gutes ärztliches Angebot und das weit über die Grenzen hinaus bekannte Innerstebad. Besonders wichtig sind für mich auch die kulturellen Angebote – und hier besonders die Aktivitäten der Kulturgemeinschaft und der Städtischen Bücherei. In der Fußgängerzone haben wir zudem einen Schreibbasar, der weltaus mehr ist, als sein Name verspricht. Sie bekommen da nicht nur alles rund ums Schreiben, sondern auch Bücher aller Art."

„Herr Freiberg, Sie reden wie ein Stadtführer. Betätigen Sie sich dort auch sportlich?"

„Ja, ich bin schon eine Ewigkeit im TKJ."

„Ich nehme an, das ist ein Turnklub, oder?"

„Ja, TKJ steht für Turnklub Jahn oder neuerdings auch für Temperament und Klasse Jederzeit."

Kai stellte keine weiteren Fragen, sie hatte alles erfahren, was sie über ihren künftigen Kollegen und Mitarbeiter im Fachkommissariat 1 im Augenblick wissen wollte. Nach einer Weile des Schweigens wandte sie sich erneut an Erdal Freiberg: „Bringen uns die Vermißtenanzeigen weiter?"

„Nein, nicht wirklich. Es werden derzeit zwar mehrere Personen vermißt, aber es ist natürlich schwer, wenn noch nicht mal feststeht, ob wir nach einem Mann oder einer Frau suchen." Erdal Freiberg schwieg, da Kais Telephon klingelte. Dr. Brecht war am Apparat.

„Hallo Doktor, ich hatte erst morgen früh mit Ihrem Anruf gerechnet, aber um so besser. Ich höre."

„Wir haben erste Ergebnisse, die wir Ihnen nicht vorenthalten möchten. Vielleicht das Wichtigste zuerst: Unsere Leiche ist ein Mann, und wir gehen aufgrund der Knochenstruktur davon aus, daß er zwischen fünfundzwanzig und fünfunddreißig Jahre alt gewesen sein muß. Insofern berichtige ich meine gestrige Einschätzung. Außerdem ist der Mann keines natürlichen Todes gestorben – er wurde ermordet!"

„Moment Doktor, ich schalte den Lautsprecher ein, damit mein Kollege Freiberg gleich mithören kann."

„Also, wie gesagt, Tod durch Fremdeinwirkung. Der Mann muß in der Kiste erstickt sein ..."

„Sie meinen, er ... er wurde ..."

„Ja, alles deutet darauf hin. Er wurde lebendig begraben und ist, wenn man das Luftvolumen der Kiste zugrunde legt, nach sechs bis acht Stunden jämmerlich erstickt. Allerdings können wir das nur grob schätzen, da wir nicht wissen, wie lange er ohnmächtig in der Kiste gelegen hat, wann und wie oft er zwischendurch wieder aufgewacht ist und wie luftdicht sein Sarg oder besser gesagt, diese Holzkiste war."

„Doktor, das ist ja furchtbar", stammelte Kai und sah auf Freiberg, der mit offenem Mund dem Gespräch folgte.

„Es kommt noch schlimmer. Bevor er in die Kiste gelegt wurde, muß er sich heftig gewehrt haben. Wir fanden unter den Resten seiner abgebrochenen Fingernägel Hautpartikel, aber auch Holzsplitter. Wahrscheinlich hat er versucht, sich mit bloßen Händen aus seinem Gefängnis zu befreien."

„Doktor, Sie sprachen vorhin davon, daß er zeitweise ohnmächtig gewesen sein muß."

„Ja, mit Sicherheit! Er wurde vorher gefoltert, hatte Blut verloren. Zudem fanden wir an jeder Kniescheibe eine Schußverletzung. Beide Projektile haben die Patella durchschlagen und sind dann hinter der Gelenkkapsel steckengeblieben. Vielleicht noch etwas Wichtiges: ihm wurde ein Daumen amputiert."

„Wie ... wie ... bitte?"

„Sie haben schon richtig gehört. Zuerst ist uns das gar nicht aufgefallen, weil wir dachten, die Schweine hätten das getan. Aber aufgrund der Amputationsnarbe konnten wir zweifelsfrei feststellen, daß hier ein sägeartiges Messer verwendet wurde. So, Frau Sommer, das war's vorerst. Die anderen Befunde und vielleicht auch die ersten Äußerungen unserer Entomologen über die Liegezeit des Toten folgt dann morgen, spätestens übermorgen."

Kai drückte auf eine Taste ihres Telephons, bereits nach dem zweiten Freizeichen hob Hundertmark ab.

17

Kriminaldirektor Hundertmark ließ sich ächzend auf den Besucherstuhl fallen. „Frau Sommer, gibt es Neuigkeiten? Haben wir inzwischen schon die DNA des unbekannten Toten?"

„Nein, zumindest nicht die, mit der wir ihn hätten eventuell identifizieren können. Ich habe gerade mit Dr. Brecht gesprochen. Die Analyse gestaltet sich schwierig, wie anfangs angenommen. Wir sind aber dennoch ein Stück weitergekommen. Die Waffenexperten des Landeskriminalamtes haben festgestellt, daß die Projektile in den Kniescheiben des Toten aus der gleichen Waffe stammen, die bei dem Überfall vor drei Wochen zurückgelassen wurde und die wir Mike Severin zuordnen konnten."

Hundertmark machte ein betroffenes Gesicht und wollte etwas sagen, doch da sprach Kai schon weiter. „Es gibt aber noch etwas: Wir wissen, wer der unbekannte Mann ist, der sich vor dem Zugriff des SEK retten konnte. Die zurückgelassene Zigarettenkippe hat uns auf seine Spur geführt. Es ist der mehrfach vorbestrafte Detlef Gomulka. Er ist auch der Mann, dessen Fingerabdrücke sich auf der Heckler & Koch befinden. Wir können demzufolge davon ausgehen, daß er mit dieser Waffe Walter Klose und Rainer Diesterberg erschossen hat. Wie ich seiner Kriminalakte entnehmen konnte, ist Gomulka ein Psychopath, für den die Staatsanwaltschaft schon vor der letzten Verurteilung Sicherheitsverwahrung gefordert hatte. Gomulka ist ganz offensichtlich auch der Mörder des Mannes, den wir auf den Sieben Bergen gefunden haben – zumindest weisen die Hautpartikel unter den Fingernägeln der unbekannten Leiche auf seine Täterschaft hin."

Hundertmark rieb sich die Hände. „Das ist ja eine sehr erfreuliche Entwicklung. Wenn wir Gomulka gefaßt haben, können wir diesen unerfreulichen Fall wohl endlich abschließen, oder?"

„Ein Schönheitsfehler ist allerdings, daß wir immer noch nichts gegen den Hauptverantwortlichen in den Händen halten. Es ist wie verhext! Es gibt nicht die geringste Spur, die zu Menderes führt."

„Und das Schlimmste wäre, wenn es zu diesem Wiederaufnahmeverfahren kommen würde und unsere Justiz dann womöglich auch noch seine Unschuld bestätigt."

Zu Beginn der Besprechung, an der auch von Waltershofen teilnahm, stellte Kai fest, daß immer noch nicht die DNA-Analysen vorlagen, die vielleicht die Identifizierung des unbekannten Toten ermöglichen könnte. „Aber wenn wir da nicht weiterkommen, bleiben uns ja immer noch seine Abdrücke."

„Du meinst von den paar Fingern, die uns die Wildschweine noch übriggelassen haben", schränkte Ossenkopp ein.

„Ist das denn überhaupt noch möglich, ich meine, das mit den Fingerabdrücken?" wollte Erdal Freiberg wissen.

„Doch, schon", bestätigte Kai, „aber das ist ein umständlicher und auch etwas zeitaufwendiger Prozeß. Die Finger müssen zunächst in eine Kaliumhydroxidlösung gelegt werden, damit sich die verschrumpelte und eingefallene Haut wieder aufbauen kann. Die Daktyloskopen des Landeskriminalamtes schaffen da wahre Wunder – aber, wie gesagt, das dauert. Ich gehe deshalb davon aus, daß uns der genetische Fingerabdruck hier wesentlich früher zum Ziel führt. Auf jeden Fall sollten wir zweispurig verfahren."

Hundertmark nickte. „Einverstanden, Frau Sommer."

Von Waltershofen wandte sich an Kai. „Was wissen wir denn bisher schon über den unbekannte Toten?"

Kai gab das weiter, was sie fernmündlich von der Rechtsmedizin erfahren und teilweise auch schon mit Hundertmark besprochen hatte und sagte abschließend: „Wir wissen, daß der Mann zwischen fünfundzwanzig und fünfunddreißig Jahre alt, etwa ein Meter fünfundsiebzig groß und fünfundsechzig Kilo schwer war."

„Um hier weiterzukommen, brauchen wir unbedingt die DNA. Ja, und hilfreich wäre auch die Liegezeit der Leiche", bemerkte Ossenkopp. „Ich hoffe, die Insektenkundler können uns da weiterhelfen."

Kai wandte sich an Erdal Freiberg. „Vielleicht sollten wir noch einmal die Vermißtenanzeigen durchgehen, denn jetzt wissen wir ja schon einiges mehr", und mit Blick auf Hundertmark: „Wenn wir damit nicht weiterkommen, was ja dann der Fall sein wird, wenn der Tote noch nicht erkennungsdienstlich auffällig geworden ist, sollten wir über eine Gesichtsrekonstruktion nachdenken und damit vielleicht an die Presse gehen."

Hundertmark und von Waltershofen machten nicht gerade begeisterte Gesichter, und Kai konnte sich gut vorstellen, daß sie an die Kosten dachten, die eine derartige Maßnahme verursachen würde. Wie erwartet, bemerkte dann auch der Staatsanwalt: „Sicherlich gibt es bestimmt auch andere Möglichkeiten. Ich denke da an seine Zähne. Wir sollten uns an die Zahnärzte wenden und ..."

Kai fiel ihm ins Wort. „Ich glaube, das können wir vergessen, ein Gebiß gibt es nicht mehr. Die Schweine haben da ..."

Hundertmark winkte ab. „Bevor wir über weitere Maßnahmen der Identifizierung nachdenken, sollten wir noch etwas abwarten, zumal es hier auf ein paar Tage mehr oder weniger nun wirklich nicht ankommt. Viel wichtiger ist doch, daß wir diesen flüchtigen ... Frau Sommer, wie heißt er noch?"

„Gomulka, Detlef Gomulka."

„Ja, daß wir den endlich zu fassen kriegen "

„Ich würde vorschlagen, die Fahndung auszuweiten und auch Interpol einzuschalten – natürlich auf dem vorgeschriebenen Dienstweg", schlug von Waltershofen vor.

Hundertmark wandte sich an Kai. „Frau Sommer, Sie hatten vor der Besprechung angedeutet, auch in dieser etwas undurchsichtigen Handygeschichte weitergekommen zu sein."

„Vielleicht können Sie sich erinnern: Wir hatten nach dieser Durchsuchungsaktion im Nachtclub Osmani das Handy des Geschäftsführers Derringer beschlagnahmt und festgestellt, daß er regelmäßig die Nummer eines Justizvollzugsbeamten in der JVA Sehnde angerufen hatte. Doch dann sind wir mit unseren Ermittlungen nicht weitergekommen, weil der Beamte – sein Name ist übrigens Roland Wolf – steif und fest gegenüber der Gefängnisleitung behauptet hatte, daß ihm sein Handy schon vor längerer Zeit gestohlen worden sei – das Gegenteil konnten wir nicht beweisen. Auch unsere Versuche, das Gerät zu orten, blieben erfolglos. Kollege Os-senkopp ist der Sache jedoch weiter nachgegangen und hat den Fall nun weitgehend gelöst. Aber vielleicht sollte er uns darüber selbst berichten. Bitte, Heinz."

„Also, bei der Befragung Derringers ist dieser Justizvollzugsbeamte Roland Wolf erneut in Erscheinung getreten, allerdings wußte ich damals noch nicht, daß das der gleiche Beamte war, dem angeblich das Handy gestohlen wurde. Im Nachhinein konnte ich mich dann jedoch daran erinnern, daß Wolf ganz offensichtlich bemüht war, möglichst viel von unserem Gespräch mit Derringer mitzubekommen. Was ihm dann ja auch gelungen ist – leider, muß ich jetzt wohl sagen."

„Was wollen Sie damit andeuten, Herr Ossenkopp?"

„Nun, ich will damit sagen, daß Roland Wolf wahrscheinlich den Inhalt des Gesprächs, oder zumindest Teile davon, an Menderes weitergeleitet hat, damit dieser die entsprechenden Maßnahmen einleiten konnte, die letztlich zum Tod Derringers geführt haben."

Von Waltershofen räuspert sich und schüttelte ärgerlich den Kopf.

„Herr Ossenkopp, das sind alles nur Vermutungen, die durch nichts bewiesen sind, zumal der Anstaltsarzt doch auf dem Totenschein ganz klar und eindeutig ..."

Kai unterbrach ihn. „Dann lassen Sie Derringer doch bitte obduzieren, damit wir hier endlich Gewißheit bekommen."

Bevor von Waltershofen antworten konnte, mischte sich Hundertmark beschwichtigend ein: „Vielleicht sollten wir Herrn Ossenkopp zunächst einmal ausreden lassen."

„Meine weiteren Recherchen haben dann mit Unterstützung der Gefängnisleitung ergeben, daß Roland Wolf aufgrund seines Hausbaus hoch verschuldet ist. Bei der Überprüfung seines Girokontos – natürlich mit richterlicher Genehmigung – ist uns aufgefallen, daß dort monatlich jeweils siebenhundert Euro eingezahlt wurden, deren Herkunft wir bisher noch nicht klären konnten. Das alles erinnert stark an die zehntausend Euro, die aus einer unbekannten Quelle Mike Severin überwiesen worden waren. Auf jeden Fall hat die Gefängnisleitung Herrn Wolf mit sofortiger Wirkung vom Dienst suspendiert. Sicherlich wird schon bald ein Disziplinarverfahren gegen ihn eingeleitet, wobei noch zu prüfen wäre, gegen welche strafrechtlichen Vorschriften er verstoßen hat. Die Leidtragenden sind bei dieser Tragödie natürlich wieder einmal die Familienmitglieder. Es gibt da zwei schulpflichtige Kinder und eine Ehefrau, die aufgrund eines Bandscheibenvorfalls nicht arbeiten kann. Wenn nicht ein Wunder geschieht, wird man das Haus wohl versteigern müssen."

„Das dürfte nun wirklich nicht unser Problem sein", warf von Waltershofen spöttisch ein und fügte dann überheblich hinzu: „Das hätte sich der Herr Justizvollzugsbeamte früher überlegen müssen. Ich meine, in unserer Gesellschaft ..."

Kai unterbrach ihn ärgerlich. „Das ändert aber nichts an der Tatsache, daß die Ehefrau und die Kinder unverschuldet in diese Notlage gekommen sind."

„Vielleicht sollten Sie mit Herrn Wolf ein Gespräch führen", sagte Hundertmark, „denn wie es aussieht, gibt es hier doch ganz offensichtlich eine Spur, die direkt zu Menderes führt. Vielleicht ist der Beamte bereit, seine Verfehlungen zuzugeben und mit uns zusammenzuarbeiten, zumal er aus der Sache nicht mehr rauskommt. Denn wer sollte sonst ein Interesse daran haben, ihm Geld zu überweisen. Ja, und dann die Sache mit dem Handy. Ich meine, das paßt alles gut zusammen, oder?"

Kai nickte und streifte Ossenkopp mit einem Blick. „Dann sollten wir noch heute mit ihm sprechen, damit wir nicht das gleiche Desaster wie mit diesem Derringer erleben."

Niedergeschlagen verließ Roland Wolf die Justizvollzugsanstalt, in der er fast vier Jahre gearbeitet hatte. Die Kollegen in der Sicherheitsschleuse sahen mitleidig hinter ihm her, wobei er darunter auch hämische Blicke zu sehen glaubte. Wahrscheinlich hatte sich sein Rausschmiß schon in der ganzen Anstalt herumgesprochen. Gebeugt und mit schleppenden Schritten ging er langsam in Richtung des Parkplatzes. Da zu Hause niemand auf ihn wartete, ließ er sich Zeit. Am frühen Samstagmorgen, noch vor Dienstbeginn, hatte er seine Frau und die beiden Kinder zu einer Geburtstagsfeier nach Hildesheim gefahren. Eigentlich viel zu früh, aber da sie nur einen Wagen besaßen und seine Frau nach dem Bandscheibenvorfall erhebliche Schwierigkeiten mit dem Autofahren hatte, war das die einzige Möglichkeit gewesen. Bevor er in seinen Wagen einstieg, drehte er sich noch einmal um und schaute wehmütig auf die sechseinhalb Meter hohe Mauer, die in ihrem Grau in einem seltsamen Kontrast zu dem ganz in Blau gehaltenen Eingangsbereich stand. Roland Wolf seufzte und fragte sich, ob er die Anstalt jemals wieder betreten würde. Er warf sich ächzend auf den Autositz, legte die Hände auf das Lenkrad und starrte mit leeren Augen auf die riesige Abraumhalde des Kalibergwerks, die sich wie ein gigantischer Berg nur einen Steinwurf entfernt vor ihm auftürmte. In seinem Kopf schwirrten die Gedanken nur so durcheinander, er versuchte sie zu ordnen und Klarheit hineinzubringen. Das Gespräch mit der Gefängnisleitung und den beiden Kriminalbeamten aus Hildesheim hatte ihn doch mehr belastet, als er sich eingestehen wollte. Aber er hatte geschwiegen und sich nicht zu den Anschuldigungen geäußert – insofern war es ein sehr einseitiges Gespräch gewesen. Wie zu befürchten war, hatte die Anstaltsleitung ihn vom Dienst suspendiert und darauf hingewiesen, daß ein Dis-

182

ziplinar- und sicherlich auch Strafverfahren auf ihn zukommen würden, weil er schuldhaft die ihm obliegenden Pflichten verletzt und insbesondere auch gegen seinen Beamteneid verstoßen habe.

Daraufhin hatte er nur cool mit den Schultern gezuckt, weiterhin geschwiegen und über seine Lage und auch über seine Naivität und Dummheit nachgedacht. Denn wenn die laufenden Einzahlungen auf seinem Girokonto nicht gewesen wären, hätte man ihm kaum etwas nachweisen können. Im Nachhinein fragte er sich, warum er für die Überweisungen nicht ein gesondertes Konto eingerichtet hatte – vielleicht bei einer anderen Bank und auf den Namen seiner Frau. Aber das änderte nichts an der Tatsache, daß er als Justizvollzugsbeamter schwere Schuld auf sich geladen und auch seinen Berufsstand in Verruf gebracht hatte. Insofern mußte er seinen Vorgesetzten recht geben. Das mit der zugelassenen Handyverbindung zwischen Menderes und der Außenwelt und die kleinen Aufträge, die er für ihn erledigt hatte, waren seiner Meinung nach nicht so schwerwiegend – ein ganz anderes Kaliber war dagegen die Sache mit dem inszenierten Selbstmord Dietrich Derringers. Aber er würde das nicht allein ausbaden. Schließlich gab es da auch noch andere Kollegen, die auf der Lohnliste Menderes standen. Er kannte sie zwar nicht, wußte aber, daß es sie gab.

Verzweifelt und wütend schlug Roland Wolf mit seinen flachen Händen auf das Lenkrad und fragte sich zum wiederholten Male, warum er sich überhaupt mit diesem Menderes eingelassen hatte – einem eiskalten und skrupellosen Kriminellen, der über Leichen ging. Aber was hätte er sonst machen sollen? Schließlich ging es um seine Familie und das Haus, in dem sie wohnten. Als er an seine Frau und die beiden Kinder dachte, traten ihm Tränen in die Augen, und er traktierte erneut das Lenkrad. Warum mußte Anita auch ihre Arbeit verlieren? Roland Wolf haderte mit seinem Schicksal und verfluchte seinen Herrgott, der das mit Anitas Krankheit zugelassen hatte, denn schließlich war er erst dadurch in diese verzweifelte Lage gekommen.

Wolf nahm an, daß Menderes inzwischen den Auftrag erteilt hatte, die monatlichen Zahlungen an ihn einzustellen, denn schließlich konnte er ja nichts mehr für ihn tun und war für ihn wertlos geworden.

Jetzt wußte er nicht mehr, wie es weitergehen sollte, besonders wenn er daran dachte, daß in einigen Wochen wieder der Termin der Zwangsversteigerung anstand. Wie sollte er seiner Frau und den Kindern diese neue

Situation erklären? Aber auch das Eingestehen seiner Schuld und die von den Kriminalbeamten vorgeschlagene Zusammenarbeit konnte ihn nicht aus der Misere befreien. Sie würden ihm sicherlich nicht seinen Job zurückgeben und auch nicht sein Haus vor der Versteigerung retten können. Roland Wolf ließ den Wagen an und beschloß, nach Hause zu fahren. Es brachte nichts, hier auf dem Parkplatz noch weiter vor sich hinzubrüten und immer wieder über seine mißliche Lage nachzudenken. Was gewesen war, konnte er nicht mehr rückgängig machen. Er mußte an seine Familie denken und nach vorn schauen.

Doch als er dann vor seinem Haus stand und sein Blick über den noch nicht ganz fertigen Vorgarten schweifen ließ, verstärkten sich wieder die Gefühle der Verzweiflung und Hoffnungslosigkeit. Er hatte sich noch nie so schlecht gefühlt ... er mußte aufpassen, daß er nicht depressiv wurde. Doch er wußte nicht, was er dagegen tun sollte.

Wie ein alter Mann schlurfte er zum Hauseingang und schloß die Tür auf. Als er in den schmalen Flur trat, fiel sein Blick auf den blinkenden Anrufbeantworter. Er drückte auf die Wiedergabetaste: Ein Anruf war vor einer Stunde eingegangen, er hörte die Stimme seiner Frau. Sie klang völlig aufgelöst und auch etwas hysterisch. „Roland, ich bin mit Laura hier im Klinikum am Weinberg ... Es, es ist etwas Furchtbares passiert! Ein Mann, ein Mann hat ... hat Laura den kleinen Finger gebrochen, einfach so, ohne was zu sagen."

Roland starrte gebannt auf den Anrufbeantworter und war unfähig, einen klaren Gedanken zu fassen. Stöhnend setzte er sich auf die Telephonbank, wischte sich Schweißperlen von der Stirn und sah seine kleine Tochter Laura vor sich, wie sie vor Schmerzen schrie und wimmerte ... Nein, das konnte kein Zufall sein! Das war eine Warnung, die ganz allein ihm galt. Aber warum wurde sein Kind da mit hineingezogen und mußte für das leiden, was er angerichtet hatte?

Roland zuckte zusammen, als das Telephon klingelte. Sicherlich rief Anita noch einmal aus der Klinik an, dachte er. Aber es war nicht seine Frau, sondern ein unbekannter Mann, der ohne Anrede sofort zur Sache kam. „Daß Sie Ihren Job verloren haben, ist äußerst bedauerlich! Trotzdem erwarten wir von Ihnen auch weiterhin absolute Loyalität. Also, kein Wort über das, was Sie für uns getan haben. Wenn diese unschöne Angelegenheit beendet ist und sich Ihr Auftraggeber wieder in Freiheit befindet, werden wir uns bei Ihnen melden. Ich gehe davon aus, daß wir dann auch eine

Beschäftigung für Sie haben. Aber bis es soweit ist, werden Sie schweigen! Ich hoffe, wir haben uns verstanden. Den Beweis, daß wir es ernst meinen, haben wir heute an Ihrer kleinen Tochter Laura demonstriert. Keine Angst, es ist eine saubere Fraktur, die kleinen Knochen werden wieder gut zusammenwachsen, und es wird nichts zurückbleiben. Wenn Sie allerdings noch weitere Beweise unserer Entschlossenheit benötigen, können wir Ihnen diese gern liefern."

Roland Wolf war unfähig, noch weiter zuzuhören. Wie in Trance legte er den Hörer zurück. Er spürte, daß ein lähmendes Gefühl der Furcht auf ihn zukroch. Er hatte keine Ahnung, woher es kam, er wußte nur, daß es etwas Böses und Gefährliches war, dem er hilflos gegenüberstand und nicht mehr ausweichen konnte.

Wie ferngesteuert stand er auf, ging zu seinem Wagen, stieg ein und fuhr los. Ohne es zu wollen, fuhr er kurze Zeit später auf die Autobahn in Richtung Kassel. Er schreckte auf, als hinter ihm ein Auto hupte und ihn gleichzeitig ein Lastwagen mit Anhänger überholte. Der Fahrer schaute zu ihm herunter, schüttelte den Kopf und tippte sich mit dem Zeigefinger an die Stirn. Das war eindeutig. Roland Wolf warf einen Blick auf die Armaturen und konnte ihn verstehen – er fuhr gerade vierzig. Als einige Kilometer vor ihm die mächtigen Pfeiler einer Brücke auftauchten, schaltete er in den höchsten Gang und trat das Gaspedal bis zum Anschlag durch. Nur langsam kam der Wagen auf Touren, doch dann wurde er schneller und schneller. Roland Wolf dachte an nichts mehr, stierte nur starr wie durch einen schmalen Tunnel auf den rasant näherkommenden Pfeiler ... Gleich würde er keine Sorgen mehr haben, nicht mehr angreifbar und völlig frei sein. Nur nicht den Fuß vom Gaspedal nehmen, war der letzte Gedanke, der durch sein Hirn schoß.

„Du kannst dir gar nicht vorstellen, wie froh ich bin, in ein paar Monaten hier bei der Hildesheimer Allgemeinen anfangen zu können." Thomas lehnte sich mit dem Rücken gegen das Fensterkreuz und beobachtete Kai, wie sie gerade Tomatensoße abschmeckte, einige Male „hm" sagte, zufrieden nickte und die Kasserolle zur Seite schob. Sie holte wortlos Teller und Besteck aus dem Schrank und reichte sie an Thomas weiter. Als sie sein trauriges Gesicht sah, wurde ihr klar, daß ihr Freund tröstende Worte oder zumindest eine Antwort von ihr erwartete. „Auch ich freue mich natürlich, wenn du bei diesem Boulevardblatt ... Entschuldige, ich bin heute nicht ganz bei der Sache. Ich erwarte nämlich einen Anruf aus der Rechtsmedizin. Dr. Brecht hat versprochen, sofort anzurufen, wenn das Ergebnis der Analyse vorliegt, du weißt schon, von dieser Leiche aus den Sieben Bergen. Ich kann es nicht erklären – nenne es meinetwegen weibliche Intuition – aber ich habe da ein ganz komisches Gefühl. Ich glaube, wir werden da noch eine Überraschung erleben."

Sie aßen, hingen ihren Gedanken nach, und Thomas sagte nach einer Weile in das Schweigen hinein: „Wie ich sehe, bist du immer noch bei diesem Fall. Mein Gott, Kai, du mußt abschalten, das wird dir jeder Psychologe sagen. Du kannst deine beruflichen Probleme nicht mit nach Hause nehmen! Ich glaube, es ist einfach keine gute Idee, wenn ich heute nacht hier bleibe."

Kai war froh, daß sie die Kraft hatte, ihm nicht zu widersprechen. Als Thomas gegangen war, schaute sie auf ihre digitale Küchenuhr: neunzehn Uhr fünfzig – Brecht war noch etwa eine Stunde im Institut.

Um sich abzulenken, legte sie sich mit einem Seufzer auf die Couch, schloß die Augen und dachte über ihre Beziehung nach. Wann hatten sie das letzte Mal miteinander geschlafen? Vor einer Woche, vor zwei, oder lag es schon länger zurück? Sie wußte es nicht, schließlich führte sie darüber kein Tagebuch. Aber konnte es sein, daß die Lust auf Sex bei ihr stark nachgelassen hatte? Lag es vielleicht an ihrem Beruf, an dem oft lieblosen, frustrierenden Alltag, der ihre erotischen Fantasien verdrängte? Ihr Handy riß sie aus ihren Überlegungen. Brecht war am Apparat. Endlich!

„Hallo Doktor, wie ist das Ergebnis?"

„Die Analyse ist eindeutig: Der unbekannte Mann, den wir da auf den Sieben Bergen ausgebuddelt haben – ist Mike Severin!"

Kai stand ruckartig auf und hörte nicht mehr auf das, was der Rechtsmediziner noch weiter sagte. Sie warf ihr Handy auf die Couch, lief in die Küche, riß die Fensterflügel weit auf und schaute nach unten auf die Bergstraße, ohne etwas wahrzunehmen. Das war alles idiotisch, nein, es war verrückt, auf eine grausame, absurde Weise ...

Die Pressekonferenz fand im großen Besprechungsraum statt.

Hundertmark gab in seiner ruhigen und etwas ausschweifenden Art ein umfassendes Statement ab. Doch kaum hatte er ausgesprochen, kamen die Fragen der Journalisten – gezielt, bohrend und teilweise auch unverschämt.

Kai sah ausgesprochen blaß aus. Sie war in der letzten Nacht nicht zur Ruhe gekommen, hatte Tabletten geschluckt, die überaltert waren und die sie nicht mehr hatte nehmen wollen. Doch dann hatte sie die Dinger runtergewürgt. Sie wußte nicht, warum sie das getan hatte. Die Träume, die sie danach gemartert hatten, waren furchtbar gewesen und ihr wie Splitter eines Kaleidoskops erschienen, die manchmal zu klaren Bildern verschmolzen und dann wieder zu bedeutungslosen Mustern wurden. In den meisten Szenen ging es um Mike. Sie sah ihn schreiend in der Holzkiste liegen, nach Luft röchelnd – und wie er mit den Fingernägeln Splitter aus den Brettern riß. Dann hörte sie das bestialische Grunzen der Schweine, wie sie auf der Kiste herumtrampelten, Mike herauszerrten und schmatzend über ihn herfielen. Zwischendurch glaubte sie, Musik zu hören und das Läuten von Glocken. Sie sah Carolin in einem Hochzeitskleid, daneben Menderes im dunklen Anzug und dahinter den grobschlächtigen Derringer ... In dieser Phase war sie aufgeschreckt und hatte sich mehrmals übergeben müssen. Ihr war noch mehr als eine Stunde kotzübel gewesen, und sie hatte mit hängendem Kopf auf der Klobrille gesessen. Als es ihr dann wieder etwas besser gegangen war, hatte sie die restlichen Pillen aus dem Medizinschrank geholt und angeekelt in die Toilette geworfen.

Zu allem Übel kam dann auch der Tod des Justizvollzugsbeamten Roland Wolf dazu, der am Montagnachmittag ungebremst auf der Autobahn Hannover – Kassel gegen einen Brückenpfeiler gerast war. Eindeutig Selbstmord! Das alles zerrte an ihren Nerven und war nur schwer zu verkraften, zumal Ossenkopp und sie Stunden vorher noch mit ihm gesprochen hatten. Kai fragte sich, ob sie diesen Suizid hätten verhindern können. Hatten sie ihn bei der Befragung zu hart angefaßt? Nein, davon konnte überhaupt keine Rede sein, zumal er ihnen äußerst cool erschienen war und sich zu den Anschuldigungen in keiner Weise geäußert hatte. Sicher, Roland Wolf befand sich in einer extrem schwierigen Situation, hatte Schulden ohne Ende, war gerade vom Dienst suspendiert worden – aber er trug auch die Verantwortung für eine Familie, die er durch seinen Selbstmord feige im Stich gelassen hatte. Wie konnte er sich so einfach davonstehlen und seine Frau und die beiden schulpflichtigen Kinder in einem derartigen Chaos zurücklassen? Mein Gott, es hätte doch bestimmt eine Lösung gegeben. Es gab immer eine! Auch ihre Hoffnung, daß Wolf nach weiteren Gesprächen doch noch bereit gewesen wäre, gegen Menderes

187

auszusagen, war nun zerstört worden. Genau wie im Fall Derringer, nur, daß der sich nicht freiwillig davongemacht hatte. Langsam glaubte sie, daß Menderes mit dem Teufel im Bunde stand ...

Kai konzentrierte sich wieder auf die Fragen der Presseleute, die bisher alle von Kriminaldirektor Hundertmark beantwortet wurden. Sie war froh darüber, zumal es ihr immer noch ausgesprochen dreckig ging. Aber Kai gönnte Hundertmark diesen Triumph, denn schließlich hatten seine Beamten den Fall gelöst. Ihr Blick fiel auf den Reporter Stefan Burger, der besonders der Familie Severin mit seinem Sensationsjournalismus übel mitgespielt und tiefe Wunden hinterlassen hatte, wobei auch sie nicht unberührt geblieben war. Kai fragte sich, ob Burger die Courage hatte, sich bei ihr oder zumindest bei der Familie Severin zu entschuldigen. Nein, er oder sein Chefredakteur würden das mit Sicherheit nicht tun – weder persönlich noch durch einen entsprechenden Artikel in ihrem Schmierblatt, da war sie sich ziemlich sicher. Der Respekt vor der Würde anderer Menschen gehörte ganz offensichtlich nicht zu ihren herausragenden Charaktereigenschaften. Vielleicht, weil sie die Macht hatten und in der Lage waren, Menschen groß herauszubringen oder – wie im Fall der Familie Severin – sie zu ruinieren. Es war schwer, sich hierüber ein kompetentes Urteil zu bilden. Kai nahm sich vor, mit Thomas darüber zu reden.

Mit halbem Ohr hörte sie, wie Hundertmark den Reportern in allen Details erklärte, wie Mike Severin – an dessen Unschuld er ja immer fest geglaubt habe, der Daumen amputiert und dann gekühlt bei zwei Überfällen mitgeführt wurde, um mit seinem Abdruck so den Verdacht auf ihn, den völlig unschuldigen Kriminalbeamten, zu lenken.

Gerade fragte Christiane Wagner von der Hildesheimer Allgemeinen Zeitung, welche Umstände zu diesem relativ schnellen Fahndungserfolg geführt hätten. Obwohl die Frage an Hundertmark gerichtet war, ergriff von Waltershofen das Wort. „Frau Wagner, die Frage ist relativ einfach zu beantworten. Natürlich in der systematischen Arbeit der Ermittlungsbeamten, die ja, wie Sie vielleicht wissen, zu den Hilfsorganen der Staatsanwaltschaft gehören. Allein diese Tatsache macht es allerdings erforderlich, daß die Mitarbeiter der Staatsanwaltschaft – und hier möchte ich in aller Bescheidenheit auch meine Person nennen – unterstützend, koordinierend, motivierend und auch beratend tätig werden. Und noch etwas ist ganz wichtig! Ich sage den Beamten bei jeder sich bietenden Gelegenheit immer und immer wieder, daß eine erfolgreiche Verbrechensbekämpfung auch stets eine Frage des Durchhaltevermögens ist."

Kai hatte auf Durchzug gestellt, sie konnte diese Phrasen nicht mehr hören. Von Waltershofen schien wieder ganz der Alte zu sein, der gleiche Schleimer und das gleiche, arrogante Arschloch! Es hatte sich nichts, aber auch gar nichts geändert. Die Affäre Weisenau hatte er offenbar gut überstanden und ganz aus seinem Gedächtnis verbannt.

Als hätte Stefan Burger Einblick in ihre Gedankenwelt, wandte er sich an den Oberstaatsanwalt. „Wie bekannt geworden ist, gab es zwischen Ihnen und Herrn Dr. Weisenau in letzter Zeit erhebliche Differenzen. Angeblich wurde sogar ein Ermittlungsverfahren gegen ihn eingeleitet. Herr Dr. von Waltershofen, um gar nicht erst den Verdacht aufkommen zu lassen, daß hier was unter den Teppich gekehrt werden soll, wäre es vielleicht sinnvoll, wenn Sie hierzu eine kurze Erklärung abgeben würden."

Von Waltershofen schaute ärgerlich auf den Reporter und warf einen hilfesuchenden Blick auf Hundertmark, der jedoch demonstrativ nach vorne schaute. Doch als Stefan Burger sich räusperte und sich anschickte, das Gesagte noch einmal zu wiederholen, entschloß er sich endlich zu einer Antwort. „Herr Burger, Sie haben völlig recht. Es gab Unstimmigkeiten und einige Ärgernisse, von denen auch die Staatsanwaltschaft hin und wieder nicht verschont bleibt. Zur Person des Herrn Dr. Weisenau darf ich Ihnen jedoch sagen, daß er gute Arbeit geleistet hat, nun aber nicht mehr Angehöriger der Staatsanwaltschaft Hildesheim ist, was ich außerordentlich bedaure. Ich nehme an, er wird sich im Raum Hamburg als Anwalt niederlassen."

„Und, aus welchen Gründen?"

Von Waltershofen versuchte ein Grinsen, was ihm aber nicht so recht gelang. „Ganz einfach, weil er dort als Anwalt sicherlich mehr verdient!"

Doch auch Kai blieb von den Journalisten nicht ganz verschont. Hannah Meiser, eine Reporterin des Kehrwieder, wandte sich an sie. „Frau Sommer, haben Sie eine Erklärung dafür, warum der gesuchte Detlef Gomulka – der ja offensichtlich auch Ihren ehemaligen Kollegen Mike Severin ermordet hat – sich gerade die Sieben Berge für seine grausame Tat ausgesucht hat?"

„Zunächst muß man wissen, daß es sich bei Gomulka um einen Psychopathen und Sadisten der übelsten Sorte handelt, der schon in seiner frühesten Kindheit und auch später als Jugendlicher Tiere grausam gequält und getötet hat. Aber irgendwann reichte ihm das wohl nicht mehr. Die erste Jugendstrafe erhielt er, als er einen Rentner in einer Gartenlaube überfiel und diesen folterte, um Geld von ihm zu erpressen – doch dazu kam es nicht mehr, weil der alte Mann an den Folgen der Mißhandlung verstarb. Wegen ähnlicher Taten wurde er danach noch zwei weitere Male nach Erwachsenenstrafrecht verurteilt. Zuletzt hatte die Staatsanwaltschaft sogar Sicherheitsverwahrung gefordert, allerdings vergeblich ... Mit anderen Worten: Gomulka ist ein Mensch, dem es große Freude bereitet, anderen Menschen Schmerzen zuzufügen und ihnen möglichst schreckliche Dinge anzutun. Das vielleicht als Erklärung dafür, daß er diesen Folter- und Tötungsauftrag an Mike Severin mit großer Freude ausgeführt hat. Aus diesem Grund auch die sargähnliche Kiste, in die er den schwerverletzten Kriminalbeamten gelegt hatte."

„Sie war demnach also Mittel zum Zweck."

„Ja, genauso war es! Gomulka wollte, daß Mike Severin vor Schmerzen und Angst wahnsinnig wird."

Kai schluckte und wischte sich über die Augen. Die Vorstellung war für sie unerträglich, doch dann riß sie sich zusammen und sprach weiter.

„Es ist sogar denkbar, daß er den Todeskampf ganz in der Nähe mitverfolgt hat, denn so tief lag die Kiste ja nicht in der Erde ..."

Kai stockte erneut. „Aber nun zu Ihrer eigentlichen Frage: Warum gerade auf den Sieben Bergen? Die Antwort ist so einfach wie einleuchtend. Gomulka kommt aus dieser Gegend, er hat dort seine ganze Kindheit verbracht und kennt sich in dem Wald bestens aus."

Epilog

Sie saßen vor dem Café Die Insel an der Dammstraße und lauschten mit geschlossenen Augen dem Rauschen und Brausen der Wassermassen, das ihnen das Gefühl gab, von Stromschnellen umgeben zu sein – dabei war es nur das aus den Wehren stürzende Wasser der Innerste. Doch nach der Stauung schien es der Fluß besonders eilig zu haben, sich möglichst schnell irgendwo im Norden mit der Leine zu vereinigen.

Nach einer Weile brach Thomas das Schweigen. „Damit hast du nun deinen zweiten großen Fall hier in Hildesheim abgeschlossen."

„Ja, scheint so", seufzte Kai und machte dabei nicht gerade einen glücklichen Eindruck. „Der Fall ist zwar gelöst, aber es bleibt Trauer, ein bitterer Nachgeschmack – verbrannte Erde – zurück, um es einmal pathetisch auszudrücken. Und nach allem frage ich mich, wie Menschen anderen Menschen so etwas antun können. Und ob wir alles richtig gemacht haben?"

Thomas nahm einen Schluck von seinem Kaffee und sah sie über den Tassenrand hinweg an. „Natürlich habt ihr nicht alles richtig gemacht, kein Mensch kann das. Aber aufgrund der Beweislage und Indizien konntet ihr doch gar nicht anders handeln. Mein Gott, Ihr wußtet doch nichts von diesem perfiden und menschenverachtenden Racheplan Menderes'. Ich bitte dich! Einem Menschen den Daumen zu amputieren, um damit ein falsche Spur zu legen, darauf muß man erst mal kommen. So etwas kann doch nur dem Hirn eines Psychopathen entspringen."

Kai ließ ihre Finger zärtlich über seinen Handrücken gleiten. „Thomas, es ist lieb von dir, daß du mich beruhigen willst. Aber warum mußte er dann die ganze Familie zerstören? Vor ein paar Tagen wollte ich Frau Severin und Carolin besuchen. Wie gesagt, ich wollte! Ich stand vor dem Haus, sicherlich fünf Minuten oder auch länger, habe auf das heruntergekommene Gebäude gestarrt, auf das am Gartenzaun angebrachte Schild ,Zu verkaufen', auf die heruntergelassenen Rolläden und den unter der weißen Fassadenfarbe immer noch durchschimmernden Schriftzug ,Mörder' – aber ich bin nicht hineingegangen. Verdammt, ich bin nicht hineingegangen! Ich war wie gelähmt." Kai hob hilflos ihre Arme. „Aber die Wahrheit ist wohl, daß ich nicht wußte, was ich Ihnen hätte sagen sollen. Ich war einfach zu feige, ihnen ins Gesicht zu sehen, sie zu trösten oder was weiß ich ... Und das verzeihe ich mir nicht! Kannst du das verstehen?"

Kai konnte ihre Tränen nicht mehr zurückhalten. Thomas reichte ihr ein Taschentuch, legte seine Hand tröstend auf ihren Arm und schwieg. Was hätte er ihr auch sagen sollen?

Nach einer Weile, als sie sich beruhigt hatte, frage er: „Und wie geht es weiter, ich meine, mit Menderes?"

„Bisher können wir ihm nur wenig nachweisen. Obwohl wir alle wissen, daß er das kranke Hirn war, das hinter dem ganzen Plan stand. Aber immerhin konnten wir vier Mitglieder der Hammerbande festnehmen, und von Waltershofen ist schon emsig dabei, die Anklageschriften vorzubereiten. Nach dem letzten Bandenmitglied, das dem SEK durch die Lappen gegangen ist, wird bundesweit gefahndet. Von Waltershofen prüft zur Zeit auch die Möglichkeit einer Kronzeugenregelung, verbunden mit der Hoffnung, daß einer der Festgenommenen dann gegen Menderes aussagt. Vielversprechend ist auch, was Derringer kurz vor seinem Tod noch aufgeschrieben hatte. Es wurde festgeklebt zwischen dem Schutzumschlag und dem Buchrücken eines Romans gefunden. Auf dem Blatt Papier hat er einiges aufgelistet, was seinen ehemaligen Boß belastet. Scheinbar ist es das Material, was er uns übergeben wollte. Ein kleiner Lichtblick ist zudem auch, daß es wohl doch nicht zu diesem Wiederaufnahmeverfahren im Tötungsfall Swetlana Koslow kommen wird – offenbar geht das Gericht jetzt doch wieder von der Glaubwürdigkeit des damaligen Zeugen Mike Severin aus, was ja vor ein paar Wochen noch ganz anders ausgesehen hat."

Kai seufzte und zuckte leicht mit den Schultern.

„Aber was damals wirklich in dieser Nacht am Hafen passiert ist und wie tief Mike in diesem Sumpf verstrickt war, wird wohl immer ein Geheimnis bleiben."

Sie sprach nicht weiter, blinzelte in die Abendsonne, und Thomas meinte mit Blick auf das sprudelnde Wasser: „Kai, wir sollten in Urlaub fahren, irgendwohin. Was hältst du davon?"

„Keine schlechte Idee! Wie wär's mit Borkum?"

Kai räkelte sich und gähnte verhalten.

„Stell dir das mal vor: wir beide, du und ich, die Sonne, das Meer, Dünen, weißer Sand, friedliche und gastfreundliche Insulaner, nette Urlauber, keine Kriminellen und kein nervtötender Oberstaatsanwalt – und überall diese prickelnde Nordseeluft."